Bo Ning Fang Lüe
泊宁方略

农村教育变革

黄周立 著

图书在版编目（CIP）数据

泊宁方略：农村教育变革 / 黄周立著. -- 北京：光明日报出版社，2023.7
ISBN 978-7-5194-7370-9

Ⅰ.①泊… Ⅱ.①黄… Ⅲ.①乡村教育—教育改革—研究—贵阳 Ⅳ.①G725

中国国家版本馆 CIP 数据核字（2023）第 136264 号

泊宁方略：农村教育变革
BONING FANGLÜE：NONGCUN JIAOYU BIANGE

著　　者：黄周立	
责任编辑：刘兴华	责任校对：宋　悦　李佳莹
封面设计：中联华文	责任印制：曹　净

出版发行：光明日报出版社
地　　址：北京市西城区永安路 106 号，100050
电　　话：010-63169890（咨询），010-63131930（邮购）
传　　真：010-63131930
网　　址：http://book.gmw.cn
E - mail：gmrbcbs@gmw.cn
法律顾问：北京市兰台律师事务所龚柳方律师
印　　刷：三河市华东印刷有限公司
装　　订：三河市华东印刷有限公司
本书如有破损、缺页、装订错误，请与本社联系调换，电话：010-63131930

开　　本：170mm×240mm	
字　　数：258 千字	印　　张：18
版　　次：2023 年 7 月第 1 版	印　　次：2023 年 7 月第 1 次印刷
书　　号：ISBN 978-7-5194-7370-9	
定　　价：89.00 元	

版权所有　　翻印必究

序 言

都匀泊宁高级中学校长 王 昭

2017年，我们，江苏盐城的三个青年人，带着教育梦想，召集来自全国各地的有志青年一道，在贵州黔南创办都匀泊宁高级中学。黄周立老校长，是年长的参与者。

黄校长是贵州罗甸人，与我们已有近20年的交情，是我们敬重的长者和忘年交。本书就是我们共同创办学校的一个纪实。

从2018年5月"泊宁高中"获批设立到现在，我们学校经历了曲折、坎坷、艰辛而又精彩的办学历程。《泊宁方略》就是一部记录泊宁人栉风沐雨、砥砺前行的奋斗史诗，读者可以在字里行间领略到创业者的筚路蓝缕和酸甜苦辣。艰难困苦，玉汝于成，泊宁高中一定能在贵州教育这片蓝天上增添一抹亮色。

毋庸置疑，我们国家用几十年时间走完了发达国家一两百年的发展历程，我们的教育也发生了翻天覆地的变化。但是，在广大农村，尤其是少数民族地区，教育资源配置的不均衡，教育发展的不充分，与人民群众日益增长的对优质教育资源的需求之间，矛盾还比较突出。老百姓已不满足于"有学上"，而日益向往"上好学"，对我们的教育提出了更高要求，而人民群众对教育的优质多元需求又一时不能得到满足。比如初中毕业生要想读普通高中，但因中考达不到录取分数线而被拒之门外。民之所盼，我之所向。泊宁高中正是为了解决这部分弱势群体的迫切需要应运而生的。它为政府分忧，为家长解难，为学生圆梦，也是教育资源的有益补充。

可以这样说，泊宁教育团队，是教育变革的风雨逆袭者，是教育理想主义的勇敢探险者，是教育问题和挑战的中流遏浪者。我们没有牢骚和抱怨，也不是坐而论道，而是以实干的精神、科学的态度、创新的方式进行教育建设。我们认为这是一种社会责任，一种历史担当。这是需要有足够勇气和真诚奉献的，而我们已经在做了。黄校长正是具有这种教育情怀的人，有人笑赞他在发挥余热，他说："错！我这是激情燃烧。"豪迈之情，溢于言表。

《礼记·学记》曰："君子既知教之所由兴，又知教之所由废，然后可以为人师也。"是的，教育是人学，从人出发，围绕人来展开，又回归人。立德树人是教育的根本任务，可是，立什么德？树什么人？怎样立德？怎样树人？怎样落实立德树人？这是对每个教育工作者的严峻挑战和考验。在办学过程中，展现出办学者不同特色、不同风格、千姿百态的教育智慧和学校文化，从而汇成异彩纷呈、万紫千红的教育百花园，我们的学校、我们的教育才如此丰富多彩。

翻开这部沉甸甸的书，它的厚重，不止于篇幅，而在于它厚重的教育思想，厚重的文化底蕴，厚重的教学内涵，还有厚重的教育之美。这部《泊宁方略》是有字之书，而泊宁高中这本无字之书则更加厚重、更加精彩——它是写在典范的老师身上，写在优雅的学生身上，写在辉煌的办学业绩上，写在泊宁人的美好心灵上。

2021年，是中国共产党建党100周年，是国家"十四五"规划开局之年，是我国迈向现代化建设的起步之年，也是泊宁高中打响高考第一炮之年。"好风凭借力，送我上青云。"泊宁高中教师团队就是泊宁教育的梦之队，我们要不忘创业初心，牢记教育使命，一定要把泊宁高中打造成江苏教育的黔南版、贵州版。办出具有泊宁特色、泊宁风格、泊宁气派的现代化学校。

祝福泊宁高中！祝福贵州教育！祝福中国教育！

2021年11月11日于都匀泊宁高中

泊宁礼赞

　　都匀坝固，泊宁高中。仰望苗岭山高，俯瞰清水江长。接天地万瑞，纳日月千祥。梧桐荣茂凤凰栖，钟灵毓秀龙脉聚。有识之士，应时势兮创业黔南；泊宁团队，得民心兮建功贵州。风雨逆袭敢为先，中流遏浪立潮头。

　　昔者诸葛先贤有言诫曰："非淡泊无以明志，非宁静无以致远"，今取其要义而命名"泊宁"，蕴意深厚，寄志高远。华夏大陆，惟斯独斯。

　　泊宁学府，传承古今。立人以德，树人以教，化人以文，育人以美。涓涓细流源头活水，丝丝春雨润物无声。谁将愚昧愁云抹去？我把智慧阳光带来。因材培优成大器，精准补差见奇功。有心传道能弘道，无意争锋已为峰。

　　泊宁师者，为教育而生者也。入陋室有书香味，出江湖怀书卷气。德行近佛，治学近道，专才近仙。学比巨人之肩，艺登大家之堂。精于术业，长于研修，谙其教之所由兴废。排忧解难时，情殷殷语重心长；答疑释惑处，意切切言近旨远。万种风流成气度，一腔热血显忠诚。人师风范，大爱情怀。循循然善诱人，贵尊师表世范者也。

　　泊宁学子，青涩书生。沐春风，饮秋露，耐寒窗，筑梦想。似蛟龙顽皮戏海，如幼虎鲁莽冲山。青春意气，稚趣可人。胸有鸿鹄志，心存大无我。放眼世界，晨诵拜伦雪莱；传习经典，夜读高适岑参。以善修身，以和齐家，以忠治国，以礼平天下。内化于心则善和忠礼，外化于行而淡泊宁静。知所从来，思即将往。见贤思齐，闻过自省。明是非，辨荣辱。无虚度，有作为。听书声声声朗朗，看面貌貌貌欣欣。涵育滋养，少年气象铸就芳华；慧中秀外，泊宁品质卓越优雅。

泊宁泊宁，民间泊宁。天降大任兮，拓引新流成巨浪；肩担道义兮，独领风骚气如虹。圆梦在泊宁，何须觅他方。泊宁之外，再无泊宁。

目录
CONTENTS

序　言 ··· 1
泊宁礼赞 ··· 1

泊宁序曲

梦在前方，我在路上
　　——在遵义泊宁教育集团2017年会上的即席讲话 ············· 3
泊宁序曲
　　——都匀泊宁高中办学构想 ··· 6
泊宁高中校名诠释 ··· 14
泊宁标识 ·· 18
泊宁之歌 ·· 20
善和忠礼　淡泊宁静
　　——论立德树人之四维目标 ··· 21

泊宁开篇

泊宁谋划
　　——都匀泊宁高中文化初创草稿 ··································· 33

泊宁开篇
　　——都匀泊宁高级中学教师培训讲座提纲 ·················· 54
泊宁风范
　　——教师人格三境界 ······································ 67
泊宁教学
　　——课堂教学培训提纲 ···································· 80
泊宁出发
　　——都匀泊宁高中新生入学教育演讲 ······················ 97
都匀泊宁高级中学升旗仪式主持词 ···························· 105
民之所望，教之所向
　　——在2019级新生家长会上的讲话 ······················· 107
与泊宁同行
　　——在都匀泊宁高中教师培训结业仪式上的即席讲话 ······· 113

泊宁叙事

泊宁追踪
　　——都匀泊宁高级中学诞生的缘由 ······················· 119
泊宁远航
　　——都匀泊宁高中立德树人的四维目标 ··················· 123
泊宁加油
　　——都匀泊宁高级中学励志演讲 ························· 131
泊宁加油
　　——在全校教职工会议上的讲话 ························· 140
探究泊宁
　　——与都匀泊宁高中教师探讨泊宁教育模式 ··············· 147

获奖者，爱国者，追梦者
　　——在都匀泊宁高中歌咏比赛大会上的即席讲话 …………… 155
都匀泊宁高中文化举要 ……………………………………………… 156
坝固春来早，泊宁耕耘忙
　　——在都匀泊宁高中第一学期工作总结会上的讲话 ………… 159

泊宁续航

追梦泊宁
　　——都匀泊宁高中开学专题演讲 ……………………………… 167
关于推行精准补差教育模式的建议 ………………………………… 173
论循循善诱
　　——都匀泊宁高中教师培训讲座提纲 ………………………… 177
泊宁再出发
　　——都匀泊宁高中新生入学教育演讲 ………………………… 188
泊宁再出发
　　——都匀泊宁高级中学举行2019年新生入学专题教育活动 … 196
发现泊宁
　　——都匀泊宁高中教师培训讲座提纲 ………………………… 198
校刊《逆袭》卷首寄语 ……………………………………………… 208
麻怀干劲与泊宁精神
　　——关于学校精神的励志演讲 ………………………………… 210
疫情的反思 …………………………………………………………… 218
都匀泊宁高中办学的粗略思路 ……………………………………… 227
苗岭春潮涌，泊宁立潮头
　　——在都匀泊宁高中2019年会上的讲话 ……………………… 232

3

泊宁畅想

泊宁又出发
　　——2020年新生入学教育专题演讲 ·················· 239
泊宁又出发
　　——记黄周立校长做2020年新生入学教育专题演讲 ········ 249
都匀春风暖，泊宁气象新
　　——在都匀泊宁高中2020年终总结会上的讲话 ·········· 252
我以我笔写春秋
　　——《贵为人师》出版发行座谈会即席讲话 ············ 260
黔南春已到，泊宁士气高
　　——在都匀泊宁高中2021年会上的讲话 ··············· 264

后　记 ··· 273

泊宁序曲

梦在前方,我在路上。
只要出发,就能到达。
——笔者手记

梦在前方，我在路上

——在遵义泊宁教育集团2017年会上的即席讲话

2018年1月19日下午

各位领导，各位嘉宾，老师们，同志们：

大家辛苦了！

严格地说，我是没有资格在这里讲话的，因为我的工作主要是在都匀那边，没有参与遵义这边的任何工作，所以没有发言权。但是学校办公室一周前邀请我一定要在年会上说几句，我就只好恭敬不如从命了。不过，我的所谓讲话也无非是鼓鼓劲、打打气而已。

刚才，我们聆听了蒋校长的工作总结，通过大家的共同努力，我们克服了许许多多的困难，做了大量繁重的工作，取得了有目共睹的巨大成绩，在座的各位都功不可没，我向大家表示崇高的敬意和衷心的祝贺。

记得我在罗甸麻怀和大家谈论的话题是"青春与梦想同行"，在遵义与大家座谈的话题是"初为人师第一课"。今天，我要和大家分享、共勉的话题是"梦在前方，我在路上"。这个梦，是民族复兴的中国梦，是泊宁教育的崛起之梦，是青年教师的成长之梦。我主要表达三个意思：

第一个意思：星星之火，可以燎原。这句话出自《尚书·盘庚上》："若火之燎于原，不可向迩，其犹可扑灭？"后来，毛泽东在井冈山革命斗争初期，用"星星之火，可以燎原"来比喻中国革命的形势，以说服那些对中国革命缺乏信心、持悲观态度的人们。现在，泊宁教育也处于初创阶段，用"星星之火，可以燎原"来形容我们目前的情况也是恰如其分的。

大家知道，我们的起步是非常艰难的，艰难的程度有时超出想象，甚至出现了很不愉快的事情。正因如此，我们的起步也是很精彩的。正因为这样，才让我们透过许多现象更看清了事物的本质。我们的团队才因此更有向心力，更有凝聚力，更有战斗力。

　　遵义泊宁中学是我们创办的第一所学校，2018年，都匀泊宁中学将招生开学，2019年打算在六盘水创办六盘水泊宁中学，五年内要在贵州办好几所中学，创建贵州泊宁教育集团，犹如星星之火，将形成燎原之势。

　　可以这样说，现在的遵义泊宁，是泊宁教育集团的孵化器，是工作母机，是航空母舰。在这里，要产生若干个校长，若干个主任，若干个部门中层干部。因为我们的管理层，主要靠我们内部培养，这里是培养精英的地方，所以是孵化器。同时，这里不仅要出管理人才，出教育精英，还要出办学成果，办学经验，办学模式，所以是工作母机。另外，这里理所当然地是集团办学的神经中枢，是指导教育教学改革的总指挥部，所以是航空母舰。

　　因此，我们大家要坚定信心，胸怀大志，心存大我，勇挑重担，敢于担当。每一个人都要有充分的思想准备，要挑大梁，担大任，努力成为遵义泊宁教育的先驱者，贵州泊宁教育的开拓者。

　　第二个意思：前途光明，道路曲折。毛主席说过：道路是曲折的，前途是光明的。我们的办学前景一片光明，但我们的道路是曲折坎坷的。王昭、范志国等是团队的引路人，他们在前面开路，但是每一步都要靠我们自己走出来，才能走出光明的前景。我们要克服前进道路上一个又一个的困难，解决一个又一个具体的问题，做好每一件具体的工作。比如上好每一节课，改好每一道作业题，教好每一个学生，直至做好每一个角落的环境卫生，炒好每一道菜等。只有这样，才能实现我们的办学目标。

　　马克思在《资本论》的序言上写道："在科学上面是没有平坦的大路可走的，只有那些在崎岖小路的攀登上不畏劳苦的人，有希望到达光辉的顶点。"①

世界在变,形势在发展,我们面前的工作都是全新的。要做好各自岗位的具体工作,唯一的办法是学习,没有其他捷径。学习,学习,再学习,学习是教师成长的必由之路。我们要"在战争中学习战争",将军不是考出来的,而是在战场上打出来的,教育家也是在教育实践中成长的。在工作实践中学习,每一步都是探索,每一步都是创新,每一步都能出彩。也许我们永远成不了教育家,但是我们必须永远用教育家的标准要求自己,这样,我们才能不断地接近教育家水平。也许我们永远成不了陶行知,但是我们必须永远用陶行知的风范鞭策自己,使自己成为陶行知那样的人。就像司马迁在《史记·孔子世家》里说的那样:"高山仰止,景行行止。虽不能至,然心向往之。"只有这样,我们才能与学校的崛起同步成长。

第三个意思:不忘初心,撸袖加油。用在我们当下,也是非常贴切的。在座的各位,都是泊宁教育崛起的希望。泊宁教育的崛起不是说出来的,而是干出来的。新时代,新气象,新作为。"彩虹总在风雨后""无限风光在险峰"。在新的一年里,我们要不忘初心,牢记使命,"撸起袖子加油干",要有新的面貌、新的目标、新的举措,作出新的贡献。

最后,我想朗诵我写的散文里的一段话作为结束语:一颗露珠养一棵草,一棵草木一个世界。每一个人都是独一无二的,每一个人都可以不同凡响。心若年轻,岁月不老。生活不止眼前,还有诗和远方。英雄不问出处,自古风流万种。功不必自我居,事必定由我成。泊宁儿女,不忘初心,敬终如始,砥砺前行,敢于担当,收获梦想。在校董会的领导下,在蒋校长的带领下,2018年的工作,一定会取得更大的成绩,泊宁教育一定会更加辉煌。

谢谢!

---

① 马克思. 资本论 [M]. 法文版. 北京:人民出版社,1965:序言和跋.

泊宁序曲
——都匀泊宁高中办学构想

"都匀泊宁高级中学"于新时代的第一春，2018年由江苏泊宁教育创业团队按照《民办教育促进法》在贵州省都匀市坝固小镇创建的民办普通高中。"泊宁"即取"淡泊明志，宁静致远"之要义，是中国大陆第一所以"淡泊宁静"为教育切入点办学以落实"立德树人"根本任务的学校。

一、办学定位

"泊宁高中"以招收中低端生源为主，不限于中低端生源，但不争优质生源。实施精准高效的补差教育，实行错位竞争，为学生和家长提供全新的选择。

"泊宁高中"是一所站位高、视野新、实力强的学校。它符合历史发展的逻辑，顺应时代进步的潮流，久久为功，力争满足人民群众对优质教育的需求和对美好生活的向往。是一所力求学生满意、家长放心、社会认可的学校。

办学者已经清醒和充分地认识到，错位竞争是必然的选择和唯一的定位，只有这样，才能立于不败之地。开弓没有回头箭，只有勇往直前，才能取得成功。

站位高——办学目标就是要建成黔南一流的学校，进而是贵州一流的学校，然后是全国一流的学校。要办百年学校，千秋教育，不办短期行为、急功近利的学校，不办千篇一律、千校一面的教育。它应该是理想化教育的实践版，也应该是当下教育变革的样板，还应该是未来教育的畅想版。

视野新——办学模式要在学习和总结古今中外优秀传统教育的基础上，博采众长，借鉴、吸纳当今优质的教育资源，尤其是江苏的优质教育资源。但绝不照抄照搬、盲目复制，要有自己的独到见解、独立特色、独有风格、独特气派。"好风凭借力，送我上青云"，要敢于在巨人的肩膀上跳舞，以我为主，借力而为，推陈出新。

实力强——办学团队要由战略家（实习教育家）、战役家、战术家协同作战。

战略家出思想。即由顾问团、智囊团对办学的全方位、全要素、全过程进行整体策划、布局，完成顶层设计。建成一套决策正确、设计科学、流程优化、执行高效的管理机制和办学模式体系。

战役家出方案。即由校级领导与中层干部根据顶层设计的要求来制定各种规章制度和具体的执行方案，采取切实可行的措施，对工作的各个环节和具体流程进行现场指导，对工作过程进行把控，对工作结果进行评估。做到精细管理、精准教学（工作）、精确评估（绩效）。

战术家出行动。即广大基层一线教职工具体实施，要体现一种优质高效的执行力、战斗力、创新力。基层创新要与顶层设计相结合，形成后劲充足、充满生机活力的可持续发展的优质教育态势。（即形成向心力、凝聚力、战斗力）

二、办学规模

（一）在校学生。以每个年级 1000 人、20 个班为宜，三年后达到 3000 人、60 个班的规模。

（二）师资队伍。每个年级 100 人左右，三年后达到 300 人。按老中青结合、成梯队发展的原则，要有一定数量的特级教师、高级教师，一定数量的研究生和学科带头人，"努力造就一支师德高尚、业务精湛、结构合理、充满活力的高素质专业化教师队伍"。

（三）校园面积。在原有基础上再扩大一倍，达到 150 亩以上，建筑面积也相应增加一倍以上。

三、文化架构

泊宁校训

淡泊明志，宁静致远。

泊宁精神

勤于学习，善于思考，勇于变革，敢于担当。

（后改为：乐学，善思，日新，担当）

泊宁办学理念

文化立校，依法治校，科研兴校，质量强校。

泊宁办学思想

面向全体，全面育人，自主发展，淡泊宁静。

面向全体践行有教无类，全面育人落实因材施教，自主发展达成教学相长，淡泊宁静实现立德树人。

泊宁教育品质

源自古典的教育思想，根植现代的教育理论，借鉴先进的教育方法，基于学生的教育模式。

泊宁办学宗旨

以学生为中心——为学生服务，对学生负责，受学生监督，让学生满意。

（思想来源：1，中国传统文化中"以人为本"的思想，以人为本就是以民为本，在学校就是以生为本。以人为本，以人为尊，以人为重。

2，习近平"以人民为中心"的思想——为人民服务，对人民负责，受人民监督，让人民满意。）

泊宁高中特色

校园有学府风貌，管理有人文风格，教师有专家风范，学生有成才风采。

（后改为：校园有学府品味，管理有人文情怀，教师有专家典范，学生有成才风采）

四、管理体制

（一）拟订《泊宁教育集团章程》《都匀泊宁高级中学章程》。

（二）根据《泊宁教育集团章程》建立集团董事会、监事会等机构。

（三）根据《都匀泊宁高级中学章程》组建校董会、校级领导、中层科室、群团组织（党政工团学生会）等机构。

（四）明确和规范各管理机构的职、权、责及其分工协作关系。

五、运行机制

（一）规章制度。根据教育法规、学校章程和相关的企业法规要求，拟订各工作部门的规章制度和各个环节的工作流程，依法依规治校。

（二）议事规则。如校董会议事规则、校长办公会议事规则等。

（三）计划方案。由部门拟订各科室工作计划、工作方案。

（四）行事管理。每学期有校历，每周有行事历，每天有学校日志。

（五）文件管理。制作"都匀泊宁高级中学文件""会议纪要""简报"。

（六）档案管理。教师业务档案、学生学籍档案、学校各类档案。

六、发展愿景

通过锐意探索和不懈努力，一年打基础，两年成体系，三年见成效。

到 2021 年 7 月第一届学生毕业时，初步展现出泊宁高中特有的泊宁精神、泊宁特色、泊宁风格、泊宁气派，基本建成黔南一流的学校。再用三到四年时间，最迟到 2025 年第七届学生毕业时，泊宁精神、泊宁特色、泊宁风格、泊宁气派更加鲜明、更为显著，建成全省一流、在贵州颇有名气的学校，然后可以自信地向全国一流学校迈进。到 2028 年泊宁高中建校 10 周年时，泊宁教育集团全面建成品牌学校，成为全国知名学校。

（一）校园有学府风貌。校园是教育人的地方，是学生求学成才的理想乐园，应该有一点理想化的色彩，学府风貌就是最佳的育人生态环境。所以，校园规划建设要体现教育功能、泊宁特色和美学价值。

1. 教育功能。校园最本质的功能是育人。校园的规划建设必须最大限度地体现教育功能，就是说校园本身就应该是优质的教育资源，校园本身就能对学生进行教育。学生一进校园，每走一步，看到的都是能让他感到赏心悦目，受到教育启迪的文化景观，学生在这景观中得到熏陶感染，好奇心得以激发，进而萌发思考与探索的冲动，产生想象与创作的灵感，从而获得学习动力。

不考虑教育功能的校园规划，投入再大，也是一种极大的隐形浪费。

2. 学校特色。校园规划必须体现泊宁特色，从教学区、运动区、生活区的布局，到校门设计、校园道路、校园景点的安排，都要体现泊宁高中的特色。要建成有泊宁文化元素的校园——文明校园（包括无烟校园）、园林校园（包括"静远亭""行知亭"）、科普校园（包括海绵校园）、艺术校园（包括课间音乐）。

3. 美感价值。泊宁高中一定要有泊宁之美。教育美学的奇妙之处在于让学生们在潜移默化中获得一种归属感——这正是我向往的地方。

例如校门，必须高度重视，它是学校的门面，是给学生、家长、社会的第一印象，具有极高的美学价值和宣传效应。

运动场正面的围墙可写上"梦在前方，我在路上"八个大字；右面的围墙要刷成白色，写上"更快更高更强，更新更奇更妙，更雅更健更美"。

校园规划建设，可以看出办学者对教育本质的理解程度、学识水平和独特匠心，通过美的熏陶达到环境育人的效果。

（二）管理有人文风格。

（三）教师有专家风范。

（四）学生有成才风采。

（以上几点需用很大篇幅才能展开，因为目前在搞校园维修，所以先说第一点，其他三点以后将做专题讲座。可先参阅《教海逐浪》106页"春风化雨，润物无声"的相关内容）。

七、工作备忘

（一）教师培训。要把"文化框架"内的所有内容以讲座的形式分类进行培训，让"泊宁文化"深入人心，让泊宁高中学校文化成为全体师生员工认同的价值观和共同的价值追求，让全校师生员工都明白泊宁高中应该是一所什么样的学校，泊宁高中的教师应当是什么样的教师，泊宁高中的学生应当是什么样的学生，统一认识，坚定不移地走"文化立校"的发展之路。

（二）招生布局。制作好《招生简章》，分组进行招生工作。

（三）校园维修。虽然我们对校园规划建设要求很高，但因为是租赁校园，只能因地制宜地进行维修。不过，原则上不主张在现有校园内再增加建筑面积，要做长远规划，以征地扩大校园面积来新建校舍。关键是办出品牌来赢得政府的支持。

学校资质批下来后，当务之急是向市政府申请，将校门口的地申请下来，并着手申请校园后面的土地，确保办学规模的教学用地。

校园维修要体现"校园有学府风貌"的泊宁特色，一是舒适好用，二是美观好看。目前有几个点值得注意：

1. 校门。将校门两边原有围墙加高到与门柱一样高（约4米），宽约6米，上盖橘红色琉璃瓦，墙面用淡黄色或乳白色油漆。在右边制作好的墙面上画出装饰框，写上金黄色的行楷体大字"都匀泊宁高级中学"。左边制作好的墙面留空着，以备悬挂多块牌子用。

（说明：这是我用较长的一段时间，在网上浏览了1000多所大中小学的校门，又根据我在全国各地所见到的校门，进行反复比对，按照泊宁文化的要求，最后确定的。）

2. 影壁。在正对大门靠近梧桐树有路口的地方，砌一堵墙，宽度和高度正好与大门一样，上盖橘红色琉璃瓦，墙面着淡米黄色或乳白色油漆，写上金黄色的行楷体大字"淡泊明志，宁静致远"，墙背面印上诸葛亮的《诫子书》。

3. 车棚。进校门左边的车棚和教师宿舍后面的一长排车棚建议全部拆除。进校门左边原放置的大石头，请放回原处。可在左右两边的石上分别刻"行""思"两字。

4. 宿舍。每个宿舍用装修板隔出独立的卫生间，一边是洗澡间（安热水器），一边是便池（便盆不用平底，用漏斗型），中间是洗漱台，上方是晾衣物的横杆或铁丝。宿舍要安空调。

5. 厕所。在教学楼的两头各修一个学生厕所，综合楼的厕所要重新维修。

6. 景点。校园有一排名人头像雕塑，是一道风景线，要注意保护。

建议在综合楼与教学楼之间的空地上建一座小亭子，6柱2层6角，名"静远亭"，暂拟对联"胸中常怀千古事，笔下能写万句诗"。

在宿舍区，把原来当作蓄水池的"大水缸"拆除，在两栋宿舍楼之间挖一个浅水塘作为湿地，再用鹅卵石铺弯曲步道，曲径通幽。同时把宿舍楼前面的一段围墙拆除，修一座小亭子，6柱2层6角，名"行知亭"，暂拟对联"唯其不是而常是，思己无知则长知"。

7. 音响。校园音响要用小音箱，直接安装到每一个教室，运动场可安装中型户外音箱，其音量以校园内能听见为限，不用大喇叭（以防扰民）。课间音乐建议精选古今中外名曲，以滋养学子心灵。

校园维修还有很多方面，这里不一一列出。

（四）入学教育。除了军训，还要考虑学校文化教育，规章制度教育，班级建设教育等。建议统一制作学生书包，设计朴素，美观大方。上面印有校徽标志和班级、编号、姓名等。包里有校徽徽章、《学生手册》、学生证、教材、教辅等。

以上办学构想是我到坝固住了两三天后，对泊宁高中办学的一个大致的设想，还很不成熟。因为建校在即，先发给大家参考，并提出各自意见，集思广益，以便同心协力把学校办好。

黄周立

2018 年 4 月 24 日下午

泊宁高中校名诠释

一、取义命名

泊宁取意"淡泊明志,宁静致远"。把眼前的名利看得轻淡,才会有明确的志向;能平静安详、全神贯注地学习,才能实现远大的理想。

二、原文

三国诸葛亮《诫子书》:夫君子之行,静以修身,俭以养德。非淡泊无以明志,非宁静无以致远。夫学须静也,才须学也,非学无以广才,非志无以成学。淫慢则不能励精,险躁则不能冶性。年与时驰,意与日去,遂成枯落,多不接世,悲守穷庐,将复何及!

三、译文

品德高尚、德才兼备的人,是依靠内心安静精力集中来修养身心的,是依靠俭朴的作风来培养品德的。不看清世俗的名利就不能明确自己的志向,不身心宁静就不能实现远大的理想。学习必须专心致志,增长才干必须刻苦学习。不努力学习就不能增长才智,不明确志向就不能在学习上获得成就。过度享乐和怠惰散漫就不能奋发向上,轻浮急躁就不能陶冶性情。年华随着光阴流逝,意志随着岁月消磨,最后就像枯枝败叶那样(成了无所作为的人)对社会没有任何用处,(到那时,)守在破房子里,悲伤叹息,又怎么来得及呢?

四、释义

夫君子之行——品德高尚的人，他们是这样进行修炼的。

静以修身——以静心反思警醒来修养自己。

俭以养德——以节约俭朴来培养自己的高尚品德。

非淡泊无以明志——除了淡泊名利，没有什么办法能够使自己的志向明确清晰、坚定不移。

非宁静无以致远——除了平静安宁，没有什么办法能够使自己长期坚持刻苦学习去实现远大理想。

夫学须静也——学习必须使自己的身心在宁静中专心研究探讨。

才须学也——人的才能必须在不断的学习中积累。

非学无以广才——除了下苦功学习，没有什么办法能够使自己的才干得到增长、广博与发扬。

非志无以成学——除了意志坚定不移，没有其他办法能够使自己的学业有所进、有所成。

淫慢则不能励精——贪图享乐、怠惰散漫就不能够勉励心志使精神振作发奋向上。

险躁则不能冶性——轻险冒进、妄为急躁就不能够陶冶生性使品德节操高尚。

年与时驰，意与日去——年华虚度，任随岁月而流逝，意志一天天任随时间而消磨。

遂成枯落——像衰败的树叶一样凋落，变成无用之人。

多不接世——这样的人对社会没有一点用处，大多不能融入社会。

悲守穷庐——只能悲伤地困守在自己穷家破舍之中，空虚叹息。

将复何及——等到那时要悔过、改过，怎么来得及呢？

五、相关内容

1. 关于"非淡泊无以明志,非宁静无以致远。"

"非淡泊无以明志,非宁静无以致远。"出自诸葛亮54岁时写给他8岁儿子诸葛瞻的《诫子书》。这既是诸葛亮一生经历的总结,更是他对儿子的要求。在这里诸葛亮用的是"双重否定"的句式,以强烈而委婉的语气表现了他对儿子的教诲与无限的期望。用现代汉语来说:"不把眼前的名利看得轻淡就不会有明确的志向,不能平静安详全神贯注地学习,就不能实现远大的目标"。

"淡泊"是一种古老的道家思想,《老子》就曾说"恬淡为上,胜而不美"。后世一直赞赏这种"心神恬适"的意境,如白居易在《问秋光》一诗中写道:"身心转恬泰,烟景弥淡泊"。反映了作者心无杂念,凝神安适,不限于眼前得失的那种长远而宽阔的境界。

2.《诫子书》中有九个方面的忠告:

一要宁静:"静以修身""非宁静无以致远""夫学须静也"。宁静才能够修身养性,静思反省。不能静下来,就不能有效地规划未来。

二要节俭:"俭以养德"。人要知道节俭,以节俭来培养自己的德行。要过俭朴的生活,不要成为物质的奴隶。

三要规划:"非淡泊无以明志,非宁静无以致远"。要规划自己的人生,明确自己的志向。要静下来,静能生慧,人生才能走得更远。

四要学习:"夫学须静也,才须学也"。宁静的环境对学习大有助益,学习必须专注,人的聪明才智和能力是学习来的。

五要坚持:"非学无以广才,非志无以成学"。要以坚强的意志刻苦学习,要以顽强的毅力克服一切困难,完成学习任务。

六要勤奋:"淫慢则不能励精"。难在勤奋,贵在勤奋,成在勤奋。懒惰、散漫是做不成任何事情的,只有勤奋才能成功。

七要戒躁:"险躁则不能冶性"。不要急功近利,不能贪图虚荣,也不能浮躁,要戒骄戒躁,陶冶自己的性情,做一个性格成熟的人。

八要惜时:"年与时驰,意与日去"。必须管理好自己的时间,珍惜时间,否则意志要被时间消磨掉,"少壮不努力,老大徒悲伤"。

九要知悔:"遂成枯落,多不接世,悲守穷庐,将复何及"。要知道可能有后悔的时候,与其后来后悔,不如现在加紧努力。

泊宁方略 >>>

泊宁标识

一、校旗

泊宁高中校旗设计思想：

符合"黄金分割率"的长方形，上方天蓝色象征蓝色的天空（占四分之一），下方深绿色象征绿色的大地（占四分之一），中间大红色象征火红的青年一代（占二分之一），意涵泊宁学子将是顶天立地的杰出青年代表，一大二小三颗金星象征泊宁学子一定要成为大大小小的时代明星，称之为"泊宁之星"。

二、校徽

泊宁高中校徽设计思想：

蓝色椭圆形背景象征蓝天，中间为绿色地球图案，大小两只白天鹅在蓝天上翱翔，飞越整个地球，象征泊宁学子从丑小鸭变成了白天鹅，飞向蓝天，飞向远方，飞向全世界。

三、校歌　泊宁之歌

1. 苗岭山高，清水江长，泊宁高中是我向往的地方。

菁菁校园，钟灵毓秀。莘莘学子，激情飞扬。

我们淡泊明志，我们勇于挑战，我们放飞金色的梦想。

泊宁，出发！泊宁，远航！

2. 梧桐树绿，迎春花香，泊宁高中是我成长的地方。
谆谆教诲，立德树人。琅琅书声，豪情万丈。
我们宁静致远，我们敢于担当，我们要做祖国的栋梁。
泊宁，卓越！泊宁，辉煌！

泊宁方略 >>>

泊宁之歌

1=C 4/4　欢快、深情地　　　泊宁高中校歌

5356 5356 | 1 2 1 7 5 7 | 6666 6666 :‖

5·3 56 5·3 | 1·3 21 5 — |
苗岭山高，　清水江长，
梧桐树绿，　迎春花香，

6 6 5 12 3 | 5 3 223 61 2 |
泊宁　高中　是我向往的地方。
泊宁　高中　是我成长的地方。

3 3 5 3 2 | 3 21 6 — |
菁菁校园，　钟灵毓秀，
谆谆教诲，　立德树人，

5·6 12 3 | 5·3 23 1 |
莘莘学子，激情飞扬。
朗朗书声，豪情万丈。

3 5 1 1 7 5 6 | 3·5 1 1 7 5 3 |
我们淡泊明志，我们勇于挑战，
我们宁静致远，我们敢于担当，

3 5 1 1 12 | 2 1 7 5 7 6 |
我们放飞金色的梦想。
我们要做祖国的栋梁。

3 5 6 5 — | 3 5 6 1 — :‖
泊宁，出发！　泊宁，远航！
泊宁，卓越！　泊宁，辉煌！

善和忠礼　淡泊宁静

——论立德树人之四维目标

（都匀泊宁高中德育文化构想草稿）

　　善、和、忠、礼乃都匀泊宁高中落实立德树人根本任务的四维目标。泊宁高中师生必须按照社会主义核心价值观的要求，个人品德求善，以善修身；家庭美德求和，以和齐家；职业道德求忠，以忠治国；社会公德求礼，以礼平天下。以"善和忠礼"四维目标达到"修齐治平"的精神境界和家国情怀，落实立德树人的根本任务，形成泊宁人特有的淡泊宁静的优雅气质和泊宁气象。

　　"善和忠礼，淡泊宁静"是都匀泊宁高中的学校文化，它传承"淡泊明志，宁静致远"的优秀传统文化，以"淡泊宁静"为学生核心素养的实现方式，通过"善和忠礼"四维德育目标来落实立德树人的根本任务，从而培养德智体美劳全面发展的社会主义建设者和接班人。

　　都匀泊宁高中的师生要遵循"淡泊明志，宁静致远"的古训，淡泊名利，切忌浮躁；内心宁静，志向高远。热爱生活，青春阳光，淡泊、素简、专注、祥和。胸怀天下，心存大我；身心健康、意志坚强。静心读书，潜心学习；平和而执着，谦逊而无畏；拒绝低俗，向往高雅；追求卓越，立己达人；成为既有民族灵魂、全球视野，又有泊宁气质、淡泊宁静的一代新人。

　　习近平总书记在十九大报告中强调："深入挖掘中华优秀传统文化蕴含的思想观念、人文精神、道德规范，结合时代要求继承创新，让中华文化展现出永久魅力和时代风采。"① 儒家传统文化中积极入世的思想提倡"修身、齐家、治国、平天下",而社会主义核心价值观则强调现代公民的个人品德、家庭美德、职业道德、社会公德修养,我们按照立德树人的根本要求,从学生实际出发,遵循教育基本规律和学生成长规律,结合新时代学校德育工作的特点,给儒家"修齐治平"的传统思想赋予崭新的时代内涵,使其具有强大的生命力和文化力量,形成全校师生共同的价值追求和独特的泊宁文化。

一维目标:个人品德求善,以善修身

《国语·晋语》:"善,德之建也。"就是说,德是建立在善的基础上的,善是德的基础,是德的最低要求,没有善就没有德。善是人品中最基本的元素。

《道德经》:"上善若水,水善利万物而不争。""善者,吾善之;不善者,吾亦善之,德善。"

《大学》第一句:"大学之道,在明明德,在亲民,在止于至善。"大学的宗旨在于弘扬光明正大的品德,在于使人弃旧图新,在于达到最完美的境界。

《论语》:"择其善者而从之,其不善者而改之。"

《周易·坤·文言》:"积善之家,必有余庆;积不善之家,必有余殃。"

东汉徐干《中论·修本》:"人而好善,福虽未至,祸其远矣!人而不好善,祸虽未至,福其远矣。"

刘备临终前对儿子刘禅说:"勿以善小而不为,勿以恶小而为之。"

面善

面善是好人的标志。面带微笑是面善的表现。对所有人都应该面善,都应该面带微笑,都应该主动打招呼,这是对泊宁人的基本要求。

---

① 习近平在中国共产党第十九次全国代表大会上的报告 [EB/OL]. 人民网,2017-10-28.

微笑使人青春、阳光，体现一个人具有积极乐观的良好心态和对生活的热爱，对未来充满自信和期待，有战胜困难的勇气和顽强意志。

面善还体现出一个人的教养、修养、素养，表现为一种优雅的气质或谦谦君子的风度。

心善

心善就是心地善良不怀恶意，这是好人的本质要求。善良来自心灵深处蕴藏的真诚，是高贵的品质和崇高的境界，是一种智慧和远见。

卢梭说，善良的行为使人的灵魂变得高尚。罗曼·罗兰说，灵魂最美的音乐是善良！高尔基说，做一个善良的人，为人类去谋幸福。奥勒利乌斯说，善的源泉是在内心，如果你挖掘，它将汩汩地涌出。

古人待人处事，强调心存善良，向善之美。与人交往，讲究与人为善，乐善好施；对己要求善心常驻，同情弱者，宽容待人。

行善

善行是美好的品行，美好的行为。行善就是要有善的行动，要有善举。罗曼·罗兰说，善不是一种学问，而是一种行为。善行是做的学问，要体现在行动上。卢梭说，善较之美价值更高。

善是个人品德的根基，也叫善根。一个人有了善根才能广结善缘。善的核心是爱，善良体现为人类最美好的品质。

作为中国人，作为泊宁人，我们要时刻将"善"牢记心间，努力成为一个善良的人，一个优秀的人，卓越的人。

二维目标：家庭美德求和，以和齐家

"和"是宇宙自然、社会人生的规律，是存在的常态，功能的佳境。

《道德经》："道生一，一生二，二生三，三生万物。万物负阴而抱阳，冲气以为和。"老子从宇宙本体论、生化论层面，阐释了"和"是阴阳二气矛盾统一，是生成万物的内在依据或存在状态。

《庄子》："与人和者，谓之人乐；与天和者，谓之天乐。"天和、人和，即是顺应自然，而不要人为地干扰，甚至破坏自然，这是万物之美所以产生的哲学根据。和本身是一种美,协调之美、和谐之美。

《中庸》:"和也者,天下之达道也。"和是最合理的、恰到好处的、合乎事物发展规律的。

"和"的句子:"和为贵","家和万事兴","天时地利人和","和气生财","握手言和","和颜悦色","和蔼可亲","和风细雨","和衷共济"等。

内心和平

内心平静是一种高雅的修养,是一个人成熟的体现。古训:"非宁静无以致远。"济群法师说:"唯有内心和平,方有世界和平。"我们必须先获得内心和平,才能将和平带到外在世界。

内心和平是家庭和睦的前提。我们要做自己情绪的主人,一事当前,先处理心情,再处理事情;先调整心态,再控制事态。心存大我,胸无杂念。遇事冷静,切忌浮躁。要智慧用事,而不是感情用事,才能做到内心和平,再把和平带给亲人,带入家庭,带到外部社会。

态度和气

态度平顺温和,待人和气。

《礼记·祭义》:"有和气者必有愉色。"

唐朝刘商《金井歌》:"文明化合天地清,和气氤氲孕至灵。"

宋·王安石《次韵和甫春日金陵登台》之一:"万物已随和气动,一樽聊与故人来。"

温和的气度,能让人和睦融洽相处,对人谦和能带来吉利的祥瑞之气。

明朝杨慎《词品·雪辞》:"满天和气,太平有象。"

班固《汉书·刘向传》:"和气致祥,乖气致异。"人的和气也可以为家庭带来其乐融融的气氛。

关系和谐

和谐指事物间和睦协调、和平相处的状态,是对立事物之间在一定的条件下,具体、动态、相对、辩证的统一,它是不同事物之间相辅相成、互助合作、互利互惠、互促互补、共同发展的关系，这是辩证唯物主义和谐观的基本观点。

和谐是人们对自然和人类社会变化、发展规律的认识，它是人们所追求的美好事物和处事的价值观、方法论。

和谐社会是一种美好的社会状态和社会理想，即"形成全体人们各尽其能、各得其所而又和谐相处的社会"。

和是家庭美德的前提和基础，和的核心是孝。

北宋司马光《瞽叟杀人》："所贵於舜者，为其能以孝和谐其亲。"孝是最大的和，是最好的家庭美德。

三维目标：职业道德求忠，以忠治国

《说文》："忠，敬也，尽心曰忠。"

《疏》："中心曰忠。中下从心，谓言出于心，皆有忠实也。"忠，存心居中，正直不偏，古以不懈于心为敬，故忠从心；又以中有不偏不倚之意，忠为正直之德，故从中声。

《论语》："为人谋而不忠乎？"

司马光："尽心于人曰忠，不欺于己曰信。"

《左传·宣公十二年》："进思尽忠，退思补过。"

《忠经·天地神明章第一》："天下至德，莫大于忠。""忠也者，一其心之谓也。"

陆象山："忠者何？不欺之谓也。"

"忠"是儒家学说的重要内涵与范畴，是中国古代道德规范之一，其本义是"尽己之心，忠人之事"。作为道德概念，指为人正直、诚恳厚道、尽心尽力，坚持真理，修正谬误。后指忠于他人、忠于君主及国家。按照儒家思想，忠，是人对天地、真理、信仰、职守、国家及他人等都至公无私，始终如一，尽心竭力地完成份内义务的美德，人要做到竭诚尽责就是忠的表现。

"忠"就是一心一意，中国共产党"全心全意为人民服务"的思想就是中国优秀传统"忠"文化的传承。忠，也可以理解为爱岗敬业、刻苦钻研、尽职尽责。

爱岗敬业

敬业是一个人对自己所从事的工作及学习负责的专心致志的态度，是人们在某集体的工作及学习中，忠于职守，严格遵守职业道德的工作学习态度。

低层次的即功利目的的敬业，由外在压力产生；高层次的即发自内心的敬业，把职业当作事业来对待。

热爱职业，对事业有迷恋和执着的追求，形成良好的行为规范。勤勉工作，笃行不倦，脚踏实地，任劳任怨。对职业有愉悦情绪体验，包括荣誉感和幸福感。

刻苦钻研

刻苦是一种强迫自己学习的行为，但又是心甘情愿地求知的学习方式。

钻研是对学习问题进行探索和更深层次的研究，不辞辛苦，废寝忘食。

除了干一行爱一行，还要干一行专一行。要具备较强的学习能力、专业能力，成为行家、专家。

尽职尽责

发扬精益求精的工匠精神，把职责范围内的每一件事情做好。

在学习和工作中，不只是以完成任务为限，而是要做到最好，做出成果，达到一流的水平，追求卓越，拒绝平庸。

忠是职业道德的根本要求。忠的核心是义，义不容辞、义无反顾、义正词严。

四维目标：社会公德求礼，以礼平天下

《左传·昭公二十五年》："夫礼，天之经也，地之义也，民之行也。"
《论语》："不学礼，无以立。"颜渊问仁，子曰："克己复礼为仁。一曰克己复礼，天下归仁焉。为仁由己，而由人乎哉？"颜渊曰："请问其目？"子曰："非礼勿视，非礼勿听，非礼勿言，非礼勿动。"颜渊曰："回虽不敏，请事斯语矣。"礼是人们必须遵守的行为规范。

礼节优雅

礼节是人和人交往的礼仪规矩，是对人表示尊重的各种形式，包括动作形式和语言形式。如，握手、鞠躬、磕头等，是动作形式；问候、道谢等，是语言形式。《礼记·儒行》："礼节者，仁之貌也。"礼节是文明的起码要求。

礼仪是在社会生活中约定俗成的，符合礼的要求，维护礼的精神，指导、协调人际关系的行为方式和活动形式的总和。礼仪的表现形式有：礼节、礼貌、仪表、仪式、服饰、标志、象征等。

诚实守信

孔子曰："人而无信，不知其可也。"曾子曰："与朋友交而不信乎？"

《春秋谷梁传·僖公22年》："人之所以为人者，言也。人而不能言，何以为人？言之所以为言者，信也。言而不信，何以为言？"

陆象山："信者何？不妄之谓也。""人而不忠信，何以异于禽兽者乎？"

诚实，即忠诚老实，就是忠于事物的本来面目，不隐瞒自己的真实思想，不掩饰自己的真实感情，不说谎，不作假，不为不可告人的目的而欺瞒别人。

守信，就是讲信用，讲信誉，信守承诺，答应了别人的事一定要去做。忠诚地履行自己的承诺是每一个现代公民应有的品质。

诚实守信是做人的基本原则，是社会公德的基本要求。礼的核心是信。

规则意识

规则意识，是指发自内心的、以规则为自己行动准绳的意识。比如说遵守校规、遵守法律、遵守社会公德、遵守游戏规则的意识。

规则意识首先是指关于规则的知识。要有遵守规则的愿望和习惯。要让遵守规则成为人的内在需要。

在这种境界中，遵循规则已成为人的天性，外在规则成为人的内在素质。从规范向素质的转变，对于个人来说，意味着规则不再仅仅是一种外在强制，从而在某种意义上使人获得了真正的自由。规则意识的最高境界是"君子慎独"。

淡泊宁静之举要

淡泊宁静就是不追求名利，生活简单朴素，才能显示出自己的志趣。心境安宁清静，才能达成远大目标。人只有先看淡了名利，在清静之中去思索，思想才能升华，从而发现自己真正的人生价值，才能达到自己的人生目标。

宁静是淡泊的内涵，淡泊是宁静的外延。为什么要提倡"淡泊宁静"？因为内心平静，外在才不会有风波。宁静是一种高雅的文化修养，内心宁静是读书人应该具备的基本素养，"非宁静无以致远"，做不到"宁静"就走不远，只有眼前，没有诗和远方。淡泊表现为外在的真实、稳沉，不浮躁，不做作，这也是做学问的根本要求，"非淡泊无以明志"，做不到"淡泊"就无法看清楚自己的价值，无法明确自己的志向，只有平庸，没有卓越。

"泊宁"乃"淡泊宁静"的简称，泊宁人必须具有淡泊宁静的品质、特质、气质。怎样做到"淡泊宁静"的要求呢？就是要从"善和忠礼"四维目标入手，个人品德求善，以善修身；家庭美德求和，以和齐家；职业道德求忠，以忠治国；社会公德求礼，以礼平天下，把中国优秀传统文化和新时代精神融为一体，这样坚持不懈，形成具有泊宁特色、泊宁风格、泊宁气派的学校文化。让"善和忠礼，淡泊宁静"成为泊宁高中最美的风景。

小结

一、四维目标之间是相互联系、相互促进、相辅相成的。要把个人品德的善、家庭美德的和、职业道德的忠、社会公德的礼这四维目标结合起来进行培养训练，才能收到综合效果，达到最高境界。

二、以善修身、以和齐家、以忠治国、以礼平天下是泊宁教育独有的培养方式，是泊宁独特的文化资产，是泊宁文明，要倍加珍惜和弘扬。要通过"善和忠礼"四维的修炼达到"修齐治平"的目标，形成"淡泊宁静"的泊宁气质，从而实现立德树人的根本任务。

三、"善和忠礼，淡泊宁静"是泊宁之根，泊宁之魂，泊宁之美。泊宁学子必须要有泊宁的优雅印记，必须是善的使者，和的榜样，忠的标杆，礼的楷模。善良的心灵、和谐的家风、忠诚的品格、礼貌的行为。泊宁之美，美在学子身上，美在师生身上，美在泊宁人身上。

2018 年 5 月 13 日于都匀坝固

泊宁开篇

让优雅成为习惯,
让习惯更加优雅。
————笔者手记

泊宁谋划

——都匀泊宁高中文化初创草稿

前 言

泊宁高中，遵循历史发展的逻辑，顺应时代进步的潮流，承载教育变革的使命，专注人民群众对美好教育的期盼，乘着党的十九大开启的新时代东风在贵州都匀应运而生，为学生和家长提供一种全新的选择，让每个学子都能圆梦。

泊宁高中，奉行"教育家办学"的信念，虽然目前办学者未必就是教育家，但是办学行为一定按照教育家应有的标准执行，并坚持按这个标准检验各项工作。办学者也只有在教育教学实践中历练，才能锻造成为教育家。

泊宁高中，追求一种以人为尊的人性化教育，是充满教育理想的学校，是理想化教育的实践者、探索者，同时也是问题教育的勇敢批判者。我们厌烦并抛弃空洞的抱怨和牢骚，以建设的方式进行批判，立新破旧。从已知走来，向未知进发。从人的认知规律出发，坚持教育教学的基本原则，展开教学的变革，进行学习的革命。我们在做前人已经做过，但还可以做得更好的光辉事业。学生满意是我们的努力方向，家长放心是我们的执着追求，政府期待是我们的光荣任务，社会认可是我们的奋斗目标。

泊宁高中，秉承"文化立校"的理念，遵照"教育人学"的原理，从学生出发，按照"立德树人"的要求，构建泊宁高中特有的学校文化。

泊宁高中，有自己的办学理论依据和话语系统，但不刻意追求无懈可击的完美理论体系，而是用行动证明，用事实说话。"理论是灰色的，实践之树常青"，按照正确的理论去行动，永远比抽象地理解这个理论更重要。要在办学实践中不断反思、加深理解、总结经验，提升办学理论水平。

泊宁高中，走向世界的起点，一切从零开始，让梦想从这里出发，以实践检验真理，以现在求证未来。"一张白纸，没有负担，好写最新最美的文字，好画最新最美的画图"。

第一篇 泊宁文化
——善和忠礼，淡泊宁静

学校是教书育人的专业化、规范化的特殊社区，是培养未来社会公民的地方，应当是理想化社会的样板，应当与现实社会拉开一定的距离，有一点乌托邦的色彩，是教育理想主义的实验场。学校虽然处于世俗社会之中，但应该要高出世俗社会之上，必须与世俗社会拉开相当的距离，决不能与世俗社会混为一谈。校园必须拒绝一切粗俗之举、庸俗之人。试想，如果学校和世俗社会一个样，老师和普通百姓一个样，没有一点区别，那么，学生到学校学什么？学生向老师学什么？应当把学校的文明带向世俗社会、引领世俗社会，而不是把世俗社会的不文明带到学校，污染校园，这就是学校文化建设的意义和作用。

今天的教育质量，意味着明天的社会文化质量；学生的学习质量，意味着今后的工作质量、生活质量。学校文化是全体师生在学校创立和发展过程中，逐步形成的共同价值取向、精神追求、传统习惯、行为规范等。学校文化建设其实就是学校共同价值观建设，没有永远先进的文化，只有不断进步的文化。

　　学校文化建设包括物质文化建设、精神文化建设和制度文化建设，这三个方面建设的全面、协调发展，为学校树立起完整的文化形象。优秀的学校文化能赋予师生独立的人格、独特的精神。学校文化的核心竞争力主要表现在文化的凝聚力、创造力和表现力，是一所学校综合实力的反映。

　　学校文化建设的终极目标在于创建一种氛围，以陶冶学生的情操，构筑健康的人格，全面提高学生素质，形成有别于其他学校的特有风貌和气质。

　　教育是审美文化，要对教育进行哲学思考、美学思考，教育美学是我们必须研究和实践探索的重要课题。美感是非常重要的教育资源，学校文化要有美的元素，好的教育一定同时是蕴含哲理的美的享受。学校文化就是美的熏陶，要充分利用美感这种优质教育资源，来培养学生良好的审美情趣和人文素养。把教育做成一种美的享受，就是学校办学的最高境界、最佳状态。

　　都匀泊宁高中是一所全新的学校，它传承"淡泊明志，宁静致远"的优秀传统文化，以"淡泊宁静"为切入点和突破口，通过"善和忠礼"四维目标来实现立德树人的根本任务，培养德智体美劳全面发展的社会主义建设者和接班人。

　　泊宁文化是泊宁人共同的价值追求，是全校上下的共识，内化于心，外化于行，变成全体师生员工的自觉行动。不仅要体现在校园文化和制度文化上，而且要更多地体现在泊宁高中师生的行动上，体现在泊宁高中每一个教师和学生的言谈举止、举手投足上，形成一种特有的泊宁行为文化。所谓独特，就是有别于人的地方，就是不同寻常、不同凡响，让人一眼就可以看出这是泊宁高中的老师、泊宁高中的学生，因为只有泊宁高中的老师和学生才有这种行为，让泊宁文化转变为泊宁形象、泊宁气质、泊宁风貌。

　　要通过学校文化建设，把泊宁文化注入泊宁师生的血液，变成泊宁师生的细胞和肌肉，转化为泊宁师生的自觉行动，使泊宁文化成为泊宁高中的优秀品牌，成为泊宁高中最根本的教育质量，成为泊宁高中一张闪亮的名片。

善和忠礼

善、和、忠、礼乃泊宁高中落实立德树人根本任务的四维目标。泊宁高中的师生要按照社会主义核心价值观的要求，个人品德求善，以善修身；家庭美德求和，以和齐家；职业道德求忠，以忠治国；社会公德求礼，以礼平天下。以"善和忠礼"四维目标达到"修齐治平"的精神境界和家国情怀，落实立德树人的根本任务，形成特有的泊宁人优雅气质。

淡泊宁静

泊宁高中的师生要遵循"淡泊明志，宁静致远"的校训，淡泊名利，切忌浮躁；内心宁静，志向高远。热爱生活，青春阳光，淡泊、素简、专注、祥和。胸怀天下，心存大我；身心健康、意志坚强。静心读书，潜心学习；平和而执着，谦逊而无畏；拒绝低俗，向往高雅；追求卓越，立己达人；成为有泊宁气质、淡泊宁静的一代新人。

第二篇　总体目标
——泊宁特色、泊宁风格、泊宁气派

学生对优质教育的向往，就是我们的奋斗目标。关注弱势群体，定位中低端生源，实行分层次精准教学，低进高出，多元发展。尽最大努力，满足人民群众日益增长的对优质教育资源的需求。

一年打基础，二年成体系，三年见成效，努力建成特色鲜明、学生满意、家长放心、社会认可的学校，即打造黔南一流的学校。在此基础上，再用三到四年时间，建成独有的泊宁特色、泊宁风格、泊宁气派的学校，即打造贵州一流的学校。然后向全国一流学校迈进，到2028年建校10周年时，全面建成品牌学校，成为全国知名学校。

第三篇　泊宁标识
——校旗、校徽、校歌

校旗设计思想：

上方象征蓝色的天空，下方象征绿色的大地，中间象征火红的青年一代，意涵泊宁学子将是顶天立地的杰出青年代表，一大二小三颗金星象征泊宁学子一定要成为大大小小的时代明星，称之为"泊宁之星"。

校徽设计思想：

蓝色椭圆形背景象征蓝天，中间为绿色地球图案，大小两只白天鹅在蓝天上翱翔，飞越整个地球，象征泊宁学子从丑小鸭变成了白天鹅，飞掠地平线，飞向蓝天，飞向远方，飞向全世界。

校歌创作思想：

一、歌名

"泊宁之歌"，简洁明快，主题鲜明，易于朗诵，便于记忆。

二、歌词

泊宁高中是一所站位高、视野新、动能强的普通高级中学。选择山明水秀之地建设校园，以学生的健康优质成长为己任，源自传统，走向未来，既借鉴吸纳古今中外优秀教育思想，文化底蕴深厚、教育内涵丰富，又是有独特创新、充满生机活力的现代化学校，是莘莘学子求学成才的理想学府。

泊宁高中校歌首先是一首优美的诗，它必须体现学校的办学思想，必须体现一种独特的意境之美、现代之美、青春之美、文学之美。

"苗岭山高，清水江长，泊宁高中是我向往的地方"，就是力图展现泊宁高中是一个山水相依、环境优美、适合读书的好地方，这就是一种意境之美。

"菁菁校园，钟灵毓秀。莘莘学子，激情飞扬。我们淡泊明志，我们勇于挑战，我们放飞金色的梦想"，这是现代之美、青春之美。

"泊宁，出发。泊宁，远航！"展现青春之美、想象之美、文学之美。

"梧桐树绿，迎春花香，泊宁高中是我成长的地方。"梧桐乃凤凰栖身之树，迎春花乃青春之花，表达学子对母校的感恩之情。

"谆谆教诲，立德树人。琅琅书声，豪情万丈。我们宁静致远，我们敢于担当，我们要做祖国的栋梁。"展现现代之美、教育之美、青春之美。

"泊宁，卓越。泊宁，辉煌！"与前段呼应，展现精神之美、文学之美。

三、乐曲

校歌首先要通过乐曲之美来表现歌词的主题思想，通过音乐的启迪、教化功能培养学生热爱学校、热爱祖国、热爱学习、热爱劳动、热爱生活的审美情趣，以陶冶学生的高尚情操。

其次，要体现欢快、深情的情感态度和乐观主义精神。要通过舒展流畅的旋律，跌宕起伏的节奏，均衡的速度，适中的力度，展现乐曲的诗意美、时代美，让人产生一种无限的想象之美、乐感之美。让学生受到美的启迪，美的熏陶，产生积极的心理暗示，潜移默化地形成优秀的品格。

再次，要通过乐曲的赞美、歌颂、崇拜、信仰等精神内涵和深情、欢娱、奋发、绚烂等音乐意境，激发学生美好的情感，锻造学子青春阳光、向往未来、大胆创新、勇于挑战、敢于担当的泊宁精神品质。

第四篇　泊宁精神
——勤于学习，善于反思，勇于变革，敢于担当

勤于学习

学习是人的一种本能，人类因为不断学习而创造出一切物质财富和精神财富，人类因为学习而不断进步。学习塑造了人类，也成就了人类。热爱学习的人最高贵、最美丽。

学校是教书育人的地方，要想成为真正的名师，学习的速度务必大于教育变化的速度，学习的力度务必大于工作的难度。

教师应该是读书学习的楷模，是首席学习师，首席阅读师。教师以读书为业，读书是教师职业最基本的要求，学习是教师人格魅力的天然源泉。教师不读书怎么教书？怎么育人？怎么为师？很难想象，一个不学习的老师能培养出一大批热爱学习的学生。读书应该成为教师生活的常态、生活的习惯，学习是教师应有的风范。从孔夫子到陶行知，从夸美纽斯到苏霍姆林斯基都要学习，亲近大师，拥有思想，直抵精神，要用古今中外最优秀的教育思想来武装自己的头脑。

阅读就是给心灵安个家，教师阅读，才有自己的精神家园，才更有文化眼光，思想才显得厚重，教学才有理论的支撑，任课学科才有丰富的内涵，教师的生命才富有张力。有人说"不知道巨人和他们的肩膀在哪里，就很难在传承的基础上创新"。苏联教育家阿莫纳什维利说："如果教师并不感到自己是与夸美纽斯、卢梭、裴斯泰洛齐、马卡连柯、苏霍姆林斯基等伟大教育家的精神息息相通的，那么，怎么也算不得一个优秀的教师。"教师可以是生活的草根，但必须是精神的贵族，"腹有诗书气自华"，进门要有书香味，出门要有书卷气。

最美的样子是读书。要在教师的带动和影响下，形成人人爱读书的氛围，让读书成为校园最亮丽的风景，让泊宁高中成为书香校园，让泊宁学子都能读书、爱读书、读成书。

善于反思

反思是教师进步的动力，是教师专业成长的源泉。华东师范大学资深教授叶澜说："写一辈子教案不一定能成为名师，写三年教学反思则可能成为名师。"[1]

农民种田，袁隆平也种田，袁隆平种的是科研试验田；农民种菜，李桂莲也种菜，李桂莲种的是科研蔬菜；我们上课，魏书生也上课，魏书生

---

[1] 汪瑞林. 教学反思的三个视角 [D]. 中国教育报，2021-10-08.

上的是科研课。所以，在工作中是否反思、是否研究，其结果是完全不同的。

问题即课题，行动即研究，感悟即成果。把工作当作学问来做，用科研的方法进行工作，每天都用心去发现自己的教育世界，每天都有新的发现，我们平凡的工作就具有科学研究的意义。把问题当作课题来做，教学本身就是教师反思的丰富而又生动的资源，也是创新的灵感之源，上课的教师就成了科研的专家，反思就成了教师成长的动力之源。

教师应该是教育科学家，要对已经发生的教育现象保持敏锐的观察，对即将发生的教育变革保持高度的关注，对可能发生的教育变化保持前卫的好奇心。

高中的研究性学习本身就是一种反思性学习。一个学生在学科学习中的新发现似乎微不足道，但从认识论的角度来说，他与科学家的研究新发现是等价的。在学习中不断反思其得失，总结经验教训，及时调整学习计划，采取合适的学习方法，以取得高效的学习成果，培养学习的品质，在反思中不断提高学习质量。

勇于变革

社会在发展，时代在进步，教育在变化。世界上没有一成不变、一劳永逸、包医百病的固定模式。变革就是传承中的扬弃，就是推陈出新。老的方法不行，就要尝试用新的方法；这种方法不行，就要尝试用别的方法；一种方法不行，就要尝试用多种方法。不能一本教材用到底，一个教案教若干年。不要只用一套方法教若干学生，要用若干方法教一个学生。要把国家课程方案变成我们生动的教学实践，变革就能产生奇迹，不变革就停滞不前。勇于变革，就是追求教育行为改变的行动。

我们这个时代，新知识、新技术、新观念、新思想层出不穷，实践发展永无止境，认识真理永无止境，理论创新永无止境。谁排斥变革，谁就落后于时代；谁拒绝创新，谁就会被历史淘汰。不懈的探索是变革的前提，没有最好，只有更好，合适才好。变革和创新是学校发展的不竭动力，也是提高教育教学质量的必由之路。要针对差异化教育和补差教学进行若干课题研究，形成泊宁高中特有的教学模式，然后软件化，申请专利。甚至可以成为品牌，复制推广。

教育变革要从我做起，从现在做起，从我们的具体工作做起，处处留心皆学问，处处是创造的天地。人人都做教育改革家，人人都做草根教育家，形成改革发展的强大动力。要敢于在巨人的肩膀上跳舞（先摸准巨人的肩膀在哪里），在追赶的过程中学会弯道取直，变道超车，实现跨越。在激烈的行业竞争中，要先人一步，快人一拍，高人一筹，优人一等，形成教育教学不断改革创新的生动局面，达到引领行业的境界。当我们在教育变革的探索中出现颠覆性创新的时候，教育的奇迹就产生了，我们就是创造奇迹的人。

敢于担当

当前，整个世界正处于大发展、大变革、大调整时期，世界格局深刻变化，科技进步日新月异，人才竞争日趋激烈。国运兴衰，系于教育。教育大计，教师为本。伟大的教育家陶行知说："在教师手里操着幼年人的命运，便操着民族和人类的命运。"如果说孩子是祖国的花朵，学生是国家和民族的未来，那么，我们正在进行的平凡工作就是处理国家大事，民族未来的大事。所以，人民教师，责任重大，使命崇高，要有舍我其谁的责任感。

敢于担当是负责任的表现。教师一定要为自己的专业发展负责，为学生的健康成长负责。往大处说，是为学校的发展负责，为国家的振兴负责；往小了讲，就是为自己的工作负责，为教师的职业负责。一个事业，一种良知，一份责任。

"没有爱就没有教育"，爱心与责任是教育的担当。教师要把学生放在心上，把心放在学生身上。德国哲学家雅斯贝尔斯说："正如一棵树摇动另一棵树，一朵云推动另一朵云，教育就是一颗灵魂唤醒另一颗灵魂。"我们要以爱的力量去感染和教化学生。

敢于担当就是勇挑重担。学校工作千头万绪，纷繁复杂，我们要把每一天的工作做好，要把每一件事情做好，把自己的本职工作做好。要用细心和耐心上好每一节课，批改好每一个作业本，辅导好每一个学生，做到一个都不能少。

敢于担当还要培养学生的责任担当意识。包括对自己和他人生命健康负责的担当意识，对自己学习负责的担当意识，对身边环境负责的担当意识，对家庭文明和谐负责的担当意识，对集体负责的担当意识，对自己的过错行为承担责任的担当意识等。

结论：

高贵人生，勤于学习；智慧人生，善于反思；

精彩人生，勇于变革；成功人生，敢于担当。

第五篇　泊宁思想
——面向全体，全面育人，自主发展，淡泊宁静

领导学校，首先是教育思想的领导，其次才是行政上的领导。

——苏霍姆林斯基

面向全体践行有教无类，全面育人落实因材施教，自主发展达成教学相长，淡泊宁静实现立德树人。

苏霍姆林斯基说：深刻思想的本质是简单。办学思想是学校办学的大方向、总基调和行动指南。

面向全体践行有教无类。

面向全体的思想源于孔子的"有教无类"教育思想。"有教无类"出自《论语·卫灵公》，原意是不管什么人都可以受到教育，不因为贫富、贵贱、智愚、善恶等原因把一些人排除在教育对象之外。

教育不能只是面向少数，也不能只是面向多数，而是面向全体，面向每一个学生。如果一个学校的发展不是以全体学生的健康成长为价值取向和奋斗目标，不但失去办学意义，也会失去办学动力。

"有教无类"是一种理想的教育公平。"面向全体"就是践行"有教

无类"的思想，对每个学生都一视同仁，体现教育机会公平。转化一个后进生与培养一个优秀生同样重要，甚至更加重要。要给每一个学生自身发展的机会，关注每一个学生，促进每一个学生在原有水平上都有所发展，让每个学生都学有所得，各得其所，促进每个学生全面而有个性地发展。

以人为本就是以人为尊，以人为重。苏霍姆林斯基说："在教育集体的同时，必须看到集体中每一个成员及其独特的精神世界，关怀备至地教育每一个学生。"确立面向全体的育人意识，尊重每一名学生，创设平等和谐的教育氛围，让每个学生都有尊严。关心爱护每位学生，关注个体差异，满足不同学生的学习需求，不歧视任何一个学生，不放弃任何一个差生，让每个学生都得到不同程度的提高，让每个学子都能圆梦。

全面育人落实因材施教。

"因材施教"典故出自《论语·先进篇》，指教师要从学生的实际和个别差异出发，针对学生的志趣、能力等具体情况，有的放矢地进行不同的教育，进行有差别的教学，使每个学生都能扬长避短，获得最佳发展。

在不同的学习情景中，不同类型、不同能力水平的学生的学习情况是极为复杂的，需要教师凭着自己的经验和智慧，针对学生的学习实际，灵活地设计因材施教的方法，才能达到全面育人的效果。

全面育人就是尽量满足学生个性化的学习需求，要贯彻"德育为先，能力为重，全面发展"的育人理念，落实"全科育人，全程育人，全员育人"的原则。坚决反对心中无育人意识，行动上无育人自觉，"只教书不育人"的现象。要关心每个学生，遵循教育规律和学生身心发展规律，为每个学生提供适合的教育，促进每个学生主动地、生动活泼地发展，促进学生全面而有个性地发展。

要关注学生成长所需要的一切因素，把握各个育人环节，着力构建适应时代要求、适合本校实际的育人工作机制。让教书育人、管理育人、服务育人、环境育人形成良性互动，打造成有机统一的整体，进而实现学生全面发展。

自主发展达成教学相长。

自主发展的思想源自"教学相长"的教育思想,"教学相长"出自《礼记·学记》:"是故学然后知不足,教然后知困。知不足然后能自反也,知困然后能自强也。故曰教学相长也。"教和学是两方面互相影响、互相促进、共同提高的,教别人,也能增长自己的学问。

教师和学生是学习共同体,教师专业成长与学生全面发展是一个辩证的统一体。学生是学习活动的主体,教师是学习活动的主导,要充分发挥学生的主体作用和教师的主导作用,教和学两方面互相影响、互相促进,都得到提高。

陶行知先生说:"要学生做的事,教职员躬亲共做;要学生学的知识,教职员躬亲共学;要学生守的规则,教职员躬亲共守。"教学是教与学的交往互动,教师施教的过程同时也是教师学习和提高的过程,即教师通过教而促进自身的学。师生双方相互交流、相互沟通、相互启发、相互补充,在这个过程中教师与学生彼此间进行情感交流,从而达成共识、共享、共进,学生成长,老师进步,实现教学相长与共同发展。教师要在教学中学习教学,从实践中探索教育规律。教师要永远相信:自己教给学生的和学生教给自己的是同样多的。

要提倡"自主,合作,探究"(独学,对学,群学)的学习方式,提倡"启发,讨论,参与"的教学方式,学思结合,知行统一,自主发展,全面提高。

淡泊宁静实现立德树人。

淡泊宁静是泊宁人特有的气质,是泊宁学子有别于人的独特气度。

泊宁高中以"淡泊明志,宁静致远"为校训,按照社会主义核心价值观的要求,通过"善和忠礼"四维目标来实现"淡泊宁静"的育人目标,以落实立德树人的根本任务,培养德智体美劳全面发展的一代新人。

淡泊宁静是泊宁人的特有形象,他们讲文明,懂礼貌,有道德,守纪律。形象整洁,朴素大方,表情亲切,仪表优雅,面貌阳光。他们见贤思齐,闻过自省,从容雅致,文质彬彬。语言得体,行为规范,有谦谦泊宁君子风度，人们一眼就可以看出，这就是泊宁人的形象——淡泊宁静。

　　淡泊宁静的特质集中表现为独立的人格，独有的形象，独到的见解，独特的表达。具有全球意识、民族情怀、责任担当的品质，这就是泊宁人的精气神。

第六篇　泊宁理念
——文化立校，依法治校，科研兴校，质量强校

文化立校

　　文化是人类的血脉和灵魂，是国家发展和民族振兴的精神支柱。文化是一所学校的根和魂，是一所学校的传统基因。是凝聚人心、展示学校形象、提高学校文明程度的重要体现。学校不能只有知识没有文化，没有文化就没有灵魂。

　　泊宁高中是为了某种理想化的教育而创建的，是为了某种教育文化而创建的，是为了以某种文化方式育人而创建的。文化自信才能行稳致远，才能办出有特色的学校。文化立校是学校内涵发展的必由之路。

　　泊宁高中有自己独特的学校文化体系，它传承历史，关注当下，面向未来，文脉厚重，是全体师生共同的价值追求和行为规范。有如"春风化雨，润物无声"，以文化人，文化育人，正气育人，全面育人。用底蕴深厚的学校文化去追寻教育的理想，践行教育的中国梦。

依法治校

　　一是增强法治意识。依法治校是依法治教的重要组成部分，要增强学校的法治观念和依法管理意识，开展普法教育，建立健全依法治校的制度和措施，使依法治校成为全体师生的自觉行动。

　　二是严格依法治教。按照《教育法》《教师法》《民办教育促进法》等法律以及普通高中办学的相关法规严格规范办学行为。

　　三是完善规章制度。制定《学校章程》，并根据《学校章程》建立健

全一整套学校管理的规章制度，建成一套"系统完备，科学规范，运行有效的制度体系"，使学校的一切都有章可循、有规可依。

四是强化依德治校。依法治校要与依德治校相结合，德育为先，加强师德师风建设，充分发挥领导者的非权力因素与人格魅力，发挥教师的师表作用，发挥学校文化的引领作用，构建和谐学校。

科研兴校

科研是生产力，是学校可持续发展的动力，是学校最核心的竞争力，是教育教学质量的可靠保障。

我们的办学定位是招收中低端生源，执行补差教育，进行差异化竞争。这样的办学定位是需要足够大的办学勇气和足够强的办学实力的。如果说，这个勇气主要来自办学者正确的战略判断和果断决策，那么，这个实力主要来自团队的科研水平。即在补差教育、分层教学、分类推进、差异提高等关键环节有实质性突破的能力，要有自己的金刚钻和撒手锏。教研的实质性成果最终要体现在教育教学质量上，形成学校的办学优势，以实现"科研兴校"的目标。

要建立健全科研管理激励机制，组建成梯形的科研团队，培养学科带头人。明确科研课题，加强校本研修，形成人人做教研，个个有课题，全员参与科研的良好氛围和生动局面。科研兴校是学校可持续发展的可靠保障。

所有的科研都要围绕教学进行，所有课题都要紧扣教学展开，所有的教研都要为教学服务，为提高教学质量服务。坚决反对为教研而教研、教研脱离教学、教研没有提高教学质量的"两张皮"现象。

质量强校

教育质量是学校办学的生命线，是学校存在的唯一理由。以质量求生存，以优质求发展。"质量强校"就是以优质为导向，是学校发展的根本保证。教育质量的提升方式不是要素驱动而是创新驱动，要树立以提高质量为核心的教育发展观，注重教育内涵发展。

办学质量既体现在办学的成果上，更体现在办学的整个过程当中。高考录取率是教学的主要成果之一，但绝不是教学唯一的成果。教学质量首先要强调学生的学习方法、学习质量、学习品质、学习习惯。学生学会学习比学到什么具体知识更为重要，学生喜欢学习比考多少分更为重要，学生养成学习的良好习惯比考上什么学校更为重要。况且，当学生学会学习、喜欢学习、养成良好的学习习惯之后，自然能够取得好的成绩，考上好的大学。

细节决定成败，要在常规管理上下功夫，在教学的每一个细节下功夫。把学校常规工作做好，把教学的每一个环节落实好，就是质量强校的具体体现。要用优质高效来衡量我们的常规工作，要用执行力、战斗力来检验我们工作的效果。

泊宁高中教学质量的直接体现就是有多少人考取了大学本科，这是个硬道理，这是家长和学生选择泊宁高中的唯一理由，也是学校发展的必由之路。没有人考取大学还能说质量好吗？证据何在呢？就算有证据也是十分苍白无力的。反对片面追求升学率不等于不要升学率，将学习兴趣、学习品质、学习习惯培养好了，升学率自然会提高。

要增强质量意识，教师要讲教学质量，学生要讲学习质量，职工要讲工作质量。要精益求精，好上加好，实现质量强校的目标。

产品质量问题一直是社会的热点问题，教学质量问题难道不是教学责任事故问题？难道不是教学产品问题？误人子弟就是害人子弟。

第七篇　泊宁品质

源自古典的教育思想，根植现代的教育理论，借鉴先进的教育方法，基于学生的教育模式。

源自古典的教育思想

习近平总书记在十九大报告中强调："深入挖掘中华优秀传统文化蕴含的思想观念、人文精神、道德规范，结合时代要求继承创新，让中华文化展现出永久魅力和时代风采。"泊宁高中的教育思想,直接源自中国古代优秀传统教育思想,源远流长,博大精深,内涵丰富,底蕴深厚。

首先,"泊宁"的校名就取自"淡泊明志,宁静致远"之义,并以此为校训,就是要传承优秀的传统文化,培养"淡泊宁静"的一代新人。

其次,泊宁高中的办学思想"面向全体,全面育人,自主发展"就直接源于孔子的"有教无类,因材施教,教学相长"的教育思想;"淡泊宁静"源于三国名相诸葛亮《诫子书》中"非淡泊无以明志,非宁静无以致远"的思想。

再次,泊宁文化,主要源于中国优秀传统文化,也吸收西方古典教育思想。将古今中外最优秀的文化和教育思想融会贯通,精炼出自己的学校文化。

根植现代的教育理论

泊宁高中忠诚党的教育事业,贯彻国家的教育方针,以马克思主义关于人的自由全面发展理论为指导,植根于现代的教育理论,同时关注当代的各种教育思潮和流派,把握教育发展大势,从办学实际出发,进行理论提炼,形成独特的泊宁教育思想,即"面向全体,全面育人,自主发展,淡泊宁静"的教育思想。

泊宁教育思想以深厚的现代教育理论为基础,还要在教育实践中不断充实,在研究探索中不断丰富,在变革创新中不断发展。

借鉴先进的教育方法

泊宁高中要博采众长,吸纳当代先进的教育方法,包括洋思中学、杜郎口中学、衡水中学、毛坦厂中学的教育经验,都要兼收并蓄,为我所用。但借鉴不等于照抄照搬、盲目复制。借鉴也要根据自己的实际,学透别人好的做法,进行理论归纳,消化吸收,变成自己的东西,并且做得更好。要切忌不经加工的囫囵吞枣,谨防邯郸学步,东施效颦,失去自我。

基于学生的教育模式

教育是人学,教育要以人为本,以生为本。要充分体现"以学生为中心"的泊宁风格,做到"为学生服务,对学生负责,受学生监督,让学生满意"。

学生是学校存在的理由,是学校真正的主人。从学生出发,是一切教育逻辑的原点。要把学生的每一件小事当作大事来做,学生好,学校才会好。要围绕立德树人的根本任务,关注学生不同特点和个体差异,服务学生成长需求,满足学生全面而有个性的发展。

学校所有的教育教学行为,都要以学生为中心,根据学生的实际、从学生的视角来策划、布局、规划、设计,形成基于学生的泊宁教育模式,发展每一个学生的优势潜能。

第八篇　泊宁特色

校园有学府风貌,管理有人文风格,教师有专家风范,学生有成才风采。

校园有学府风貌

校园是教书育人的地方,应该是学生求学成才的理想乐园,应该有一点理想化的色彩,学府风貌就是最佳的育人生态。环境上是流连忘返的花园,情感上是温馨甜蜜的家园,学习上是愉快幸福的乐园。

学校应该是学生的精神家园和理想村落。每天起来,学生最向往的地方应是校园,那里有亲密友爱的伙伴,亲切和蔼的老师,丰富多彩的活动。有激动的泪水和灿烂的笑容,有思考时的宁静和欢乐时的喧闹,有答问时的紧张和完成任务时的舒展,总之,那里有无穷无尽的欢乐。学生踏着阳光而来,哼着青春的小调而去,每天都充满激情,每天都体验成功,每天都在享受幸福。这就是有学府风貌的和谐校园。

学府风貌的校园规划建设要体现教育功能、泊宁特色和美学价值。

教育功能。校园最本质的功能是育人,校园的规划建设必须最大限度地体现教育功能,校园本身就应该是优质的教育资源,校园本身就能够对学生进行教育。学生一进校园，每走一步，看到的是能让他感到赏心悦目，受到教育启迪，得到熏陶感染，激发其好奇心，启发其兴趣，进而萌发思考与探索的冲动，产生想象与创作的灵感，从而获得学习的正能量。校园的教育功能，怎样估价都不过分。

泊宁特色。校园规划必须体现泊宁特色，从教学区、运动区、生活区的布局，从校门设计、校园道路、校园景点的安排，都要体现泊宁高中的特色。要建成有泊宁文化元素的校园——文明校园（包括无烟校园），园林校园（包括"静远亭""行知亭"），科普校园（包括海绵校园），艺术校园（包括课间音乐）。

美感价值。文明礼貌是校园最美的风景。泊宁高中一定要有泊宁之美，这就是"善和忠礼"之美，"淡泊宁静"之美。教育美学的神妙之处在于让学生在潜移默化中获得一种必然的归属感——这正是我向往的地方。

校园规划建设，可以看出办学者对教育本质的理解程度、学识水平和匠心独运，通过美的熏陶达到环境育人的效果。

管理有人文风格

管理的人文风格就是人性化的管理，就是既有理性科学又有和谐人情味的管理。毛泽东指出："我们的目标，是想造成一个又有集中又有民主，又有纪律又有自由，又有统一意志，又有个人心情舒畅、生动活泼，那样一种政治局面。"[1] 人文风格的管理就是追求这样的目标。

人文风格的管理，只追问真理，没有人心戒备。有组织机构，没有行政压力。有激烈辩论，没有党同伐异。有坚持己见，没有挖墙拆台。

泊宁高中人文风格的管理主要体现在思想管理、文化管理、制度管理、精神管理四个方面。

思想管理。"学校领导首先是思想的领导，其次才是行政领导。"以教育的使命、学校的价值观以及前卫新锐的教育思想来统一认识、统一思

---

[1] 中共中央文献编辑委员会. 毛泽东著作选读（下）[M]. 北京：人民出版社，1986：819.

想。教是为了不教，管是为了不管，实行"无为管理"，最终达成自我管理与学校管理的统一。当思想统一转化为行动自觉时，就会产生强大的"群体效应"，发挥集体巨大的潜能，产生强大的执行力。

文化管理。"文化立校"本身就是一种管理，就是通过学校文化来实现对人的教育，对人的管理，所以，把学校文化建设好就是最好的管理。泊宁高中就是要通过文化立校来实现人性化的管理，落实立德树人的根本任务。

制度管理。完善制度，基于制度，不唯制度，超越制度。

要建立健全学校的各项规章制度，做到有规可依，有章可循。一切都要遵章守纪，没有规矩不成方圆。一切都不只是以遵章守纪为限，那只是底线，不是最好。最好的管理是超越制度的管理。

精神管理。精神是一个团队的士气，一个集体的气象。精神状态是管理的核心，精神面貌对于一个人、一个单位、一个学校来说是非常重要的。雄姿英发和萎靡不振的反差实在是太大了。学校的精气神体现在向心力、凝聚力、执行力、战斗力等方面，体现在全体师生的精神面貌上，体现在泊宁人的形象气质上。

教师有专家风范

泊宁高中的教师，要有高尚的师德风范，精湛的业务能力，锐意的创新精神，丰硕的教学成果，成为名副其实的教育专家，成为学生崇拜的偶像、学习的榜样。

师德高尚。忠诚党的教育事业，对教师职业有高度的职业认同、价值认同和自信认同。为人师者，贵在为人，言行要堪为学生表率。学生既在乎老师说什么，也在乎老师做什么，更在乎老师是什么。"以身教者从，以言教者讼。"身教胜言教，无声胜有声。专家风范源自教师的人格力量，是教师道德情操和学识水平的完美统一，是真正意义上的教育专家。

思想独立，为人师表，学生欢迎，家长信任，学校器重。教师要思想独立，精神自由，气质高雅，学识厚重，形成自己独特的人格魅力。名校之名，贵有名师，泊宁高中期盼名师辈出，引领学校发展。

51

业务精湛。教学有法，教无定法，贵在得法。教师要具有教育基础理论知识，了解当代教育思潮，掌握基本教育规律，熟悉各种教学方法。具备较强的教学能力和科研能力。教师要做学生学习方法的指导者，教学工艺的设计者，教学流程的规划者。设计好攻坚克难的任务书、路线图、时间表，着力解决教育教学中的实际问题。在关键教学环节上有重要突破，有独特的教学方法。让学生切实掌握学习方法，在原有学习基础上有实质性的提高。

教师不能只做学校工作的被动执行者，而是要主动作为，根据顶层设计展开基层探索、基层创新。要对学校办学思想、学校文化、教育资源等进行再开发、再挖掘、再创新、再提升。如行云流水，不断生成新的办学思想，新的学校文化，新的教育资源，不断充实和丰富顶层设计的内涵。

教师还要在实践中不断反思、不断变革、不断创新，独树一帜，形成自己独有的教学风格。通过反复磨炼，逐步成为学科带头人，成为行家、专家。

成果丰硕。把学生教好是教师工作的目标。高中教师的教育成果，不只是做了什么课题研究，发表了多少论文，评上了什么职称，获得了什么荣誉，而是帮助多少学生考上了大学。这是硬指标，学生考上了好的大学才是硬道理，老师才是真正的教育专家，才是我们期待的泊宁名师。

学生有成才风采

泊宁高中的学生要有淡泊宁静的气质，自我教育的精神，优秀卓越的风采，成为杰出的新一代，成为人们羡慕的优秀青年代表。

淡泊宁静。泊宁高中学生应当内心宁静，志向高远。思考有批判性，思维有独特性，思想有创造性。追求卓越，立己达人，具有泊宁高中特有的精神面貌和独特气质。

文明是最美的风景，最美的风景在人身上，在老师身上，学生身上。要从日常行为规范抓起，从行为习惯的养成做起。小习惯有大学问，要人人从我做起，从现在做起，从身边的每一件小事做起，一周训练一个好行为，一月训练一个好习惯。做到站有站相，坐有坐相，处事不惊，庄重优雅，让文明风尚成为亮丽的校园风景线。让文明成为习惯，让习惯更加文明。

自我教育。"教是为了不教"，一切教育，本质上是自我教育。教育的最高境界是自我教育。泊宁高中教师的一个重要工作是启动学生的心理自信系统，使学生学会正确地认识自我，积极地开发自我，主动地改变自我，不断地超越自我。在老师"启发、讨论、参与"的教学方式的主导下，充分发挥学生"自主、合作、探究"的学习主体作用，以实现学习效率最大化。学习中每个问题的解决都是进步的标志，每天进步一点点，每天成长一点点，积少成多，一周、一月的进步就大了，从量变到质变，一学期就更大了，产生质的飞跃。积土成山，积水为海，进步成长就是成才的过程。

追求卓越。泊宁高中学生志向高远，追求卓越，拒绝平庸。考取大学是必须的，这是成功的关键一步，进泊宁高中就是为了考取大学，这是非常明确的。但考取大学只是实现远大理想的第一步，卓越的第一步，不是最后一步。考取大学是手段不是目的，最终目标是实现自己的人生价值，做一个为自己负责，为家庭尽力，为社会担当，为国家奉献的优秀人才、卓越人才。

泊宁高中，天降大任，拓引新流成巨浪；

泊宁高中，肩担道义，独领风骚气如虹。

2018年6月18日于都匀泊宁高中

泊宁开篇

——都匀泊宁高级中学教师培训讲座提纲

2018 年 7 月 2 日

前 言

各位老师、同志们：

今天，我要和你们讲述的，将是一个精彩的故事，是教育追梦者的故事，也是教育改革家的故事。

泊宁高中，遵循历史发展的逻辑，顺应时代进步的潮流，承载教育变革的使命，专注人民群众对美好教育的期盼，乘着党的十九大开启的新时代东风在贵州都匀应运而生，为学生和家长提供一种全新的选择，让每个学子都能圆梦。

泊宁高中，奉行"教育家办学"的信念，虽然目前办学者未必就是教育家，但是办学行为一定按照教育家应有的标准执行，并坚持按这个标准检验各项工作。办学者也只有在教育教学实践中历练，才能锻造成为教育家。

泊宁高中，追求一种以人为本的人性化教育，是充满教育理想的学校，是理想化教育的实践者、探索者，同时也是问题教育的勇敢批判者。但是我们不空发牢骚和抱怨，而以建设的方式进行批判，以立新来破旧。

我们从人的认知规律出发，坚持教育教学的基本原则，展开教学的变革，进行学习的革命。从已知走来，向未知进发。

泊宁高中，秉承"文化立校"的理念，遵照"教育人学"的原理，从学生出发，按照"立德树人"的要求，吸收古今中外优秀的教育思想，构建泊宁高中特有的学校文化。

第一章　泊宁始创

同志们：可以说，我们学校是由一群志同道合的教育追梦者，也是教育理想的实践者，教育现状的变革者共同创建的。

学校董事会的三位董事：王昭、范志国、吴成冬是江苏盐城人，他们是苏州大学的毕业生，年龄都在 40 岁左右，是我十多年的朋友。近年来，与毕节的贵州工程技术职业学院、遵义师范学院等院校有合作办学关系。2016 年 7 月接管了濒临倒闭的"遵义西点中学"，接管的时候，这所学校从初一到高三只有不到 80 个学生，8 名教职工，已经几个月没有发工资了。接管当年，招生 260 名，新聘教师 30 多名，高三 29 名学生参加高考，9 名录取本科。第二年招生 680 名，新聘教师 50 多名，本科录取率是 37.5%。西点中学因为起死回生，又被原办学者收回去了，但收回去后又办不下去了，这是后话。我多次到遵义，亲眼见证了他们不同凡响的办学业绩，也被他们的创业精神所感动。我想，在民办学校林立的遵义市，他们都能办得这样好，在民族地区黔南一定有更大的发展空间。于是，我们就筹划创办泊宁高中。

2017 年 5 月，在我们开始筹办泊宁高中的时候，不早不晚，恰巧坝固中学要合并到匀东中学。这个校园有 80 多亩，教学和生活设施齐备，可容纳 1200 名师生，塑胶跑道的运动场刚刚建好，有一栋教师周转房还没有验收，这一切好像是专门为我们准备的。我们经过艰难的谈判，终于签订了租赁合同。

泊宁方略　>>>

　　这里距都匀 22 公里，距丹寨 19 公里，对面是苗岭，下面是清水江，山清水秀，远离市区，是读书学习的好地方。

　　我叫黄周立，是黔南罗甸人，是土生土长的布依族，罗甸县中等职业学校的退休教师。我与三位校董有着长达 15 年的特殊缘分，一方面我被他们的创业精神所感染，另一方面我个人对教育的情怀使我产生了创业的冲动，所以，我就成了泊宁高中的创业者之一。

　　目前，我是泊宁高中的校长，我这个校长是主动接受州教育局领导的"面试"，通过艰难的答辩而获批的。学校的筹建过程整整用了一年，于 2018 年 5 月行文批准办学。

　　当然，在我们筹建的过程中，有高人指点，有贵人助力，有朋友出谋划策，我们要永远感恩那些曾经帮助泊宁高中的人们。

　　总之，泊宁高中的诞生是一种必然，本身就是精彩的故事，是生动的画面，是优美的诗篇，是宝贵的精神财富。

　　不管今后我们走多远，都不要忘记我们今天怎样起步，怎样出发。

　　泊宁高中的故事本身就是珍贵的教育资源，是泊宁高中的生动教科书，每一届新生入学都要进行泊宁历史、泊宁文化的教育。

第二章　泊宁蕴涵

　　我们要在黔南创建一所普通高中，校名叫什么呢？开始的时候，我们想起《论语》里有"士不可以不弘毅，任重而道远"的句子，就准备叫"弘毅中学"。但是，在网上一查，叫"弘毅中学"的学校很多，于是就只好放弃了。

　　过了一段时间，有一天，我们在讨论校名问题的时候，突然想起诸葛亮《诫子书》里有"非淡泊无以明志，非宁静无以致远"的句子，就打算叫"泊宁高中"。在网上一查，只查到有叫"泊宁之星"的酒店，而没有叫"泊宁"的学校。于是，立马拍板定案，就叫"都匀泊宁高级中学"，简称"泊宁高中"。

诸葛亮的《诫子书》是这样写的:"夫君子之行,静以修身,俭以养德。非淡泊无以明志,非宁静无以致远。夫学须静也,才须学也,非学无以广才,非志无以成学。淫慢则不能励精,险躁则不能治性。年与时驰,意与日去,遂成枯落,多不接世,悲守穷庐,将复何及!"

既然校名叫"泊宁高中",那么,我们的校训就定为"淡泊明志,宁静致远"。我们的教育就以如何教学生做到"淡泊明志",如何做到"宁静致远",最终做到"淡泊宁静"为目标,这就是泊宁高中学生的品质。所以,"淡泊宁静"就是泊宁高中教育的原点、出发点、落脚点。"淡泊宁静"是泊宁文化的核心,是泊宁文化之魂,要办出泊宁特色、泊宁风格、泊宁气派。

第三章 泊宁初心

(一)办学定位——办补差教育:泊宁高中以招收中低端生源为主,不限于中低端生源,但不争优质生源。实施精准的补差教育,实行错位竞争,为学生和家长提供全新的选择。

(二)办学特色——办综合高中:通过不懈努力,要让半数以上的学生考上本科院校;通过与高校合作,要让没有考上本科的学生也能上大学,先读专科,再专本连读。

(三)办学愿景——办一流教育:一年打基础,两年成体系,三年见成效。到2021年7月第一届学生毕业时,建成黔南一流的学校;再用三四年时间,力争建成全省一流、在贵州颇有名气的学校;到2028年泊宁高中建校10周年时,泊宁教育集团全面建成品牌学校,成为全国知名学校。

我们的办学站位要高,是办百年学校,千秋教育。不办短期存在、急功近利的学校。不办千篇一律、千校一面的教育。我们办的应该是理想化教育的实践版,是新时代教育变革的样板,还应该是走向世界的未来教育的畅想版。

第四章　泊宁标识

（一）校旗

泊宁高中校旗设计思想：

符合"黄金分割率"的长方形，上方天蓝色象征蓝色的天空（占四分之一），下方深绿色象征绿色的大地（占四分之一），中间大红色象征火红的青年一代（占二分之一），意涵泊宁学子将是顶天立地的杰出青年代表，一大二小三颗金星象征泊宁学子一定要成为大大小小的时代明星，称之为"泊宁之星"。

（二）校徽

泊宁高中校徽设计思想：

蓝色椭圆形背景象征蓝天，中间为绿色地球图案，大小两只白天鹅在蓝天上翱翔，飞越整个地球，象征泊宁学子从丑小鸭变成了白天鹅，飞掠地平线，飞向蓝天，飞向远方，飞向全世界。

（三）校歌

泊宁之歌

1、苗岭山高，清水江长，泊宁高中是我向往的地方。

菁菁校园，钟灵毓秀。莘莘学子，激情飞扬。

我们淡泊明志，我们勇于挑战，我们放飞金色的梦想。

泊宁，出发！泊宁，远航！

2、梧桐树绿，迎春花香，泊宁高中是我成长的地方。

谆谆教诲，立德树人。琅琅书声，豪情万丈。

我们宁静致远，我们敢于担当，我们要做祖国的栋梁。

泊宁，卓越！泊宁，辉煌！

第五章　泊宁思想

办学思想：面向全体，全面育人，自主发展，淡泊宁静。

思想品质：源自古典的教育思想，根植现代的教育理论，借鉴先进的教育方法，基于学生的教育模式。

（一）面向全体践行有教无类

1. 教育是人学——要贯彻"以人为本，以人为重，以人为尊"的原则。

2. 以学生为中心——为学生服务，对学生负责，受学生监督，让学生满意。

3. 从最后一个抓起——实施"精准帮扶"制度，签订责任书，一个老师负责几个学生，使补差教育落到实处。

4. 从每个学生不懂的地方教起——实施"面批面改"，手把手地辅导学生，直到学生弄懂过关为止。

（二）全面育人落实因材施教

1. 全方位育人

要贯彻"德育为先，能力为重，全面发展"的育人理念，关注学生德智体美劳各种素养的发展状况。

要以"先做人，后成才"为泊宁高中的办学宗旨，先教学生怎样做人，后教学生怎样成才，做人是成才的先决条件。坚决反对只管教书不管育人的本末倒置的不负责任现象。

2. 全过程育人

教育就是沟通的艺术。德国哲学家雅思贝尔斯说："教育就意味着一棵树摇动另一棵树，一朵云推动另一朵云，一颗心灵唤醒另一颗心灵。"爱和责任是沟通的前提。要以"静待花开"的耐心，关注学生成长的每一个环节，每一个细节。

要细心地帮助学生养成良好的行为习惯和学习习惯。要建《都匀泊宁高级中学学生成长档案》，记录每一个学生成长的全过程。

3. 全要素育人

要从每个学生的个性差异出发，研究其性格特征、智力因素、非智力因素的不同特点，实施符合学生成长的教育方法。教育没有最好，只有更好。教育有法，教无定法，贵在得法。符合学生成长规律的教育才是好的教育。

要摸清学生学习不好的原因，根据学生的学习实际，进行有针对性的辅导，从每一个学生不懂的地方教起，手把手地教，精准补差，一点一点地过关，不过关不放手。

因材施教是一门大学问，永远学不完。

(三) 自主发展达成教学相长

1. 一切教育的本质是自我教育，教育的最高境界是自我教育。

2. 学生是学习的内因、主体，教师是学生学习的外因、主导。

3. 怎样做到自主发展呢？主要是激发学习动机，启发学习兴趣，指导学习方法，培养学习习惯，形成学习能力。

4. 教师在教学中学习，在教学中锻炼成长。

(四) 淡泊宁静实现立德树人

1. "淡泊宁静"是泊宁高中落实立德树人根本任务的切入点和突破口。

2. "淡泊宁静"要成为泊宁人的素质、气质、特质。

3. 通过"善和忠礼"四维目标来养成"淡泊宁静"的素养。

个人品德讲善，以善修身；家庭美德讲和，以和齐家；

职业道德讲忠，以忠治国；社会公德讲礼，以礼平天下。

泊宁品质：善和忠礼，淡泊宁静。

第六章　泊宁理念

办学理念：文化立校，依法治校，科研兴校，质量强校

文化立校

学校文化是办学者以某种教育思想办学、某种文化方式育人的形象化体现，是全体师生共同的价值追求。文化是一所学校的传统基因，没有文化就没有灵魂。

文化立校是学校内涵发展的必由之路，文化自信才能行稳致远，才能办出有特色的学校。

泊宁文化，符合历史逻辑，顺应时代潮流，基于学生的成长需求，遵循教育的基本规律，是科学和艺术的结合，是中华优秀传统文化和现代文明的融合。

文明是最美的风景，最美的风景在人身上。要让泊宁文化"内化于心，外化于行"，成为全体师生的行为文化，转变为泊宁形象、泊宁气象。"让优雅成为习惯，让习惯更加优雅"应当成为泊宁高中学校文化追求的理想状态。

依法治校

一是增强法治意识。依法治校是依法治教的重要组成部分，要增强学校的法治观念和依法管理意识，开展普法教育，建立健全依法治校的制度和措施，使依法治校成为全体师生的自觉行动。

二是严格依法治教。按照《教育法》《教师法》《民办教育促进法》等法律以及普通高中办学的相关法规严格规范办学行为。

三是完善规章制度。制定《学校章程》，并根据《学校章程》建立健全一整套学校管理的规章制度，建成一套"系统完备，科学规范，运行有效的制度体系"（引自党的十九大报告），使学校的一切都有章可循、有规可依。

四是强化依德治校。依法治校要与依德治校相结合，德育为先，加强师德师风建设，充分发挥领导者的非权力因素与人格魅力，发挥教师的师表作用，发挥学校文化的引领作用，构建和谐学校。

科研兴校

科研是生产力，是学校可持续发展的动力，是学校最核心的竞争力，是教育教学质量的可靠保障。

没有文化的学校，没有科研的教学，没有课题的教师，这是学校办学的悲哀写照，也是最脆弱、最危险、最可怕的办学行为。

我们是在办全新的教育，没有现存的经验可资借鉴。要在补差教育、分层教学、分类推进、差异提高等关键环节有实质性突破，必须而且只能依靠科研，要有自己的金刚钻和撒手锏。

要建立健全科研管理激励机制，组建成梯形的科研团队，培养学科带头人。明确科研课题，加强校本研修，形成人人搞教研，个个有课题，全员参与科研的良好氛围和生动局面。要加入专业学术组织，参加学术研究。科研兴校是学校可持续发展的可靠保障。

所有的科研都要围绕教学进行，所有课题都要紧扣教学展开，所有的教研都要为教学服务，为提高教学质量服务。坚决反对为教研而教研、教研脱离教学、教研没有提高教学质量的"两张皮"现象。

质量强校

教育质量是学校办学的生命线，是学校存在的唯一理由。以质量求生存，以优质求发展。

办学质量既体现在办学的成果上，更体现在办学的整个过程当中。高考录取率当然是教学质量的主要成果之一，但绝不是教学成果的唯一，更不是教育质量的全部。学生比以前变好、懂事，学习有进步也是质量。

教学质量首先要强调学生的学习方法、学习质量、学习品质、学习习惯。学生学会学习比学到什么更为重要，学生喜欢学习比考多少分更为重要，学生养成良好的学习习惯比考上什么学校更为重要。话又说回来，学生学会学习、喜欢学习、养成良好的学习习惯难道考分低吗？成绩差吗？

难道考不上好学校吗？

要在常规管理上下功夫，在教学的每一个细节下功夫。把学校常规工作做好，把教学的每一个环节落实好，把每一节课都作为优质课、示范课来上，就是质量强校的具体体现。要用优质高效来衡量我们的常规工作，要用执行力、战斗力来检验我们工作的效果。

泊宁高中直接的教学质量就是有多少人考取了大学本科，这是个硬道理，这是家长用脚投票、学生选择泊宁高中的唯一理由，也是学校发展的必由之路。

产品质量问题一直是社会的热点问题，教学质量问题难道不是教学责任事故问题？难道不是教学产品问题？误人子弟就是害人子弟。

我们要打赢三大战役：习惯争夺战，文明保卫战，质量攻坚战。校团委和学生会要制定《作战方案》和《实施细则》。

第七章　泊宁特色

校园有学府品味，管理有人文情怀，

教师有专家典范，学生有成才风采。

校园有学府品味

校园是教书育人的地方，应该是学生求学成才的理想乐园，应该有一点理想化的色彩，学府品味就是最佳的育人生态。环境上是流连忘返的花园，情感上是温馨甜蜜的家园，学习上是愉快幸福的乐园。

学校应该是学生的精神家园和理想村落。每天起来，学生最向往的地方应该是校园，那里有亲密友爱的伙伴，亲切和蔼的老师，丰富多彩的活动。有激动的泪水和灿烂的笑容，有思考时的宁静和欢乐时的喧闹，有答问时的紧张和完成任务时的舒展，总之，那里有无穷无尽的享受。学生踏着阳光而来，哼着青春的小调而去，每天都充满激情，每天都体验成功，每天都在享受幸福。这就是和谐学校，这就叫健康成长，这就有学府品味。

学府品味的校园规划建设要体现教育功能、泊宁特色、审美价值。校园里的一切设施，一要好用，要方便学生；二要好看，要有美感，有美学的教育意义；三要有自己的特色。

管理有人文情怀

毛主席说"我们的目标，是想造成一个又有集中又有民主，又有纪律又有自由，又有统一意志，又有个人心情舒畅、生动活泼，那样一种政治局面"，人文情怀的管理就是追求这样的目标，这是理想的管理形态。

人文情怀的管理，只追问真理，没有人心戒备。有组织机构，没有行政压力。有激烈辩论，没有党同伐异。有坚持己见，没有挖墙拆台。

泊宁高中人文情怀的管理主要体现在思想管理、文化管理、制度管理、精神管理四个方面。

思想管理。以教育的使命、学校的价值观以及前卫新锐的教育思想来统一认识，统一思想。教是为了不教，管是为了不管，实行"无为管理"，最终达成自我管理与学校管理的统一。

文化管理。"文化立校"本身就是一种管理，就是通过学校文化来实现对人的教育，对人的管理，所以，把学校文化建设好就是最好的管理。泊宁高中就是要通过文化立校来实现人性化的管理，落实立德树人的根本任务。

制度管理。完善制度，基于制度，不唯制度，超越制度。

要建立健全学校的各项规章制度，做到有规可依，有章可循。一切都要遵章守纪，没有规矩不成方圆。一切都不只是以遵章守纪为限，那只是底线，不是最好。最好的管理是超越制度的管理。

精神管理。精神是一个团队的士气，一个集体的气象。学校的精气神体现在向心力、凝聚力、执行力、战斗力等方面，体现在全体师生的精神面貌上，体现在泊宁人的形象气质上。

泊宁精神可提炼为：乐学，善思，日新，担当。

教师有专家典范

泊宁高中的教师，要有高尚的师德风范，精湛的业务能力，锐意的创新精神，丰硕的教学成果，成为名副其实的教育专家，成为学生崇拜的偶像、学习的榜样。

师德高尚。忠诚党的教育事业，对教师职业有高度的职业认同、价值认同和自信认同。为人师者，贵在为人，言行要堪为学生表率。学生不大在乎老师说什么，而在乎老师做什么，更在乎老师是什么。"以身教者从，以言教者讼"，身教胜言教，无声胜有声。

教师的合法性——为人师表，学生欢迎，家长信任，学校器重。教师要思想独立，精神自由，气质高雅，学识厚重，形成自己独特的人格魅力。名校之名，贵有名师。泊宁高中期盼人才辈出、名师辈出，引领学校可持续健康发展。

业务精湛。教学有法，教无定法，贵在得法。教师要具有教育基础理论知识，了解当代教育思潮，掌握基本教育规律，熟悉各种教学方法，具备较强的教学能力和科研能力。教师要做学生学习方法的指导师，教学工艺的设计师，教学流程的工程师。设计好攻坚克难的任务书、路线图、时间表，着力解决教育教学中的实际问题，在关键教学环节上有重要突破。有自己的两下子，自己的绝招。让学生切实掌握学习方法，在原有学习基础上有实质性的提高。

成果丰硕。把学生教好是教师存在的理由。高中教师的教育成果，不只是做了什么课题研究，发表了多少论文，评上了什么职称，获得了什么荣誉，而是教了多少学生考上了大学。这是刚性硬指标，学生考上了本科才是硬道理，老师才是真正的专家典范，才是我们期待的泊宁气派。

学生有成才风采

泊宁高中的学生要有淡泊宁静的气质，自我教育的精神，优雅卓越的风采，成为杰出的新一代，成为人们羡慕的优秀青年代表。

淡泊宁静。这是泊宁高中学生特有的精神面貌。他们内心宁静，志向高远，追求卓越，立己达人，具有独特的泊宁人气质。

自我教育。要从日常行为规范抓起，从行为习惯的养成做起。小习惯有大学问，人人都要从我做起，从现在做起，从身边的每一件小事做起。一周训练一个好行为，一月训练一个好习惯。做到站有站相，坐有坐相，处事不惊，拒绝浮躁。淡定安详，庄重优雅，形成一种文明风尚，形成亮丽的校园风景线。让文明成为习惯，让习惯更加文明。让优雅成为习惯，让习惯更加优雅。

学习中每个问题的解决都是进步的标志，每天进步一点点，每天成长一点点，积少成多，一周、一月的进步就大了，从量变到质变，一学期就更大了，产生质的飞跃。积土成山，积水为海，进步成长就是成才风采。

追求卓越。考取大学是必须的，这是成功的关键一步，进泊宁高中就是为了考取大学，这是非常明确的。但考取大学只是实现远大理想的第一步，卓越的第一步，不是最后一步。考取大学是手段不是目的，最终目标是实现自己的人生价值，做一个为自己负责，为家庭尽力，为社会担当，为国家奉献的优秀人才、卓越人才。

第八章 泊宁文化

泊宁校训：淡泊明志，宁静致远。

泊宁教风：德行近佛，治学近道，专才近仙。

泊宁学风：乐学，善思，日新，担当。

泊宁校风：善和忠礼，淡泊宁静。

育人宗旨：先做人，后成才。

教育思想：面向全体，全面育人，自主发展，淡泊宁静。

教育品质：源自古典的教育思想，根植现代的教育理论，借鉴先进的教育方法，基于学生的教育模式。

泊宁理念：文化立校，依法治校，科研兴校，质量强校。

泊宁特色：校园有学府品味，管理有人文情怀，教师有专家典范，学生有成才风采。

泊宁高中，天降大任，拓引新流成巨浪；

泊宁高中，肩担道义，独领风骚气如虹。

泊宁风范

——教师人格三境界
都匀泊宁高级中学教师职业素养讲座提纲

2018 年 7 月 3 日

各位老师，同志们：

都匀泊宁高级中学已经成立，第一学期马上就要开学了。在座的各位，是泊宁高中的首批教师，是泊宁高中的创始人，当然，以后就是泊宁高中的元老了。

教育大计，教师为本。教师水平决定学校的办学水平，泊宁高中要建成什么样的学校，关键在于有什么样的教师团队。换言之，泊宁高中怎么样，就看我们怎么样，就看我们这个团队的水平怎么样。所以，在座的各位，使命光荣，责任重大。

大家知道，做人是有格局的，当教师也是有教师格局的。一个人的格局决定这个人的结局，一个教师的格局也决定这个教师的结局。选择教师职业，就是选择一种做人的方式，一种人格类型。

如果说教师形象比较外在、比较感性，那么教师人格就比较内在、比较理性。教师人格是教师的品质影响力之所在。

为什么有些老师在学生中很有威信有些老师却没有威信？因为教师的人格魅力不同。教师凭什么受人尊敬？凭什么要学生听你的？教师自信的价值是什么？教师的品位在哪里？这些只能从教师的人格境界去找答案。

教师人格的高下，是教育成败的决定因素。泊宁高中是否成功，取决于泊宁高中教师人格境界的高低。因此，我们要重塑理想的教师人格，每位教师也应该追求理想的人格。泊宁高中教师的人格境界，体现泊宁教师的风范，泊宁人的风范。

新时代我们要重塑理想的教师人格，每个教师都应该追求理想的人格。理想的教师人格我理解为三个境界。

今天，我就把自己多年来对教师人格的思考和心得向你们做一个汇报，供大家在学习、培训中借鉴、参考。题目是《泊宁风范》，副标题是"——教师人格三境界"。

关于教师人格的话题，我是看了央视《大家》栏目得到的启发。记者采访医学大家裘法祖，他说"德不近佛，才不近仙，不可以当医生"。我想，医生是这样，教师何尝不是这样？我又在中间加了一个"学要近道"，就成了"教师人格三境界"，就成了我研究和思考的大课题，也应该成为所有教师研究和思考的大课题。

泊宁高中要办成有自己的特色、风格、气派的学校，就必须有自己别具一格的、不同凡响的教师人格、教师风范，这就是"泊宁风范"。我认为，具有"泊宁风范"的老师，应该具备"教师人格三境界"，或者说永远追求这"三境界"。

第一境界：德要近佛

佛即觉者，是"觉悟的人"。人性即佛性。佛是做人的最高境界。"德要近佛"不是说要老师们做不食人间烟火的苦行僧，而是说教师的德要接近佛的境界——做人的理想境界——就是要有大慈大悲的大爱情怀，要有佛一样普度众生的德行，起码要有一点悲天悯人的菩萨心肠，否则就不具备教师应有的人格，就不适合当教师。党的十九大就把"立德树人"作为教育的根本任务，可见教师的德有多么重要。

学佛偶得

我学习佛学知识已有二十几年。我是个共产党员，不信任何宗教，我是从哲学的角度来了解和研究佛学的。佛学其实就是做人的哲学，学佛就是学习做人的道理，把人做好就是佛，佛是做人的最高境界。但是做人又没有最好，只有更好，所以人们才需要不断地修行，才能不断地接近佛的境界。

佛学上有一个经典的故事：广东岭南的惠能来到湖北黄梅五祖弘忍门下学佛，在后院舂碓已有8个月。这时弘忍安排众弟子每人写一首偈，表达自己学佛和修行的心得，以此了解弟子们修行悟道的情况，以便把衣钵传给真正悟道的人。

大师兄神秀在墙上写的偈是："身是菩提树，心如明镜台。时时勤拂拭，莫使惹尘埃。"惠能认为神秀未必悟透，因不识字，于是托人在墙上也写一首："菩提本无树，明镜亦非台。本来无一物，何处惹尘埃？"五祖弘忍还是把衣钵传给了惠能，是为六祖。

我为此也写了一首《学佛偶得》："神秀修行好，惠能境界高。若要识佛性，参悟须空了"——神秀的渐修成佛精神可嘉，惠能的顿悟成佛更加可贵，如果要真正识得佛性，参悟必须做到"空"和"了"。"空"不是没有，而是只有佛，没有其他。"了"就是彻底，就是透彻、完全。

回到教育上来，要成为一名优秀的人民教师，既要有神秀的渐修，也要有惠能的顿悟。但是，要真正地认识教育的本质，把握教育的规律，在学习、反思和锻炼（参悟）中，必须做到"空"和"了"。

"空"就是在思考时，头脑中只有教育，只有学生，没有其他，没有任何杂念。只要有一点杂念，就会遮挡我们的视线，干扰我们的思考，我们就看不清楚，思维就有偏差，就不能正确地认识教育的本质，不能把握教育的规律。

"了"就是看问题要全面，要透彻。要了解问题的方方面面，要分析问题的前因后果，要完全掌握问题的整体情况，才能有效地解决问题。切忌片面性，要举一反三，切忌以偏概全。

"德要近佛"要体现在教师对教育的热爱、对学生的热爱、对学科的热爱上。对教育的热爱就是我们平时说的"忠诚党的教育事业"，这一点不用我多说。对学生的热爱就是对学生的尊重和宽容，眼中有学生，心中有学生。从教育伦理的意义上说，教师的爱因其非功利性而具有无比神奇的力量。有人说爱自己的孩子是人，爱别人的孩子是神。爱听话的孩子容易，爱不听话的孩子难能可贵。"立德树人"是教育的根本任务。教师要以自己高尚的师德来感染学生，影响学生，引领学生，就是以师德来树人。

霍懋征老师说："流失一个学生对一所学校而言可能是千分之一或几千分之一，但是对于孩子本身的命运和他的家庭前途来说就一定是百分之百。"

爱与责任是教师最基本的师德，教师要有普度众生的大爱情怀。根植于心灵的教育最为动人。教育家们大都像佛一样做人，陶行知是佛一样的人，霍懋征是佛一样的人，优秀的人民教师都像佛一样地关爱每一个学生。

对学科的热爱。教师在学生的眼中应该是学科的化身，是学科的形象大使。在学生眼中，语文教师就是文学家，数学教师就是数学家，物理教师就是物理学家。教师对学科的热爱和执着追求就是一种境界，一种人格魅力。

如何近佛？——师德修养三要素

师德修养是重要的教育资源。教师本身就是一本直观的教科书，是学生直接模仿学习的范本，所谓"学为人师，行为世范"。对一个教师而言，师德修养永远在路上，师德修行越好越接近佛。

教育不只是发生在课堂，发生在校园。教育无处不在，无时不有。教育对象在哪里，教育就发生在哪里。教师无论何时何地都要注重师德修养，注意自己的教师形象，注意自己的社会影响。

教师的师德修养如何，是师德师风建设的重要内容，而教师的形象又是师德修养的基本内容。下面，我们谈谈教师的形象。

我一直认为，教师的个人形象比教师的教学水平更为重要，培养教师队伍的形象比建教学大楼更为重要。因为教师形象问题太普遍了，太老生常谈了，所以很容易被人所忽略，也容易出现很多问题。

教师是什么？严格地说，教师是具有教育价值的人，是作为教育学概念而存在的人。因此，没有教育价值的人就不是教师，就不适合当教师。

教师形象是教师内在品质素养的外在表现，是最基本的教育要素，是最宝贵的教育资源。

教师形象是学生学习做人的隐形课程，是师生在耳濡目染中潜移默化的隐形课程。教师形象是学生学习怎样做人的直观的教科书，是学生直接模仿学习的范本。

一般人认为，学生来到学校，走进教室，老师开始上课，才叫教育。其实，教育处处存在，时时都有。教育对象在哪里，教育的事实就发生在那里。只要教育对象接触到教育资源，教育就会发生。而教师形象则是最为重要的教育资源，它指向明确，具有教育的针对性和选择性。就是说，从规定的意义上讲，学生可以不向其他人学习，但必须向老师学习。

教师形象具有首因效应。教师形象为教育活动的展开打好了基础，好的教师形象使教学活动成功了一半。所谓"亲其师，信其道"，学生是先喜欢你这个老师，然后才喜欢你所教的学科。

教师形象具有鲜明的审美价值。教师要把学生造就成一种什么人，首先自己就应当是什么人。

教师形象是师德师风建设的重要内容。教师要谨小慎微地注重形象修养，小心学生把你的缺点学了去。有些事情就是怪得很：你苦口婆心教的他不学或学不会，你不让学也没人教的他反而学会了。哪个老师教学生抽烟了？为什么有那么多学生学会抽烟？这可能就是所谓的潜移默化的作用。学生不在乎老师说什么，而在乎老师做什么，更在乎老师是什么，"身教胜言教"的道理就在这里。

人民教师是否可以理解为是人民的教师，教师形象应该引领一方风气。陶行知在《我们的信条》一文中说："我们深信乡村学校应当做改造乡村生活的中心，我们深信乡村教师应当做改造乡村生活的灵魂。"[①] 就是

---

① 陶行知. 陶行知文集 [M]. 南京：江苏教育出版社，2001：202.

71

说最文明的地方应该是学校，最文明的人应该是教师。

学校与社会应当适当拉开一定距离。教师虽然每天生活于世俗之中，但境界要高于世俗之上，要"出污泥而不染"，形象上让人一眼就看出是个教师。如果学校和社会一个样，教师和老百姓一个样，那么，学生到学校学什么？学生向老师学什么？

教师形象问题很简单，很容易做到，但也很容易被忽视、被忽略。教育的效果会因教师形象的好坏而增减。教师形象好，教学效果就事半功倍，收效甚佳。教师形象不好，教学效果就会大打折扣，事倍功半，收效甚微。

教师形象主要由仪表、语言、行为三个方面的要素组成。

第一要素：仪表——教师仪表要优雅

教师的仪表主要是指教师的仪容和穿着，怎样做到仪表优雅呢？

一要体现职业身份，二要体现精神面貌，三要体现个性气质。

教师的仪容和穿着以不干扰教学为前提，但怎样才是不干扰教学也不好把握。一般而言，以干净整洁、朴素大方为好。男教师不宜穿短马裤上课，女教师不宜浓妆艳抹，可以化一点淡妆，但最好不要染指甲，修剪好即可。也不宜穿高跟鞋、超短裙上课。

第二要素：语言——教师语言要得体

教师的语言分教学语言和一般语言。教学语言是专业规范语言，有专业的规定性。一般语言是日常用语，日常用语也要符合特定的条件。要随环境、对象、作用的变化而随机应变，在任何情况下都要记住自己是一名教师，不要有失于教师的身份。

第三要素：行为——教师行为要规范

教师的行为要注意影响、注意规范。日常生活中与人发生矛盾也是难免的，一定要自控情绪，千万不能失态，有失于教师的体面。随身带一个包，装上本子和笔，开会时拿出来，记不记、记什么都可以，这是爱岗敬业的表现。

所谓"严师"，应该理解为首先对自己要求严格的老师。

"泊宁精神"也是首先体现在教师形象和教师的精神面貌上，而不只是说在嘴上、写在纸上、挂在墙上。

总之，"德高为师，行为世范"应该是泊宁教师的风范。

第二境界：学要近道

"道"是老子思想的核心内容，是事物变化发展的客观规律。老子说："道生一，一生二，二生三，三生万物。"《老子》开篇第一句话就提醒我们说："道可道，非常道。"我的理解是："道"如果用语言来表述的话，就与事物的客观规律本身有很大的出入，所以，任何结论都是不可信的，任何人说的话都是值得怀疑的，但是又不得不用语言来表述，否则就无所谓"道"了。

"学要近道"就是我们的学问、学识要接近事物变化发展的客观规律，对于教师而言，就是要掌握教育教学的客观规律。

老子又说："上士闻道，勤而行之。中士闻道，若存若亡。下士闻道，大笑之。不笑不足以为道。"这就是俗话说的"满壶摇不响，半壶响叮当。"

"学要近道"就要像《论语》中"子曰：朝闻道，夕死可矣"那样，要有对真理的敬畏和执着追求的精神。

"学要近道"就要像《礼记·学记》所讲的那样："君子既知教之所由兴，又知教之所由废，然后可以为人师也。"

"学要近道"就要像司马迁在《报任安书》中所说的那样："究天地之际，通古今之变，成一家之言。"

如何近道？——教师成长三部曲：读、思、写。

教师成长是个体行为，没有谁能安排我们成长。除非自己放弃，没有谁能阻挡我们成长、成功。今天我是什么并不重要，重要的是明天我是什么。

第一部曲：勤于阅读

阅读就是给自己的心灵安个家，建立自己的精神家园。现在我们的物质生活丰富了，我们缺乏的是精神家园，在精神生活方面没有寄托，找不到依靠，就无法安顿自己的心灵。生活中就显得浮躁和急功近利，看问题也很肤浅、不深刻，只能就事论事、见子打子。

目前，我们教师阅读的状况令人担忧。不知道巨人和他们的肩膀在哪里，就很难在传承的基础上创新。

我对教师阅读的建议是教师应当是首席学习师、首席阅读师。进门要有书香味，出门要有书卷气。我们可以很平凡，但千万不能平庸。

第二部曲：善于反思

为什么要提倡反思？反思是教师成长的动力。

老师们都在兢兢业业地工作，为什么教学质量不高？为什么学生厌学、逃学、辍学？因为我们的教学科技含量不高，教育之美的含量就更少，不符合教育教学的客观规律。是粗放的、机械的、重复的、低效的、甚至无效的劳动。

华东师大资深教授叶澜教授说："一个不善于反思的教师教书三十年未必是优秀教师，一个善于反思的教师教书三年就一定是优秀教师。"① 是不是一定？这是叶教授说的，一定有她的道理。不反思就没有进步，不反思就没有专业成长。一个小学教师，只教不学，几年以后就跟小学生差不多。一个高中教师，不懂反思，几年以后就跟高中生差不多。这就是落后地区教育的真实写照。

第三部曲：长于写作

写作是教师成长的重要途径，是最好的反思，也是教师的职业基本功。教育活动本身就非常生动，本来就美如诗画，如果我们把它写下来，那么，写作就让我们的生活更有诗情画意，让我们的思想走得更远。

写作是教师生涯的宝贵财富。有些老师的见解并不比书上讲的差，可惜就是没有付诸笔端，结果就是"一江春水向东流"。建议青年教师从写教育随笔开始练习，时间长了，就可以写成较好的文章了。

---

① 汪瑞林．教学反思的三个视角［M］．中国教育报，2021-10-08.

高贵人生，勤于阅读；智慧人生，善于反思；精彩人生，长于写作。

第三境界：才要近仙

爱因斯坦说："使学生对教师尊敬的唯一源泉在于教师的德和才。""才要近仙"就是教师要有手到病除、点石成金、化腐朽为神奇的能力和水平。成不了大仙，也要做个小半仙，要有自己的两下子。

如何近仙？——教师专才三优势

思想要新

教师的思想要新，才能跟上时代的潮流。我们不能用陈旧的、僵化的、教条的思想去教育新时代的学生。怎样做到思想要新呢？

一要纳新

"吐故纳新"这个成语出自《庄子》，形容人每时每刻要呼出废气吸纳新鲜空气，才能形成旺盛的生命力。我将"纳新"放在第一条来讲，就是强调学习的极端重要性。教师要广泛吸收新的东西，新时代有新东西，就是传统经典也有新东西，或者说，在传统经典里发现新东西。

人不学习是一件十分悲哀的事情。我经常说，教师要成为首席学习师，首席阅读师。从孔夫子到陶行知，从夸美纽斯到苏霍姆林斯基我们都要学习，要用古今中外最优秀的思想来武装我们的头脑。此外，我们这个时代，新知识、新技术、新观念、新思想层出不穷，教师就更应该加强学习了。要练就"眼前听专家说法，心中有自己想法，笔下写今后做法"的学习效率。不知道巨人和他的肩膀在哪里，我们就很难做到传承和创新。

教师加强学习，善于学习，才能使自己视野宽、眼界高、志向大，敢于"弯道取直"，在巨人的肩上跳舞，探索出自己的教学方法来，干出不同凡响的业绩来。这样，做工作才有诗情画意，干事业才有滋有味。不至于就事论事，见子打子，每天穷于应付，或无所事事，无聊透顶。

二要更新

思想更新的关键就是反思，通过不断的反思达到思想的更新。汤之盘铭曰:"苟日新,日日新,又日新。"《论语》:曾子曰:"吾日三省吾身。与人谋而不忠乎?与朋友交而不信乎?传不习乎?"这些古训都在说明思想更新的重要性。

反思是思想更新和进步的动力。两个同时参加工作的老师,在平时工作中,一个没有反思,另一个经常反思,三年以后其结果是完全不一样的。这就是为什么同在一起工作,一些人很优秀,一些人很平庸的缘故。聪明人善于下笨功夫、苦功夫。勤于学习、善于反思的人就很优秀。不愿学习,不去反思的人就很平庸。

教师要具有反思的思想品质。既要对我们的工作进行宏观上全方位、全过程的反思,又要能够进行微观上每个程序、每个细节的反思。从反思我们的办学思想、学校文化、教学管理到学生行为规范的养成、环境卫生管理、后勤保障管理,甚至某一个活动的具体方案、某个会议的具体议程等,都要进行反思。想一想还有什么问题没有?怎样做到最优化?如果是一个教育家在办学,他会怎么做?而我又做得怎么样呢?能不能做得更好一点呢?有些问题是需要反复琢磨、反复推敲的,琢磨推敲多了,灵感就来了,"山重水复疑无路,柳暗花明又一村",我们的思路就豁然开朗了。

思想更新还意味着坚持正确的,改正错误的。坚持正确的要有勇气,改正错误的更要有勇气。我们要经常反思自己身上的不足之处,要以"壮志断腕"和"刮骨疗毒"的精神,坚决改掉我们自身的缺点错误,不断改进工作中的失误,果断地克服原有的陈规陋习,使工作效率更高、质量更好。

三要创新

"创新是一个民族进步的灵魂,是一个国家兴旺发达的不竭动力。"我们国家正在实施创新驱动发展战略,要建设创新型国家。因为教育事业的基础性、先导性作用,我们的教育,也必须是创新型教育,更要实施创新驱动发展战略。在大众创业、万众创新的今天更是如此,否则,要建成创新型国家就是一句空话。

创新不是时髦的刻意追求,而是形势所迫的唯一选择。世界上没有一劳永逸、包治百病的固定模式。当原来的老路已经走不通，原来的老办法已经不奏效，创新就是唯一的出路。从"中国制造"走向"中国创造"就是这样的一条路。当我们大家都拼命地工作而教学质量却仍然没有提高、教育没有什么起色的时候，我们是否应该考虑寻求新的出路呢？何况，世界在变，教育在变，我们难道不应该求变求新吗？教育必须在脱胎换骨中转型发展。

创新的关键在于原创力。原创力来自自然本源，是一种对事物规律性的把握方式，一种对世界和人生领悟的新视角，一种新生命形式的艺术显现。原创力有其不可复制性和排他性，它是新鲜的，独特的，是反对平庸、陈旧和重复的。

教师在教学思想、教学管理、教学文化等方面要有创新的原创力，走创新转型的内涵发展之路。当老师们在教育改革的探索中出现颠覆性创新的时候，教育的奇迹就产生了，我们就是创造奇迹的人。

能力要强

重量不等于力量，颜值不等于言值，有财不等于有才，这是人生的不等式。作为教师要有很强的教学能力，是个小小的思想家、教育家。我的理解是教师一定要做教育行家，教育专家，最好是教育大家。

一是做行家

俗话说干一行爱一行，干一行钻一行。我们是干教育这一行的，这一行的基本规律我们要懂。要懂行，做内行，讲行话。《礼记·学记》曰："君子既知教之所由兴，又知教之所由废，然后可以为人师也。"既要知道教育为什么成功，又要知道教育为什么失败，然后才可以做别人的老师。

每一行都有本行一系列的专业词汇，熟练掌握和灵活运用这些词汇，才是内行。教师应该是教育的行家里手，是教育内行，不能是教育的外行，切忌说外行话。

二是做专家

我所说的专家不是学院式的，而是能够解决教学实际问题的人，换句话说，就是要从专家的角度来进行教学，以专家应有的方式来进行教学。

教师要以自己的方式进行教学，要以自己的方法来上课，要有一些看家本领，形成独特的教学模式和课堂文化，要有自己独具特色的教学内涵和教学风格。

三是做大家

当前，国家提倡教育家办学，所以教师要有思想家、教育家的思维，眼界要高，志向要大。要有大家思维，做事要大气。像陶行知先生那样"为一大事来，做一大事去"。我们现在所进行的工作，说小是为学校工作，说大是为国家工作，因为学生是国家未来的中坚力量，我们的事业关系到国家未来的事业。

教育是人学，是思辨的科学，是研究未来的学问，教师要对教育进行哲学思考、辩证思考、战略思考、审美思考。育人思想要体现一种理想化的教育，是教育的终极目标，教育的理想图景。教师应当是小小的哲学家、思想家、教育家。

"不畏浮云遮望眼，只缘身在最高层。"教师的视野要高一点，要有一点大家的风范。思考问题从大处着眼，办事情要大方，重要的是要有品质，要有品位，要有风范。

贡献要大

我们每个人都应该有贡献，优秀教师更要有大贡献。《左传》："太上有立德，其次有立功，其次有立言，虽久不废，此之谓三不朽。"泊宁高中教师要做谦谦君子，一定要能立新时代的德，新时代的功，新时代的言。

一要立德

十九大报告是中国共产党最高水平的文献，报告把立德树人作为教育的根本任务。从传统文化和现代教育的使命来说，这是教育的最高智慧。老师是学生的楷模，教师的德是能否胜任教育岗位职责的前提条件。教师之德不立，何以育人？何以树人？

教师要以德立身，以德治教，以德服人。教师的德，是教师人格魅力之所在，形成教师的人格风范。教师的德，要让同行由衷地佩服，让学生自然地尊敬、崇拜和爱戴。

二要立功

教师要为教育建功立业。育人子弟，善之至也。误人子弟，罪莫大焉。教师责任重大，使命崇高。要胸怀大志，心存大我，勇挑重担。人生能有几回搏，此时不搏，更待何时？要有一种舍我其谁的精神。要在别人认为不可能的地方做出可能的事情来，把不可能变为现实，这才叫创造奇迹。在平凡的岗位上干出非凡的业绩来，为人民建功立业，才不愧为人民教师。

三要立言

教师要有即席演讲的能力。必须有开会即席发言的基本功，对学生即席演讲的基本功，老师向学生交代事情最好不要用稿子。汇报工作必须用普通话，最好不要念稿子。对自己工作范围内的一切情况要了如指掌，说出来要如数家珍。

写文章是教师的基本功，教师要有撰写不同文体的能力。要能写调研报告、可行性报告、教研论文、教育随笔等，而且教师的文章要有自己的风格。

老师们，同志们，司马迁在《史记·孔子世家》的最后一段话中赞美孔子说："高山仰止，景行行止。虽不能至，然心向往之。"

最高境界我们只能不断地接近而永远不能到达，但是我们不能因为难以到达就半途而废。我们可能永远成不了陶行知，但是我们要永远用陶行知的精神要求自己，像陶行知一样做教育，我们就可以不断地接近陶行知。

"德要近佛，学要近道，才要近仙"是泊宁高中教师追求的最高境界，是泊宁高中教师应有的风范，让我们大家努力吧。

谢谢你们！

泊宁方略 >>>

泊宁教学

——课堂教学培训提纲

2018 年 7 月 17 日

各位老师，大家好！

今天，我们培训的内容是泊宁高中的教学，非常重要，它是培训的核心内容。我把自己在学习和工作中对教学的认识和理解给大家做一个汇报，以供你们在培训学习时借鉴、参考。

一、教学使命

教学是什么？它在学校教育工作中处于什么样的地位？承担什么样的教育使命？我们应当充分认识教学的价值、意义和作用。

教学是学校存在的理由。无论如何，教学在学校教育活动中始终处于核心的地位，学校因教学而存在。没有教学或不以教学为核心，就没有学校存在的理由。

教学是教师合法性的根据。说到底，教师是为教育而生、为教学而生的人。一个人是否可以成为教师，是以他能否开展教学活动、从事教学工作为前提条件的。不能教学就肯定不能当教师。同样，教学工作没有做好，说明教师没有当好。

教学是学校的中心工作。学校因教学而存在，所以，学校的一切工作都要围绕教学来展开，学校的一切资源都要为教学服务，学校的一切活动都不要偏离教学。

教学是学校发展的必由之路。学校的发展其实质就是教学的发展，学校的发展依赖教学质量的提高，教学是学校发展的唯一选择。

教学质量是泊宁高中生死存亡的关键所在，是泊宁高中命运共同体的生命线，是泊宁高中发展的命根子。

教学是泊宁高中教师的生存之道，立命之本，成长之基。

二、教学常规

教学是学校的中心工作，是落实立德树人根本任务、实现学生全面发展的基本途径。教学工作的好坏，关系到整个教育质量的高低，关系到学校的进一步发展，是提高教育质量的根本保证。

教学常规，是指在学校教学全过程中诸如制订教学计划、备课、上课、作业、辅导、考核、教研与评价等方面所必须具备的最正常的规范性教学行为，或者说是应该遵循的最起码的教学标准。教学常规是教学经验、教学策略和教学规律的具体化、规范化和可操作化。它体现了现代教学思想、教学原则和教学方法的完美统一。

（1）计划

教学，一定要有计划方案。教学计划，包括学校对整体教学工作的规划、措施，及对课程、课时、授课人员等各方面的全程安排，也包括教师在教学中的学期教学计划和专项教学计划（如复习计划、课外活动计划等），还包括课时授课计划（即教案）。

在制订教学计划时务必注意：

要有计划意识。订计划要从工作实际出发，要及时、认真。切忌从网上下载，照抄照搬。教学计划要交教务处存档备查。

要做到预见性与现实性相结合。既要认真总结过去的经验教训，认真做好教学反思；又要立足于新课程改革与实验，体现一定的开拓创新精神和教学理想。尽力实现学校宗旨、学生现状、教师能力"三位一体"的最佳统一。

要做到"整体优化，系列操作"。所订计划既要内容与形式相应完整，又要便于操作使用，切忌形式主义，不能仅仅成为供检查之用的"摆设品"。

教学计划一般包括这几个方面的内容：基本情况分析、指导思想、工作目标（含教学要求）、教材简析、教学进度、课时安排、工作措施及注意事项等。

（2）备课

教师必须按照教学计划认真钻研课程标准、教材和有关教学参考资料，结合学生实际，认真备课。从实际出发，选择恰当的教学方式与教学方法，确定教学结构和教具的使用，并充分考虑教学中可能遇到的问题和解决问题的办法。

教师要熟悉学科知识体系，教材编写的思路与结构，实行"学期备课、单元（章节、项目或板块）备课、课时备课"的"三级备课法"，从课程安排的整体性、系统性和学生学习实际相结合出发，统筹安排课时及其教学内容。

学期备课：就是对新学期教材全面通读，从宏观上熟练地掌握教材的全部内容，了解全书的结构体系，分清重点章节和各类知识的重点难点。备课内容包括：学生情况简要分析，本学期教学要求，课程标准及教材章节或课题分析，各个课题教学时数和时间的具体安排，各个课题所需的主要教具，全学期主要教学措施及教学活动的设想等。

单元备课：教师要把握该单元或者章节、板块在教材教学中所处的地位及与其他知识板块的联系，并对该单元的知识进行全盘考虑。单元备课的内容包括：单元教学目的，课时划分，各课时的主要问题，训练重点，课的类型和教学方法，本单元的必要教具等。

课时备课：教师根据课程标准，进一步研究教材，特别要着重研究其中的基本思想、内容、重点、难点，确定本课时具体的教学目的，确定课程结构，考虑教学步骤及各个步骤所需时间和所要运用的教学方法，准备好教具并掌握好使用方法，写出教案。一个完整的课时教案，一般包括：题目、教学目的、重点、难点、课的类型、教学方法、教学过程、板书设计、作业布置、教具、备注等。

备课要做到一课一教案。要提前一周准备下一周的课，提前两天写好教案，提前一天准备好实验器材和教学用具，演示实验至少应在课前熟练完整地操作一遍。

对教学参考书、教辅书或其他成果资料等，既要虚心学习，吸收信息，又要联系实际，分析研究，有效吸收，注重内化，不可照抄。对自己过去的同课旧教案，不可"陈案再用"，只能作为参考，要根据新的学生实际和自己不断积累的经验以及自己对知识的认知水平的不断提高等来重新设计教学。做到教新课，有新意，教旧课也有新意，常教常新。

要坚持二级备课和多元备课制度。二级备课，即集体备课与个人备课相结合。多元备课，即多方式、多手段、多元素。教师要积极认真参加集体备课，经集体备课后，个人要认真修改教案。教案既要体现集体智慧，又要有个人的创造性发挥。教师上课的教案一定是经过"再次备课"处理的个人教案，绝不是统一的"标准化教案"。

关于"导学案"

导学案是教师为指导学生进行自主学习而编制的有学习目标、学习内容、学习流程的学习材料和活动方案。是指引学生自主、有效学习的路线图，用于引导学生自主学习、主动参与、合作探究、优化发展，具有"导读、导思、导做"的功能。

从教师备课的角度来看，编写导学案是一种创造性劳动。教师由学生学习的指导者变为学生学习的策划者、组织者、促进者、引导者，从而在根本上改变了学生的学习方式。

导学案的着眼点和侧重点在于如何充分调动学生的学习主动性，更大限度地激发学生自主学习的内驱力，如何引导学生获取知识，习得能力，体验到学习的乐趣和成功的快乐。导学案是教师用来帮助学生掌握教学内容、沟通学与教的桥梁，也是培养学生自主学习和建构知识能力的一种重要媒介。

导学案设计质量的高低决定了学生的学习质量，让学生能够通过教师设计的导学案增长知识、形成能力。因此，编写导学案的第一要求就是教师要有高度的责任感，在此前提下寻求一些好方法。

导学案一般由以下几个部分组成：

——题头部分：学习目标、重点难点、知识链接、学法指导等；

——复习旧知识；

——自主预习；

——熟读文本，提炼知识点；

——合作探究；

——教师精点；

——达标检测；

——学习小结、学习反思；

——拓展延伸、存在问题等。

（3）上课

课堂教学是学校教育的主阵地，是传授知识、培养基本技能、进行思想教育的主要方式。教师务必用心上好每一堂课，自始至终组织教学，管教管导，教书育人。必须按教学计划完成课堂教学任务，坚决反对高耗低效甚至无效的课，努力追求课堂教学的效益。

1. 教师上课仪表要端正，穿戴要整洁。至少提前一分钟到岗候课，按时上课，不能坐着上课，中途不得无故离开教室，不做与教学无关的事，按时下课，严禁拖堂。要按教学计划、课程表、教案上课，不能私自调换课程，不能随意改变教学内容和进度，不讲与教学内容无关的话。要加强与学生的沟通、交流，营造和谐、欢快、民主的教学气氛，不体罚或变相体罚学生。

2. 坚持以学生为本，面向全体学生，尊重学生个性发展。正确贯彻教学原则，做到掌握知识与实践能力相结合，智力因素与非智力因素相结合，知识技能与思想教育相结合，统一要求与因材施教相结合。努力提高课堂教学质量，重视教学方法的改革与研究。

3. 上课必须使用普通话，语言文明规范，准确清晰。口头表达自然流畅，说话要有感情，音量要适当，亲切生动，教态自然大方。

写字规范，板书设计合理，要正确、工整、规范。要体现教材线索和教学思路，要突出重点，有利于学生既掌握知识，又明确获得知识的过程与方法。注意演示与示范，充分利用板书、挂图、标本、录音、投影、录像、多媒体等教学工具和手段辅助教学。

4. 教学过程要组织严密，安排紧凑，结构合理，重点突出，难点突破，无知识性、常识性错误。教学方法与手段的使用要得当。坚持精讲多练，注重效益。要考虑到学科内容特点、学生年龄特点、教师的知识与个性特点以及教学手段的特点，选用教学方法和手段，有效地调控课堂教学过程与思路，以达到传授知识、培养能力和进行人文教育三结合的教育效果。采用各种方式和方法，让学生动手、动口、动脑，引导学生主动参与、大胆质疑，调动学生学习的积极性，启发学生独立思维，引导学生自主、合作、探究学习。激发学生创新精神，培养学生创新能力。

5. 讲究教学策略，创新教学方式。注意用启发式、讨论式、探究式、活动式等多种方法进行教学，坚决废止"填鸭式""满堂灌""满堂问""满堂考"的单一、机械、片面型的教学方法，并努力尝试与创新体现教学规律和个性特点的最优化教学方式方法。

6. 重视指导学生进行动手操作、制作。凡是有实验、操作任务的学科要按质量完成实验示范、操作，让学生人人动手做实验。要重视信息反馈，采取提问、征答、座谈、检测等手段，了解学生掌握知识情况和对教学的评价，并及时调控整改，以提高课堂教学质量。

（四）作业

各学科教学都要布置一定量的作业练习。设计与布置作业，要根据课程标准的要求、教材内容和学生实际，做到既要注意知识的巩固，又要注意能力的培养。内容要精选，分量要适当，难易要适度，时间要控制，形式多样，富于思考，有科学性、针对性和一定覆盖面，杜绝机械重复或惩罚性作业。

坚持以课堂训练为主，课外作业为辅，减轻学生课业负担，提高课堂教学效益。要加强对学生的听、说、读、写、计算、操作及综合性作业的布置与训练，提高学生综合能力和整体素质。作业布置每天之间、各科之间要统一协调配套，切忌忽多忽少，时紧时松。

作业要求：独立、按时、工整、规范和正确，太马虎和错误较多的要重做。对无故缺交作业的学生，要耐心教育，让其补做补交。

作业批改要及时，一般每次授课后都要收缴和批阅作业，其批改量由学校根据学科特点和教师任课情况来具体确定，但批改总量不能减少，作业批改的效果要达到。课内作业要在任课教师指导下当堂完成。课堂作业要全收全改，课后作业坚持全批全改，对完成作业有困难的学生要坚持面批面改。

批改作业要认真，不能只打上"对"或"错"的符号，还要有适当评语或者纠误。批改要文字工整，一律使用红笔，写清批改日期。批改评语简明易懂，少指责，多鼓励。作业批改方法可以多样化，但严禁请别人或学生代替批改作业。

批改作业时，错误要记录，原因要分析，错题要求重做。作业批改后，教师要抓紧讲评，讲评要严格，讲评时要注意针对性、启发性，突出"诊断"价值，重在分析原因，归纳题型，总结经验，教给思路与方法。学校定期对学生作业及教师批改情况进行检查评比。

（五）辅导

加强对学生学习的辅导，是必须遵守的教学常规之一，不能把它看成是额外负担。要把加强辅导看成是全面提高教学质量的重要手段。辅导分两类，一是集体辅导，二是个别辅导。我们应以个别辅导为主，特别重视培优补差的辅导。

科任教师都要制订好辅导计划，根据结对帮扶"学困生"情况，明确辅导对象，落实辅导的问题以及辅导方式、辅导时间。个别辅导要及时，要有针对性，要热情、耐心，讲究实效。认真落实学校承诺的"从最后一个学生抓起，从每个学生不懂的地方教起"，手把手地教，实行"过关辅导"，直到过关为止。

要十分注意辅导的方式，提高辅导质量。要注意因材施教，辅之有法，导之有路。要采取切实可行的辅导措施及有趣、有序的辅导方法，边辅导，边总结，边出成效。

要根据学校实际和学生自愿的原则，积极组织课外兴趣活动小组，开展如学科、科技、文艺、体育、社会实践等多种项目与形式的活动。学校安排专人负责与指导，辅导教师要认真负责，力争做出成绩。

三、课堂教学三境界

关于课堂

课堂是怎么一回事？课堂起源于什么时候？我们知道，孔夫子在两千多年前就有很完备的课堂。打开《论语》这部书，里面有许多课堂上师生对话的精彩场景。不同年龄、不同出身、不同性格的人同在一个课堂进行教学。这种教学模式一直延续到清朝末年。《儒林外史》里描写的"范进中举"就是封建社会科举制度下学生求学经历的典型代表。就是到了民国时期，也还有私塾这样的课堂。

英国工业革命以后，捷克教育家夸美纽斯创立了现代课堂，按照工业化的要求，把相同年龄的人编成班级，形成班级授课制。德国哲学家、教育家赫尔巴特在班级授课制基础上创立了"五步课堂教学法"。苏联教育家凯洛夫把"五步教学法"进一步规范化，就形成了现代课堂教学法。新中国成立后的课堂教学就是学习苏联的课堂教学模式的。

由于科技发展的日新月异，目前的课堂已经高度现代化，比如远程课堂、慕课、网络课堂等现代技术学习方法。尽管学校教育还是以课堂教学为主，但是学生学习的方式、获取信息的渠道就不再限于学校的课堂教学。以后教师教给学生的，更多的是如何去处理各种信息的方法，而不只是教材上的知识。

我们对课堂要有一个基本的常识、基本的判断。课堂教学的形式还要往前发展，人们学习的方式也要往前发展，教师的教学方法也要往前发展。

关于学习

学习是怎么回事？有一个学问叫"学习学"，就是关于怎样学习的学问。有一种能力叫"学习力"，即学习的能力。关于学习，应该是每一个教师研究探讨的重要课题。

其实，学习是人的本能。研究表明，人还没有生下来就已经在母亲的肚子里开始学习了。所以，人是一个天生的学习者，人有巨大的学习潜能。正因为如此，我们的教学才成为可能。从这个意义上说，所有的学生都有无限发展的可能性，通过学习，可以成为科学家、哲学家、艺术家，可以成为各种各样的优秀人才。

学习实际上就是一种方法的掌握，掌握方法比学到知识更重要。因为掌握了某种方法，学生就可以通过这个方法去自己获得知识。所以，学会学习比学到什么更加重要。为什么有些老师教得很累，学生学得很苦，但就是学得不好呢？可能是教师没有找到学生学不会、学不好的原因所在，没有掌握科学有效的、适合自己的学习方法。教师的教学方法可能不对，并不是学生没有学习能力，没有学习潜能。

有些学生在学校学得不好，但是回到家里头头是道，聪明得不得了，家里的活儿样样都懂，就是你这里搞不懂。这就值得我们去认真思考，值得我们去认真探讨它的原因，而不能直接地、粗鲁地说某个孩子笨。学习不好的原因是多方面的，有智力因素和非智力因素，找对原因是对症下药、因材施教的前提。

学科知识是以体系构建的，学习也应该以学科思想来系统建构。从学科课程来说，学科和教材的知识体系是如何构建的？知识结构的规律是什么？其实，从目录上可以看出这个知识结构体系以及各个部分之间的联系。教师应该把学科结构体系弄明白，就是学科的思想。

关于教师

教师在学生面前、在课堂上、在教学中，应该是怎样一个角色？这也是我们应该认真思考的一个重要课题。

孔子的教育思想有很丰富的内容，比如"循循善诱""温故知新"

"循序渐进""诲人不倦""学思结合"等。但其中最重要的有三条："有教无类""因材施教"和"教学相长"。教学相长，就是教师与学生一起成长，教师在教书的时候也是自己再学习的时候。所以，教师是学习共同体的一个组织者，是学生学习行为的设计者、策划者，第一步怎么学？第二、第三步怎么学？是学生学习的指导者，是课堂教学的策划者。

教师应当研究学生学习的规律，应当是学生学习策略的策划者，是学生学习方法的指导专家。教师要进行学生学习策略研究，要依据科学的"教学设计理念"对学科教学进行"创意策划"，形成高效的课堂教学模式。

高中教师还要教会学生跨界学习，使学生具有跨界综合学习的能力，比如文科综合，理科综合，综合艺术等。

基于以上关于课堂、学习、教师这三个基本判断，我原来多次给相关教师做关于"课堂教学三境界"的讲座。现在，我们再来探讨这个话题。

第一境界：知识课堂

三流教师教知识，教教材上的知识点，按教学进度落实好教材上的每一个知识点。按照教学计划和进度认真备课、上课、辅导学生、批改作业，认真落实教学内容、教学目标、教学过程，解教学重点、难点等。这是目前大部分老师在做的，但我认为是一种较低层次的教学，就是老师"一桶水"，倒给学生"一碗水"，解决好"一桶水"与"一碗水"的问题，实现"桶"到"碗"的转换。

首先，我们希望老师的这桶水不是死水，而且还要不断加水，才能满足不断地给学生倒"一碗水"。其次，根据木桶理论，桶能装多少水由最短的那块板决定，所以，要想办法补齐短板。最后，还要解决大水漫灌与精准滴灌的问题，大水漫灌就是满堂灌，精准滴灌就是针对每个学生的个别辅导，就是因材施教。

三流教师教得好也是好教师。那些不负责任、随便应付学生、不入流的教师我们今天不讨论，也不属于我们讨论之列。我们讨论的三个境界的老师都是敬业的老师,只不过他们的课堂教学有层次高低差别而已。

知识课堂教给学生的是基本知识和基本技能,即我们原来常说的教学上的"两基"。要落实教材上的每一个知识点,教师必须对教材上的所有知识点都要吃透,才能实现"两基"目标。

总之,只见树木不见森林,广种薄收,学生学得很苦,老师教得很累,教学质量提高的难度很大。

第二境界:能力课堂

二流教师教方法,用教材教课程。用教材而不限于教材。教师虽然用教材,但他教的是学科的课程。他可以用这个教材,也可以用那个教材。不是教材上有什么就教什么,有多少就教多少。这个境界又高了一个层次。

教方法就是解决"鱼"和"渔"的关系,如果教知识可以比喻成给学生"鱼"的话,那么教方法就可以比喻成给学生"渔",即打鱼的方法,实现从"鱼"到"渔"的转换。

一、把握学习规律

教方法就是要遵循学生学习规律,来规划、设计、策划学生的学习,而且还要因人而异、因科而异,采用不同的、适合自己的学习方法。这就需要我们对学生的学习规律进行深入的研究。

首先要了解学生学习的心理机制和年龄特征,把握影响学习的心理因素。

智力因素:包括观察力、记忆力、注意力、想象力、思维力、创造力等。抽象思维能力是智力的核心,创造力是智力的最高表现。

非智力因素主要包括:情绪、情感、性格、气质、动机、兴趣、意志、需要、目标、抱负、信念、世界观等,表现为自我意识、适应社会、情绪控制、自我激励、人际关系等方面的能力。

就一定程度而言,智力因素属于先天因素,非智力因素则侧重于后天的养成。一般认为,人们成功的因素里,情商占80%,智商占20%。各年龄段的学生表现出不同的学习心理特点，教师必须了解这些特点。

动机与兴趣：动机是学习的原动力，兴趣是学习的助推器。

形象思维与逻辑思维：相对而言，学文科的更多地倾向于形象思维，而学理科的则更多地倾向于逻辑思维。

传授式学习与体验式学习：人的学习无非靠记性和悟性。传授式学习靠记性，形成知识。体验式学习靠悟性，形成能力。

其次要把握教学的内在联系。教学必须有教与学双方的参与，否则就不是真正意义上的教学。教学是在一定时空条件下由师生双方参与的，为了实现特定教学目标、完成具体教学任务的群体性学习活动。教学本质上是一种特殊的学习活动。

教学是一种内因和外因的关系，毛主席说："内因是变化的根据，外因是变化的条件，外因通过内因而起作用。"教学又是一种主体和主导的关系，学生是学习的主体，教师是学习的主导，两者是内因和外因的关系，要充分体现学生的学习主体地位，充分发挥教师的学习主导作用。教学还是一种教学相长的关系，《学记》："虽有佳肴，弗食，不知其旨也。虽有至道，弗学，不知其善也。是故，学然后知不足，教然后知困。知不足，然后能自反也；知困，然后能自强也。故曰：教学相长也。"陶行知说："我们要跟小孩子学习，不愿向小孩学习的人，不配做小孩的先生。一个人不懂小孩的心理，小孩的问题，小孩的困难，小孩的愿望，小孩的脾气，如何能救小孩？如何能知道小孩的力量？而让他们发挥出小小的创造力？"

如何体现学生的主体地位呢？以学生为学习中心，在学习中充分体现自主、合作、探究的要求。学习内容、教学设计、学习指导、学习环境、教学资源等要围绕学生的学习需要来策划。以激发学生学习动机为教学研究的核心课题，以启发学生学习兴趣为教师课改创新的关键环节。

二、上好学习指导课

首先是拟订学习计划。每个学生都应该有学习计划，学期计划、月计划、周计划等。每个学生的计划可以不一样，但都必须有。学习没有计划，那叫什么学习？只能叫广义的获取信息的学习，不是狭义的课堂教学的学习、课程的学习、学科的学习。课堂教学的学习必须是有计划的学习，而且必须是按计划完成的学习。

其次是理清学科知识体系，单元知识点。指导学生做好预习、复习、练习。所有的学生必须预习，在上课之前把下一节课的内容先预习一遍，把问题带到课堂上来讨论、研究、交流。

我们学习外地课改经验，如洋思中学、杜郎口中学、衡水中学等，先进的经验应当学习，但要消化、转化成我们自己的东西。如果照抄照搬，就会水土不服。例如我们学习杜郎口中学的"小组学习"，虽然把学生进行编组学习，但老师仍然是"满堂灌"。本来学生是对着老师坐的，编小组之后学生只能歪着脖子看老师讲课，被人戏称为培养"歪脖子"。

建议老师们在上课之前要上好学习指导课。你要让学生怎样去学习这门学科，要先把学习方法教给他们。让学生明白你的教学方法，并按照这样的方法去努力学习。与其平时很累地去落实每一个知识点，不如教他、指导他怎样去学习，这样的效果要好得多。这就是课堂教学的第二境界，方法的境界，能力课堂的境界。

三、学习方法攻略（学习策略研究）

教学有法，教无定法，贵在得法。没有一成不变的教学方法和教学模式。教学方法可以因人而异，因科而异，各种方法综合运用。教师必须进行学生学习策略的研究，达到新课改要求的自主、合作、探究地学习。

教方法，可以四两拨千斤，举重若轻，事半功倍。学生掌握了某种适合自己的学习方法，就会自然而然地用这种方法去落实教学目标要求的知识点。有些方法，学生运用熟练之后，可能受用一辈子。

教师要在第一境界的基础上提升到第二境界，又要从第二境界上升到第三境界。

第三境界：智慧课堂

一流教师教思想，教学科思想，即学科知识构建的体系。学生把握学科知识构建体系，采用适合自己的学习方法去落实所有的知识点，形成自己独有的学科知识体系。这种境界做得好，就是我刚才说的用一年时间教三年课程的那种境界。

用学科思想教课程体系，实现从"源"到"流"的转换。学科思想是源头活水，以学科思想的万有之源，引学生学习的智慧之流。

一要研究《课程标准》《学科素养》《高考大纲》。

《课程标准》是国家标准。《课标》是依据学科思想制定的，它体现国家对不同阶段的学生在知识与技能、过程与方法、情感态度与价值观等方面的基本要求。教师必须认真研究，烂熟于心。教师可以根据课标要求编写自己的教材，这样的教材只能高于、优于现行的各种教材。有些老师自编的教材是活页式的、变化的，其他老师也很难复制。

大家可能注意到河北衡水中学，网上已把它推到舆论的风口浪尖。其中我注意到一个细节，衡水中学的老师从来不用市面上的任何一种教辅资料，但是，凡是市面上能够找到的所有教辅资料他们都要买下来研究，然后在这基础上编写自己的一套教辅资料和高考模拟试题。这一套材料是保密的，不外流的。

教学科思想虽然很难做到，但也不是不可能做到，我们要朝着这个方向不懈地努力。

《学科素养》是每一门学科通过教学培养学生具备这一门学科所要求的素养。例如，语文学科素养就是以语文能力为核心的综合素养，包括语文知识、语言积累、语文能力、语文学习方法和习惯，以及思维能力、人文素养等。简言之，就是听、说、读、写四个方面的素养。又如，数学学科素养包含直观想象、逻辑推理、数字运算、数学建模、数据分析等。教师要根据学科素养的培养目标来有针对性地组织课堂教学。

《高考大纲》那是必须研究的关键内容，高中必须认真研究《高考大纲》。

二要进行学科推介。

俗话说，好的开头是成功的一半。在我看来，学科推介是学科教学的大前提、大基础，是做好学科教学的先决条件。教师在上课之前要很好地推介自己所教的学科。当然，教师首先要特别热爱自己所教的学科，然后要挖空心思、想方设法极力推介好你的学科。要让学生因为你的推介而热爱这门学科。所以我常说教师应当是学科的化身，学科的代言人，学科的形象大使。语文老师是学生心目中的文学家，数学老师也符合学生对数学家的想象。

著名数学特级教师王金战老师写了一本《学习哪有那么难》，书中对数学学科的介绍非常精彩，比如介绍"圆之美"，"黄金分割之美"等，甚至说到女士穿高跟鞋为什么那么漂亮，因为上下身段的比例符合数学上的"黄金分割率"。他在介绍数学之美的时候眉飞色舞，所有的学生都佩服得五体投地，很崇拜他。

学科之美在哪里？学科的奥秘在哪里？我们为什么不可以把孩子天生的好奇心吸引到学科中来呢？为什么孩子一看到你这个学科教师就先烦了呢？有没有原因？原因何在？"亲其师，信其道"，学生喜欢你这个老师，就会更加热爱你所教的学科。语文老师就是学生心目中的李白、杜甫、鲁迅、巴金，数学老师就是学生心目中的阿基米德、华罗庚、陈景润。学科教师应该是展现在学生面前的学科专家，是学生最初认识的文学家、数学家、物理学家、历史学家等，这才是学科教师应有的境界。你的学生就应该是你的粉丝，教师要做到学生崇拜的地步。在上课之前，就已经吸引学生热爱这门学科了，至少不厌烦这门学科了。

"同学们，先把书收起来。我先介绍什么是语文？什么是数学？为什么要学习语文？为什么要学习数学？语文之美在哪里？数学之美在哪里？学科的奥秘在哪里？不管以前的老师怎么介绍，今天，我们都要重新认识这门学科。现在我开始介绍这门学科"。

"此外，怎样学好这门学科，我告诉你们最好的学习方法。这是我多年研究的成果，也是我的秘密武器，只跟自己的学生说，请你们不要外传。只要你按照我的方法去学习，我包你是第一流的优秀学生，条件是你必须按照我的方法去做，并且落实到位。我的方法很简单，并不难，有人用这种方法已经考上了心仪的大学。你们每个学生都有巨大的学习潜能，都有无限发展的可能性，只要我们刻苦努力，方法得当，我们也是厉害的，不要瞧不起自己，我们同样也是可以创造奇迹的"。然后再教给学生学习方法，学生就会自然而然地按照你的方法去学习了。

相反，如果不搞好学科推介，老师没有吸引学生的招数，没有自己的两刷子，学生看到老师就烦，学生因为讨厌某个老师而厌学，教学效果就很差。

如果一个教师上课，教学达到了审美的高度，那就不得了，那就不是一般的课。学生听起来是一种享受，而且似乎是在艺术的享受中来开发智慧，这样的教学就有审美的价值。罗丹说："生活中从不缺少美，而是缺少发现美的眼睛。"因此，任何一个教育的场景，都应该思考一个字，叫"美"。教育有美，这是教育的最高境界，美的境界。学生为什么厌学？很大程度上是因为我们的教学没有美，教育缺乏美感所至。

三要激发学习动机，启发学习兴趣，指导学习方法，培养学习习惯，形成学习能力。这是课堂教学的核心科技。

四要梳理学科知识结构体系（教学设计理念，创意策划）。

要进一步提高课堂教学的科技含量，将平凡的教学赋予科技的价值。把工作当作学问来做，把问题当作课题来做。要把科研意识融入平时的教学中去，我们的工作就有了科研的意义。教学里有教师的科研思想，就是内涵丰富的教学，具有科技含量的教学。只有这样，我们教师才会有进步，才能与学生一起成长，达到"教学相长"的目的。

要教学生学会从整体上去把握学科思想体系和知识结构，不至于盲目地、零散地学习，纲举目张，提高学习效率。最大限度地追求新课改要求的"知识与技能、过程与方法、情感态度与价值观"三维目标。

五要在教师的引领下，放手让学生根据自己的学习情况去解决学科学习问题。

教思想，重在整合。即根据学科本身的内在联系规律，把学科的知识点整合起来，形成学科知识结构体系，避免庞杂与零散。教师教的是整个学科，而不只是学科中的零散的知识。

学生从教师的学科思想体系、结构之源出发，采取适合自己的学习方法，去落实每一个知识点，自主地实现学习目标，达到"源"与"流"的转换。所谓"源流转换"就是实现"学科思想——知识体系——课程目标"的转换。这就是学习的最高境界，也是智慧课堂追求的目标。

为什么我们学生学得很苦，老师教得很累，学习效率却不高？就是因为我们的课堂教学文化底蕴不够，缺少学科内涵，科技含量低，更没有审美价值。对教育而言，我们这个时代物质的东西已经很丰富了，最缺少的是思想、是精神。

课堂教学的关键在于解决"转换"问题。知识课堂解决"桶"到"碗"的转换，能力课堂解决"鱼"到"渔"的转换，智慧课堂解决"源"到"流"的转换。

三种境界是从低层次向高层次递进的，高境界是以低境界为基础的。第三境界也要有方法，也要落实知识点，从低层次境界向高层次境界发展的，它们是相辅相成的，不可偏废。三种境界之流转使学习、使课堂教学从必然王国走向自由王国。我们的课堂教学就更加符合教育科学的规律，我们的教学就可以让学生在享受中掌握方法，获得知识，形成能力。

没有枯燥无味的知识，只有枯燥无味的教学。智慧课堂是非功利性的，它注重激发学生的学习动机，启发学生的学习兴趣，只关注学生的学习效果和学习品质本身，而非考试成绩，是超越分数的学习。这样的学习，成绩自然很好，考试分数自然很高。

只有智慧课堂才能做到"学而不厌，诲人不倦"，老师有智慧的教，学生有智慧的学。做到苦中有乐，淡中有美。

目前我们最缺的东西是教学的艺术之美，它应当是教师追求的教学的最高目标。当学习变成一种乐趣、一种诗意、一种美的享受的时候，就是教学艺术的最佳状态、最高境界。

泊宁出发

——都匀泊宁高中新生入学教育演讲

2018年8月24日上午

各位领导、各位老师、同学们：

都匀泊宁高级中学，于2018年的金秋时节，在贵州都匀一个叫坝固的小镇正式创建了，都匀泊宁高中终于翻开了精彩的第一页。在座的各位老师是泊宁高中的创始人，来自五湖四海、四面八方的各位同学是泊宁高中的第一批学子。我们为泊宁高中的诞生表示热烈的祝贺！

为了让同学们尽快地适应新学校和高中新生活，尽快地投入到紧张的学习中来，受学校领导班子的委托，我来和同学们做入学教育的演讲，我演讲的题目是："泊宁出发"。我主要讲四句话，表达四种意思。

第一句话："带着故事出发"。

我们泊宁高中有许许多多精彩的故事，泊宁高中的故事还在继续，在座的各位都是书写泊宁故事的人。今天我先说两个故事。

第一个故事：学校创办的故事。我们现在的校园，原来是坝固中学（属于初中），由于合并到匀东中学，这里就空出来了，我们就把它租下来创办都匀泊宁高中。在座的同学有没有原来坝固中学的学生？（有十几位同学举手），哇！你们的资格更老，既是坝固中学的元老，又是泊宁高中的第一批学生，向你们致敬！

我们的校园是一块钟灵毓秀的风水宝地。你看，对面是高高的苗岭山，前面有长长的清水江，远离市区的喧嚣和浮华，校园周边没有网吧，没有游戏厅和其他娱乐场所，是教书育人最理想的一块净土，是最令人向往的读书学习的好地方。

我们的办学团队是老中青三结合团队，是最佳的团队组合。年龄最大的是我，其次是执行校长王德文先生。王校长担任民办高中校长几十年，有着丰富的普通高中教育教学管理经验。学校决策层都是年富力强的中年人，董事长王昭先生是多年从事研究生培训工作的，他本人就是在读研究生；范志国先生是人力资源公司的总经理；吴成冬先生是国企悦达资本的高管，他们都是锐意进取的创业者和改革家，多年从事高中教育。他们引进江苏的教育模式，已经成功地在遵义市办有一所"西点中学"，第一年的本科录取率是30%，第二年本科录取率是37.5%，泊宁高中是他们创办的第二所学校。学校的教师队伍都是朝气蓬勃、充满活力的青年人，我不敢说他们有多高的水平，但我敢说他们有很强的责任心和使命感，是勇于负责、敢于担当的队伍。总之，我们的团队是充满教育理想情怀、办学实力雄厚的教育团队。

另外，我们学校还借鉴了安徽毛坦厂中学的办学模式。毛坦厂不是一个工厂，是远离六安市区60公里的一个小镇的地名，就像坝固小镇远离都匀市区22公里一样。上个月我们学校领导班子前往毛坦厂中学考察，我们与他们有深度的交流，认真学习和借鉴了他们先进的办学经验。

第二个故事：学校文化的故事。我们学校一开始就有很深的文化底蕴，很丰富的文化内涵的，是中国优秀传统文化和现代文明相结合的产物。我们的校名"泊宁"二字，源于诸葛亮《诫子书》中"非淡泊无以明志，非宁静无以致远"的思想。我们把"淡泊明志，宁静致远"作为我们学校的校训。取其义，命其名，"泊宁高中"就这样命名了。

现在，请全体师生和我一起诵读诸葛亮的《诫子书》：

"夫君子之行，静以修身，俭以养德。非淡泊无以明志，非宁静无以致远。夫学须静也，才须学也，非学无以广才，非志无以成学。淫慢则不能励精，险躁则不能冶性。年与时驰，意与日去，遂成枯落，多不接世，悲守穷庐,将复何及!"

《诫子书》的大意是:那些德才兼备的人,是靠内心的安静来修养身心的,是靠俭朴的作风来培养品德的。不看清世俗的名利就不能明确自己的志向,身心不宁静就不能实现远大的理想。学习必须专心致志,增长才干必须刻苦学习。不努力学习就不能增长才智,不明确志向就不能在学习上获得成就。过度享乐和懒惰散漫就不能奋发向上,轻浮急躁就不能陶冶性情。年华随着光阴流逝,意志随着岁月消磨,最后就像枯枝败叶那样对社会没有任何用处,守在破房子里,悲伤叹息,又怎么来得及呢?

我们要求泊宁高中所有的学生都能背诵《诫子书》,都能解释《诫子书》的大意,因为它是我们学校校名和校训的文化源头。

我们学校的校旗:上方象征蓝色的天空,下方象征绿色的大地,中间象征火红的青年一代,意涵泊宁学子将是顶天立地的杰出青年代表,一大二小三颗金星象征泊宁学子一定要成长为大大小小的时代明星,称之为"泊宁之星"。

我们学校的校徽:蓝色椭圆形背景象征蓝天,中间为绿色地球图案,大小两只白天鹅在蓝天上翱翔,飞越整个地球,象征泊宁学子就是美丽的白天鹅,跳跃起步,掠过地平线,飞向蓝天,飞向远方,飞向全世界。

现在,请全体起立,用最高昂的激情、最大的音量,高唱《泊宁之歌》:

1. 苗岭山高,清水江长,泊宁高中是我向往的地方。
菁菁校园,钟灵毓秀。莘莘学子,激情飞扬。
我们淡泊明志,我们勇于挑战,我们放飞金色的梦想。
泊宁,出发。泊宁,远航!

2. 梧桐树绿,迎春花香,泊宁高中是我成长的地方。
谆谆教诲,立德树人。琅琅书声,豪情万丈。
我们宁静致远,我们敢于担当,我们要做祖国的栋梁。
泊宁,卓越。泊宁,辉煌!

我们学校的办学思想是：面向全体，全面育人，自主发展，淡泊宁静。

面向全体践行有教无类，全面育人落实因材施教，自主发展达成教学相长，淡泊宁静实现立德树人。

我们学校的办学理念是：文化立校，依法治校，科研兴校，质量强校。

我们学校的办学特色是：校园有学府品味，管理有人文情怀，教师有专家典范，学生有成才风采。

今后，同学们可以大张旗鼓地讲述我们学校的故事，大张旗鼓地宣传我们学校的标识、学校的文化，我们以自己的学校而自豪。

第二句话："带着梦想出发"。

没有梦想的民族是悲哀的民族，没有梦想的人生是悲哀的人生。我们这个时代，是充满梦想的时代，是把梦想变为现实的时代。中华民族的梦想就是中华民族伟大复兴的中国梦，这是由千千万万中华儿女的梦想汇集而成的大梦想。

都匀泊宁高中的办学定位是：招收中考落榜生，进行精准补差教育，经过严格过关训练，让50%的学生考上本科，其余的学生通过与高校联合办学专本连读，为学生和家长提供全新的选择，做到一个都不少，全部上大学。

都匀泊宁高中的梦想是：一年打基础，两年成体系，三年见成效。把三流的学生培养成一流的学生，办出黔南一流的普通高中，办出贵州真正意义上的综合高中，办出中国西部民族地区的优质特色高中，让所有的泊宁学子都圆大学梦。

梦想对于一个人来说，是提前预设的人生奋斗目标。没有梦想的人生是暗淡的人生，有梦想的人生是多彩的人生。泊宁高中是梦想校园，泊宁高中的学生不能没有梦想，没有梦想你来这里干吗？泊宁学子不仅要有梦想，而且梦想要远、要大，要淡泊宁静而志存高远，勇于挑战。十年以后你们将进入社会，成为社会的建设者和中坚力量，我们希望你们成为国家的栋梁之材，泊宁高中就是培养栋梁人才的地方。

在你们当中，有人想当科学家做科研工作，有人想做医生为病人解除痛苦，有人想创业当企业家促进经济增长，有人想做公务员从事社会管理工作，等等。每一个人都有自己的想法和打算，都有自己的梦想，但不管什么打算、什么梦想，考上大学是第一梦想，是必过的第一道关，是实现其他梦想的前提条件，所以，考上大学是所有泊宁学子的梦想，到泊宁就是来圆大学梦的。

第三句话："带着责任出发"。

社会上的每个人都有各自的责任，每个人都各负其责才能形成有序的社会、和谐的社会。教师的责任是教书育人，医生的责任是治病救人，公务员的责任是管理社会，工人的责任是生产产品，农民的责任是多产粮食，父母的责任是抚养教育孩子，子女的责任是赡养父母，学生的责任是把书读好。

一个人，首先必须能够为自己负责，不甘平庸，追求卓越，有所作为，才有可能为家庭负责，进而为自己的职业负责，为社会负责。这样的例子是不胜枚举的，优秀的人们都是这样的，不仅为自己负责，做一个优秀的人，同时承担家庭的责任，单位的责任，甚至国家的责任，社会的责任。比如我们创办的泊宁高中就是为黔南乃至贵州的部分学生提供一种新的选择，一种补差教育服务，就是为了满足社会对优质教育的需求，就是承担一定的国家的责任，社会的责任。就是一种为学生、为家长、为国家、为社会负责的创举。

一个人，不能为自己负责，不学无术，大事做不来，小事不愿做，无所作为，无所事事，就有可能成为家庭的负担、社会的负担。这样的例子也是很多的，那些啃老族难道不是家庭的负担吗？

一个人，对自己负责的根本标志是能自觉管住自己，做到自我教育、自我管理。一个人连自己都管理不好，很难做到对自己负责，就很难成为优秀的人才，甚至还会增加社会的管理成本。比如说，在学校就餐的时候大家都有序地排队取食，不浪费食物，还用得着学校派老师去维持秩序吗？我们学校能不能取消就餐时教师的值班制度？什么时候取消？

现在，我要告诉同学们一个事实，你们还在初中的时候是少年，属于未成年人。现在你们将步入青年阶段，到时我们学校要举行成人仪式。从法律上说，你们就是行为能力人。举例子说，未成年人出什么事，一般由监护人负责，也就是说由家长买单摆平。而成年人出什么事，一切由自己负责，自己承担一切法律责任。所以，你们的所作所为、言行举止都要比以前更加小心、更加谨慎，千万不要出任何违法乱纪的事情，否则后果不堪设想。

一切教育的本质是自我教育，教育的最高境界是自我教育。泊宁高中的学生，一定要为自己负责，进行自我管理。我的行为我做主，我的学习我做主。带着责任出发，从我做起，从现在做起，把人做好，把书读好，勇挑重担，敢于担当，做一个优秀的泊宁学子，能够承担国家和社会的重任，不辜负老师的培养，不辜负父母的期望。不仅不会成为家庭和社会的负担，还要为家庭承担更大的责任，为国家、为社会做出更大的贡献。

第四句话："带着干劲出发"。

没有干劲的出发不能行稳致远，没有干劲的出发等于没有出发。高中三年，说短不短，说长不长，不能复制，不可重来，是真正的黄金时代，要倍加珍惜，不要年华虚度。

同学们来到泊宁，就进入了高中阶段，进入高中生角色，进入紧张的学习状态了，半点不能松懈，半点不能休闲，半点不能懒惰。泊宁校园空气好、风景好、环境好，是读书学习的好地方，但它不是游乐园，不是度假村，不是疗养院。人家考试成绩是500分、600分的学生都还在抓紧时间地学习，丝毫都不敢放松，你成绩只有200分、300分还在那里优哉游哉地过日子，你能后发赶超吗？你能考上大学吗？这是千万要不得的。

同学们，我们只能心无旁骛、专心致志地学习，没有其他任何杂念，也不容有任何杂念。只有比别人更加努力，付出更大的代价，才能补上短板，迎头赶上，考上心仪的大学。

大家知道，生命是由时间构成的，而时间是由天数、小时和分钟计算的。曾有人说：如果每天落后别人半步，一年后就是一百八十三步，十年后就是十万八千里。同样的道理，如果每天比别人进半步，一年后就是一百八十三步，十年后也可以把别人甩开十万八千里。道理很简单："不积跬步无以至千里，不积小流无以成江海"，我们要只争朝夕，毫不放松，毫不懈怠，珍惜点点滴滴的积累，只要每天进步一点点，一年以后就会有大的变化，三年以后就会有质的飞跃，就一定会考上大学。

前天早上六点半钟，我在校园散步，碰见一位同学在朗读《论语》，他已经提前出发了，我们都应该向这位同学学习。

这里，我还要告诉同学们一个事实，初中的学习和高中的学习有很大的差别，初中是"要我学"，高中是"我要学"。

我们知道，每一个年龄段的学习有各自不同的特点，幼儿园是在游戏中学习，小学是在老师手把手指导下学习，初中是老师教什么就学什么，是被动的"要我学"，高中是在老师重点指导下主动的"我要学"。我不知道现在的大学生怎样学习，我读大学的时候，是老师做一个学科系列讲座，列出参考书目，布置论文参考题目，学生自己系统地阅读参考书，一段时间后把论文交给老师。

高中的所谓"我要学"就是学生自己积极主动、自觉地学习，不能像在初中那样等老师安排才学习，没有安排就不学习。高中的学习容量比初中大得多，一共有9门学科，有些学科还有必修课和选修课。要在老师的指导下制定学习计划，掌握一定的学习方法，按计划切实完成学习任务。

每位同学都要认真分析、深刻反思在初中的时候学习没有进步、成绩不理想的真正原因是什么？从不懂的地方学起，从最薄弱的环节抓起，鼓起最大的勇气，使出最大的干劲，一步一个脚印，一点一滴地攻关，把高中的各科学习做好，考出好的成绩，考上大学。

老师们，同学们，都匀泊宁高中已经出发，开弓没有回头箭，让我们带着故事、带着梦想、带着责任、带着干劲出发，所有泊宁人都进入出发的状态，向着既定的目标，努力迈进，再迈进。

现在，请全体起立，握紧右拳，举起右臂，高呼口号：试一试我能行，拼一拼我能赢！路在前方，我在路上，只要出发，就能到达！

大家请坐。谢谢！

都匀泊宁高级中学升旗仪式主持词

老师们、同学们：

都匀泊宁高级中学2018—2019学年度第一学期第一周升旗仪式由高一×班主持，担任国旗手的是×××同学，担任团旗手的是×××同学，担任校旗手的是×××同学，现在，我宣布：都匀泊宁高级中学升旗仪式开始。

立正！！

请旗手出列。

请校领导授旗。

出旗。

全体肃立：升国旗，唱国歌；

　　　　　升团旗，唱团歌；

　　　　　升校旗，唱校歌。

请×××同学代表高一×班作国旗下的演讲。

请全体宣誓。

我宣誓：我是泊宁人，我要牢记"淡泊明志，宁静致远"的校训，个人品德讲善，以善修身；家庭美德讲和，以和齐家；职业道德讲忠，以忠治国；社会公德讲礼，以礼平天下，做一个淡泊宁静的人。

试一试，我能行，拼一拼，我能赢。让优雅成为习惯，让习惯更加优雅。梦在前方，我在路上；只要出发，就能到达。

我是泊宁人，今天，我以泊宁高中为自豪；今后，泊宁高中以我为骄傲！

宣誓人：×××

请校领导讲话。

我宣布：都匀泊宁高级中学升旗仪式结束。

民之所望，教之所向

——在 2019 级新生家长会上的讲话

2019 年 9 月 16 日下午 3:00

各位家长：你们好！

非常感谢你们对都匀泊宁高中的极大信任，愿意把你们的孩子送到泊宁高中来读书。今天，还风尘仆仆地从各县市赶来参加家长会，我们非常感动。我代表都匀泊宁高中校董会和学校领导班子，向你们鞠个躬，对你们的到来表示热烈的欢迎和衷心的感谢。

现在，我向各位家长汇报一下我们学校的办学情况：

一、我们的学校

我们学校叫"都匀泊宁高级中学"，2018 年 5 月经黔南州教育局依法批准设立的民办普通高级中学，租用都匀市原坝固中学校园进行办学，管理单位是黔南州教育局，业务单位是都匀市教育局，今年是办学的第二年。

"泊宁"这个名称源自三国时期诸葛亮的《诫子书》中"非淡泊无以明志，非宁静无以致远"，"淡泊明志，宁静致远"就作为我们学校的校训。大家知道，诸葛亮是最聪明的人，我们希望这所学校培养出来的人也像诸葛亮一样聪明。"泊宁高中"这个名称在中国大陆只有我们这一家，我们已经注册。

在我们开始筹办泊宁高中的时候，恰巧坝固中学要合并到匀东中学。这个校园有 80 多亩，教学和生活设施齐备，可容纳 1200 名师生，塑胶跑道的运动场刚刚建好,有一栋教师周转房还没有验收,这些刚好都是我们需要的,于是我们就租赁了这个校园办学。

这里距都匀22公里,距丹寨19公里,对面是苗岭,下面是清水江,山清水秀,远离市区,是读书学习的好地方。

我们学校是依据《中华人民共和国民办教育促进法》创办的民办学校。习近平总书记在十九大报告里深刻指出:"我国社会主要矛盾已经转化为人民日益增长的美好生活需要和不平衡不充分的发展之间的矛盾"。目前,发展不平衡不充分的公办教育资源不能满足人民群众日益增长的对优质教育的需求,民办教育是公办教育的有益补充,是为了满足人民群众对教育的多元需求而设立的。

教育没有最好,只有更好。适合学生成长的教育才是好的教育。习近平总书记说:"人民对美好生活的向往,就是我们的奋斗目标。"民之所望,我之所向。人民群众对多元优质教育的向往,就是泊宁高中的奋斗目标。

民办教育在我们国家方兴未艾。我去过港澳台地区,去过韩国、日本,去过美国和德国、法国、意大利、瑞士、奥地利、俄罗斯等国家,从表面上大体了解了他们的教育,可以说,发达国家和地区最好的教育是民办教育,著名的哈佛大学就是民办的。我们创办的泊宁高中,正是在十九大精神的指引下应运而生的,就是为满足广大群众对优质教育的多元需求提供新的选择。现在虽然不起眼,但到民办教育大发展的时候,泊宁高中一定走在前面,"待到山花烂漫时,她在丛中笑"。

二、我们的团队

我们这所学校的出资创办者是江苏盐城的范志国、王昭、吴成冬三个人,他们都毕业于苏州大学,教师出身,年龄在40岁左右,正是年富力强的时候,他们都是我十多年的朋友。

由于合作办学的关系,2016年7月,他们接管了快要关闭的"遵义西点中学"。接管的时候,这所学校从初一到高三只有不到80个学生,8名教职工，已经几个月没有发工资了。接管当年，招生260名，新聘教师30多名，高三29名学生参加高考，9名录取本科。第二年招生680名，新聘教师50多名，参加高考的学生本科录取率是37.5%。我多次到遵义，亲眼见证了他们不同凡响的办学业绩，也被他们的创业精神所感动。我想，在民办学校林立的文化地区遵义市，他们都能办得这样好，在民族地区黔南一定有更大的发展空间。于是，我们就创办了这所学校。

我叫黄周立，是这所学校的校长，罗甸县布依族退休教师。

王德文先生是执行校长，他来自新疆，是多年从事民办学校管理、经验丰富的老校长。蒋贵川副校长来自遵义师范学院。

我们的教师，目前是60多人，绝大多数是全国各地刚刚毕业的大学生，他们来自不同的文化背景，贵州籍的比较少。年轻老师看起来似乎经验少一点，但容易接受我们的办学理念，比较好带。

这样看来，我们这个团队是一个老中青三结合的团队，也可以说是一个全新的充满活力的团队，因为我们教师队伍的淘汰率在15%~20%。

三、我们的办学

大家知道，我们招生的对象主要是未能达到高中录取线的学生，就是说，公办高中的最低分比我们的最高分还要高。对于这样的特殊生源，只能采取特殊的办学方式。主要有以下做法：

一是创立独特的学校文化。学校文化是办学者以自己特有的方式落实立德树人根本任务的一系列作法，体现办学者的教育理念和办学智慧，形成全体师生的共同价值追求，是一所学校的精神力量所在。没有文化就没有灵魂。没有自己的文化，就只能是千篇一律、千校一面的办学，毫无特色可言。学校文化表现在环境文化、制度文化、活动文化等学校管理的方方面面。

泊宁高中的学校文化底蕴是比较深厚的，内涵是比较丰富的。时间关系，这里不能逐一展开。总的来说，我们的学校文化是源自古典的教育思想，根植现代的教育理论，借鉴先进的教育方法，基于学生的教育模式。

我们的办学思想是：面向全体，全面育人，自主发展，淡泊宁静。我们的办学理念是：文化立校，依法治校，科研兴校，质量强校。我们强调"先做人，后成才"的育人宗旨。学校管理要贯彻"以学生为中心"的根本要求，为学生服务，对学生负责，受学生监督，让学生满意。做到学生满意，家长放心，政府肯定，社会认可。

举个例子，比如我们的德育文化，我们提倡学生"个人品德讲善，以善修身；家庭美德讲和，以和齐家；职业道德讲忠，以忠治国；社会公德讲礼，以礼平天下"。我们根据这"四德"的要求，制定具体的行为标准，让学生在日常生活中去践行落实，形成行为习惯。

为了落实这"四德"，我亲自给新生作《泊宁远航》的演讲，并布置月假的家庭作业，要求新生回到家要主动向家人、邻居、亲戚打招呼，向父母介绍学校和班级，汇报学习情况，谈今后的打算，独立完成一件力所能及的家务。然后填个表，让家长签字带回学校。我们这样长期坚持下去，久而久之，学生就养成了良好的行为习惯。

我们还建立《都匀泊宁高级中学学生成长档案》，每个学生每一周都要填写一张表，小结本周行为表现、学习情况、问题反思、思考感悟等，表上有"进步台账""问题清单""下周打算""班主任评语"等栏目，每周一份，存档备查。

二是借鉴江苏教育模式。大家知道，全国教育看江苏。江苏的高考是单独命题，难度很大。贵州是考全国第三卷，是难度最小的。借鉴江苏模式考贵州题目，语数外综四科每科100分，400分就可以上本科了。适当降低一点难度，我们的目标就容易实现。

江苏教育模式，说复杂也复杂，说简单也简单。说复杂就是江苏教育有深厚的文化积淀和历史渊源，有丰富的教育科学理论内涵。说简单就是江苏教育盯得很紧，每一个环节都不放过，实行"过关教学"。我们贵州的教育，恕我直言，从小学到高中，大都是没有过关也让过关，结果是学生没有学好也全都毕业了。借鉴江苏教育模式，我们主要从以下几个方面着手：

（一）实行"过关教学"，强调从最后一个学生抓起，从每个学生不懂的地方教起。"不懂的地方"有的是初中的知识，有的甚至是小学的知识，但也只能这样做。只要他学，这样做也是有效果的。大部分学生进步很快，说明这些学生是愿意学习的，只不过由于种种原因过去没有学好，来这里尝到了学习的甜头。

不管是行为规范还是学习管理，因为"盯得紧"，从早上 6：30 跑操到晚上 10：00 下晚自习，每一个环节都不放过，有些学生受不了。因为他们原来懒散惯了，一下子适应不了这种紧张的学习生活，想要选择放弃。我们会帮助他一点一点地去改变，去适应，直到他完全接受，逐渐进入学习状态。绝大部分学生对学习有了兴趣，充满了信心，他们得到了进步，得到了健康成长。

（二）实行"结对帮扶"，要求一个老师结对帮扶 3-5 个本学科学习成绩较差的学生，从他们不懂的地方教起，点对点辅导，手把手教学，帮他们"脱困"。然后又从最后一名教起，因为永远有最后一名。这样循环往复，动态管理，"脱困"越多奖励越大，没有"脱困"就是没有完成任务。这个制度责任明确，效果明显。

（三）实行"面批面改"，对于学习较为困难的学生，要求老师当面批改作业，指出学生错在哪里？原因是什么？应该怎样做才对？今后要注意哪些问题？并且让学生当面重做，直到做对、明白为止。

（四）实行"精准补差"，每次周考之后把主要学科的成绩较差的学生集中起来，利用星期天上午的时间，有针对性地进行补课。别人休息他们上课，不过关还不能下课。在老师的辅导帮助下逼他们过关。

三是封闭式管理。所有学生，一进校园，就把手机收了，到放月假时才发给学生。教学时间、生活时间、课间等都有严格的管理制度，学生除了看书学习，参加学校和班级开展的各种文体活动以外，基本上没有时间去做与学习无关的事。同时，我们每学年评选一次"泊宁之星"，并对各种先进学生进行表彰，也处分少数违纪的学生，收到了很好的效果，形成了良好的校风。

此外，我们准备出资 200 万，在省民政厅注册成立"贵州泊宁慈善基金会"，要募捐部分资金，来资助家庭经济有困难的学生，不让我们的学生因家庭经济困难而辍学。

四、我们的目标

我们的总体目标是建百年学校，办千秋教育，不搞短平快的办学模式。远景目标是办黔南一流、贵州知名的民办普通高中。中期目标是"一年打基础，二年成体系，三年见成效"。短期目标是第一年高考本科录取率确保40%，力争50%。此外，对于不能达到本科录取线的学生要通过联合办学全部录取到优质的高职高专就读，做到一个都不能少。

要知道，我们的生源，在其他学校的本科录取率为零，在我们学校保40%争50%，可见难度之大，但我们对此充满必胜的信心。

各位家长，人民群众对优质教育的向往，就是泊宁高中的奋斗目标。在你们的高度信任和大力支持下，我们一定能够实现既定的办学目标。办出学生满意、家长放心、社会认可的泊宁教育。

谢谢你们！

与泊宁同行

——在都匀泊宁高中教师培训结业仪式上的即席讲话

2018 年 7 月 27 日上午

各位领导、老师们、同志们：

为期一个月的教师岗前培训就要结束了。一个月来，学校对这次培训作了周密的安排，授课老师做了精心的准备，全体受训人员认真听课，认真消化，培训工作收到了预期的效果，取得了圆满的成功，我们表示热烈的祝贺！

这次培训，我做了《泊宁开篇》《泊宁风范》《泊宁德育》和《泊宁教学》四个专题的讲座，主要讲述泊宁高中的学校文化、教师素养、德育工作、教学常规等方面的内容和要求。

我认真地看了大家写的对于讲座的心得体会，恕我直言，大都是平铺直叙的多，有自己见解的较少。我多次说说过，最高效的学习方法是眼前听专家说法，心中有自己想法，笔下写今后做法。我的讲座内容比较多，信息量比较大，哪一点都重要，关键是你对哪一点的认识比较深刻、比较独到。要有自己的东西，不要只是照抄别人的东西。

相比之下，有一位老师写的《初识泊宁》就比较好。他的题目比较新颖，其中有两个小标题，一是"泊宁高中是一所有内涵的学校"，二是"泊宁高中是一所有希望的学校"，这就是有自己的感想、自己的体会的文章。

实际上，如果你们写一些比如《我与泊宁》《走进泊宁》《泊宁畅想》

之类的题目，可能会更真实一点、生动一点。

如果把培训比做练兵，上课比做打仗，那么我们的练兵已告一个段落，而仗还没有开打。培训的结束，只是万里长征走完了第一步。今后，我们还要在工作实践中继续学习，在实际战斗中去练兵。

在培训结束之际，我想在这里分享4句话十二个字，与大家共勉。

第一句：一群人

在座的各位，都是都匀泊宁高中的创始人。是勇于挑战、敢于担当的团队，是充满教育梦想和教育情怀的战斗群体。是理想化教育的实践者、探索者，同时也是问题教育的勇敢批判者，但是我们是以建设的方式进行批判。

我们不妄自尊大，但也不妄自菲薄。在校董会的领导下，坚定信心，锲而不舍，永不放弃，势在必得。我们将用自己的双手，书写泊宁的历史，描绘泊宁的传奇，创造泊宁的神话。我们要做创造教育奇迹的人，亲手开创黔南教育的一片新天地。反过来说，如果我们不能创造奇迹，不能打出品牌，也很难在黔南立足，结局也是不堪设想的。

第二句：一条心

我们是一个群体，一个团队，一损俱损，一荣俱荣。既是利益共同体，更是命运共同体。我们要在校董会领导下，实行校长负责制和教师岗位责任制。既合理分工，又协调合作。俗话说人心齐泰山移。《孙子兵法》曰："上下同欲者，胜。"我们要心往一处想，劲往一处使，形成强大的办学合力，才能干出一番大事业来。

在工作中有一些争议和辩论是很正常的，也是不可避免的，但没有党同伐异，拉帮结派，不搞小圈子。有什么问题要开诚布公地沟通交流，摆到桌面上说，不要搞小动作。要像习近平总书记对广大党员干部要求的那样，做到"忠诚、干净、担当"。

要胸怀大志，心存大我，忠诚党的教育事业。认认真真做事，勤勤恳恳工作。能力差、水平低不要紧，可以在工作中慢慢提高。但不要心存侥幸，离心离德，瞒天过海。

毛主席说："我们的目标，是想造成一个又有集中又有民主，又有纪律又有自由，又有统一意志，又有个人心情舒畅、生动活泼，那样一种政治局面。"都匀泊宁高中就是要追求这样一种局面，让我们朝着这个目标去努力吧。

第三句：一件事

我们所做的是泊宁教育的大事，这件大事是由无数小事组成的。包括上好每一堂课，改好每一道作业题，辅导好每一个学生。也包括策划一个活动方案，组织一项比赛，召开一个会议，以及做好环境卫生，拧好每一个螺帽，等等。做不好一件一件的小事，就不可能干成大事。

泊宁教育这件事，没有任何现成的经验可以照搬。为了把这件大事办好，要靠我们在实践中去探索，"摸着石头过河"，摸索出我们自己的办学模式来。教育是一门严谨的科学，我们必须严格遵循教育教学的特殊规律，从教学常规出发，认真做好教学的每一个环节，慢慢地积累，逐步形成自己的教学风格，成为一名称职的人民教师。

俗话说"没有金刚钻别揽瓷器活"。当教师必须有丰富的学科知识，教给学生的内容老师必须先明白，做到胸有成竹，烂熟于心，不能"以其昏昏，使人昭昭"。这里我把前教育部长袁贵仁的一句话送给大家："教书育人是一项专业性、探索性、创新性极强的工作，要求教育者必须先受教育，具有高度的使命感、责任心，静下心来教书，潜下心来育人。来不得半点急功近利，来不得半点三心二意，来不得半点弄虚作假。"

第四句：一辈子

我们都与泊宁高中有缘，我们创造泊宁高中，泊宁高中又给我们提供成长的平台。我们建设泊宁高中，泊宁高中又造就了我们。泊宁高中的发展需要我们，我们的成长需要泊宁高中，这是一种相辅相成的关系。

"彩虹总在风雨后"，"无限风光在险峰"。任何光辉的事业都需要我们用毕生的精力去努力、去奋斗、去完成。难在坚持，贵在坚持，成在坚持。我们要一张蓝图绘到底，要用青春和热血去描绘泊宁教育美丽的画卷。既然选择了远方，就只顾风雨兼程。其实，人生的精彩就在那风风雨雨之中，就在那艰苦奋斗的历程中，就在那筚路蓝缕的创业中。

我们要热爱教育，热爱学校，热爱学生。以当好一名人民教师作为一辈子的追求，做一名优秀的人民教师是我们的价值所在。

培训已经结束，泊宁就要出发。路在前方，我在路上；只要出发，就能到达。愿泊宁高中行稳致远，让我们与泊宁同行，与泊宁高中一起成长。

谢谢！

泊宁叙事

难在坚持，贵在坚持，成在坚持。
——笔者手记

泊宁追踪

——都匀泊宁高级中学诞生的缘由

都匀泊宁高级中学，遵循历史发展的逻辑，顺应时代进步的潮流，承载教育变革的使命，专注人民群众对美好教育的期盼，乘着党的十九大开启的新时代东风，于2018年的金秋时节在贵州都匀坝固小镇应运而生，问鼎黔南。像一颗耀眼的明星，在黔南上空闪烁，给有需求、有梦想的学生和家长带来新的希望。

我们追寻她的足迹，考察她产生的背景，探究她诞生的理由，反思她问鼎黔南的勇气，有助于把握泊宁高中的发展走势，助力泊宁高中成为黔南一流名校。

一、遵循历史发展的逻辑

都匀泊宁高中的诞生，是符合历史发展的必然和教育发展的逻辑的，是民族地区教育发展到目前这个节点上应该出现的产物。

当下的高中阶段教育，乱象丛生（至少在黔南是这样）。一到招生季节，生源大战随即开打。招生学校你方唱罢我登场，明争暗斗，掐尖抢人。有的普通高中甚至出高价买优质生源。这种只在乎优质生源，对普通生源漠不关心的做法，最后只会使教育质量呈总体下滑趋势。

由于教育质量长期得不到提高，地方政府一方面对抓教育信心不足，缺乏自信，另一方面由于攀比，求成心切，容易产生焦虑浮躁和急功近利心理。外部民办教育资源乘虚而入，与地方政府签订协议，从幼儿园到小学到初中到高中一条龙办学,把区域内各学校的优质师资和优质生源,通过行政的强制手段集中到民办学校来,美其名曰"民办公助"。其结果是区域内只有这所民办学校好,其他学校由于优质师资和生源被抢走而越来越差。各校丧失了干事创业的激情和冲动而全线整体滑坡,整个教育生态受到严重破坏。

　　正是在这样的背景下,都匀泊宁高级中学不等不靠不要,自主投资,自主招聘教师,自主招生,自主办学。体现了办学者的自信和勇气,展现了办学者干事创业的战略智慧。这既遵循了历史前进的逻辑,又符合教育发展的规律。所以,泊宁高中的产生是一种必然现象。

二、符合时代进步的潮流

　　习近平总书记在十九大报告中对我国社会主要矛盾的转化作了理论阐述,深刻指出我国社会主要矛盾已经转化为人民日益增长的美好生活需要和不平衡不充分的发展之间的矛盾。点明了目前我国社会矛盾的核心问题和主要制约因素是发展的不平衡不充分。

　　从黔南高中阶段教育发展的情况看,由于我国制造业、服务业等行业在转型升级,再加上第四次全国职教会后有半数以上的高等院校要转为应用型大学,原有的中职学校毕业生的比较优势在相对下降。在此背景下,国家又强势推进普及高中阶段教育,从而引发初中毕业生就读普通高中上大学的强烈冲动,进而导致区域内的普通高中教育资源供给严重不足,这也体现了发展的不平衡不充分和快速增长的需求之间的矛盾。

　　这几年,只要稍为观察分析就会发现,原来中职毕业生对企业来说是香馍馍,现在因为企业转型升级,许多岗位必须高职高专才能胜任。所以中职毕业生就业受到冷遇,大量初中毕业生不愿读职校转而要求读普通高中,好通过高考上大学。但是现有的普通高中学校硬软件资源非常有限,只能按一定中考分数线录取,于是相当一部分的初中毕业生被普通高中学校拒之门外,形成了人民群众对普通高中教育资源的巨大需求,都匀泊宁高级中学就是在这样的背景下应运而生的。

都匀泊宁高中的办学定位是：招收中考落榜生，以中低端为基本生源，不争抢（不拒绝）优质生源。通过三年精准补差教育，毕业时一半学生直考本科，另一半学生专本连读，让所有学生全部上大学。

都匀泊宁高中以社会需求来明确办学定位，人民群众有什么需求就提供什么服务，这是合乎社会发展、市场规律和时代进步潮流的。同时，都匀泊宁高中的学生基本上是中考落榜生，其办学定位也是关注弱势群体的教育，是教育脱贫的重要组成部分，能让这些学生上大学也可以显示出学校办学的实力。

三、用建设方式进行批判

我国的教育用几十年的时间走完了发达国家几百年的路程，成就辉煌。在其发展进程中存在这样那样的问题，出现这样那样的乱象一时解决不了也是难免的。虽然我们也对这些弊端深恶痛绝，但是抱怨和牢骚不解决任何问题，坐而论道也是没有用的。正如习近平总书记所说："空谈误国，实干兴邦。"我们只有行动起来，用建设的方式进行批判。创办都匀泊宁高中，就是以建设的方式进行批判。

四、江苏教育模式移植贵州的范例

都匀泊宁高中由苏州泊宁教育创业团队创办，其创业者都是年富力强的教育改革者，他们充满教育的理想和激情，对教育改革有着执着的追求。还有几个有教育情怀的老教育工作者，以及朝气蓬勃的青年教师队伍，老中青三结合，整个团队具有生机勃勃的凝聚力、执行力和战斗力。

都匀泊宁高中是江苏教育模式移植贵州的第二所普通高中，我们已经在遵义成功地接管了濒临倒闭的"西点中学"。并取得了不错的教学成绩。由于在遵义办学已经初见成效，我们审时度势，果断决策，移师黔南，强力出击，在都匀开发区的坝固小镇创办"都匀泊宁高级中学"。

泊宁高中，江苏教育在贵州的移植复制，实行精准补差的教育模式，是零基础上大学的解决方案。从最后一个学生抓起，从每个学生不懂的地方教起，不放弃任何一个学生，让所有学生都各得其所，都能圆梦。

都匀泊宁高中的各方面办学条件比遵义西点中学要好得多，有许多可供利用的教育资源，又有这几年江苏教育模式在遵义磨合的经验，100%的毕业生上大学，其中50%直考本科的目标一定能够实现。将都匀泊宁高中办成真正的综合高中，办成黔南品牌学校，办成江苏教育模式移植贵州范例的目标也一定会实现。

2018年8月26日于都匀泊宁高中

泊宁远航

——都匀泊宁高中立德树人的四维目标

都匀泊宁高中德育文化演讲
2018 年 9 月 16 日下午

各位同学、各位老师、各位领导：

8月24日上午，我给同学们做了一个入学教育的演讲，题目是《泊宁出发》，用四句话表达了四个意思：带着故事出发，带着梦想出发，带着责任出发，带着干劲出发。同学们从不同角度写了心得体会，表达了许多感想，你们的心得体会我都全部看完了。有的同学的题目是"初识泊宁"，有的是"泊宁之梦"，高一（8）班的莫盼同学的题目是："泊宁出发，我远航"，蒙正波同学的更直接，叫"我的大学梦"。这些，我都特别欣赏，说明同学们真正的带着故事、带着梦想、带着责任、带着干劲在出发了。

开学以来，我接到了不少家长的电话，说我们学校的环境好、学风好。教师很负责任，对家长很客气，接待很周到，还把家长送到客车站才离开。说我们学校是读书学习的好地方，让孩子在这里读书很放心。

前几天，我们学校组织同学们体检，给同学们做体检的黔南医专的老校长和我聊天，说他们到许多单位和学校去做体检，发现我们学校的学生是最文明、最有秩序、最有礼貌的，我们学校老师的精神面貌也是很好的。

州人大、州政协和州教育局的一些老领导最近也考察了我们学校，对我们的办学定位、招生工作、办学思路、学校管理、办学模式、校风校貌等都给予了充分的肯定和高度的评价，称赞我们学校是一所很有希望的学校。

我们也经常看到，校园里、教室里有许多同学在看书学习，有些同学还学习到晚上十一点钟，特别让我感动，这就是一种泊宁精神。我教书这么多年，也很少见到这样的景象。我为同学们的勤奋努力点赞！为老师们的辛勤劳动点赞！

我们泊宁已经出发，为了让同学们走得更远，我要和你们交流怎样做到行稳致远。我今天演讲的题目是"泊宁远航"，副标题是"都匀泊宁高中立德树人的四维目标"。

同学们，有目标的人生是远航，没有目标的人生是流浪。"立德树人"是党的教育方针明确的我国教育的根本任务，但立什么德？树什么人？怎样立德？怎样树人？每一所学校都可以有不同的办学方式和教育方法，体现出办学者不同的教育智慧，我们的教育才如此绚丽多姿。

都匀泊宁高中的办学智慧，源自古典的教育思想，根植现代的教育理论，是中国优秀传统文化与现代文明、时代精神的有机结合。儒家思想讲究修身、齐家、治国、平天下，社会主义核心价值观提倡个人品德、家庭美德、职业道德、社会公德的修养，我们将两者结合起来，形成泊宁高中立德树人的四维目标，形成泊宁高中特有的学校文化。今天，我就来讲解怎样实现这四维目标。

一、个人品德讲善，以善修身

我们泊宁高中的德育强调先做人，后成才。"善"是做人的基本要求，讲善要从以下几个方面来修炼。

一是面善。面善是善良的标志，微笑又是面善的标志。面带微笑是面善的表现，笑意就是善意。面善还展现一个人的教养、修养、素养，一种优雅的气质，一种谦和的风度。一个人时常面带微笑，就容易被人接受，容易融入群体之中。微笑是天然之美，会让人变得更加漂亮、更加好看。

微笑使人青春、阳光，体现一个人积极乐观的良好心态，对生活的热爱，对未来的自信和期待以及战胜困难的勇气和顽强意志。微笑是最生动的表情，也是最美的风景。对所有人都应该面带微笑，都应该主动打招呼，这是对泊宁人的基本要求。

微笑是泊宁师生最基本的修养，同学们一定要学会微笑。面带微笑，你们才能走得更远，才能飞向蓝天、飞向远方、飞向全世界。可以说，微笑能够带着我们走遍天下，走向全世界。

所以，我们从现在开始练习微笑，把微笑作为一项做人的基本功来训练，让微笑成为泊宁文明的习惯，成为泊宁人的自然形象。

二是心善。心善就是心地善良不怀恶意，这是好人的本质要求。善良来自心灵深处蕴藏的真诚，是高贵的品质和崇高的境界，是一种智慧和远见，一种精神的崇高。泊宁高中要求所有学子做人要心地善良，不要做、不能做有可能伤害他人的事。遇事要心怀善意不要有损人利己或损人也不利己的心思和想法。

面善与否人们可以看得见，心善与否人们看不见，但自己清楚。俗话说"人在做天在看"，泊宁高中的学子不管在任何情况下都要做到心善，做到"慎独"，强调心存善良，要有向善之美。与人交往，讲究与人为善，乐善好施。对己要求善心常驻，同情弱者，宽容待人，永远做一个好心人。

三是行善。就是多做好事，不做坏事。雷锋就是一个做好事、行善的典范。行善就是要有善的行动，要有善举。善行是美好的品行，是美好的行为。善行是做的学问，不是说的学问，要体现在行动上，体现在点点滴滴的生活细节之中。

我们为什么要读书？读书使人向善。善是个人品德的根基，也叫善根。一个人有了善根才能广结善缘。善的核心是爱，善良体现为人类最美好的爱心。作为泊宁人，我们要想方设法、竭尽全力把人类最美好的品德集中在我们身上，做一个善良的人、优秀的人、卓越的人。

二、家庭美德讲和，以和齐家

《中庸》里有一句话说："和也者，天下之达道也。""和"是最合理的、恰到好处的、合乎事物发展规律的一种状态。"和"是宇宙自然、社会人生的规律，是存在的常态、功能的佳境。"和"本身是一种美，是协调之美、和谐之美。

中国优秀传统文化里关于"和"的句子，有"和为贵""家和万事兴""天时地利人和""和气生财"等。我建议对"和"的修炼从三方面进行：

内心和平

内心平和是一种高雅的修养，是一个人性格成熟的体现。"非宁静无以致远"，我们必须先获得内心和平，才能将和平带到外在世界。

这里我强调一句：泊宁高中的学生，只能把泊宁的学校文明、学校文化、学校正能量带到校外去，带到家庭里去，带到社会上去，而绝不能把那些不文明的行为带到学校来。

内心和平是家庭和睦的前提。我们要心存大我，心无杂念。遇事冷静，切忌浮躁。要智慧用事，而不是感情用事，才能做到内心和平，进而才能把和平带给亲人，带入家庭，带到外部社会。

态度和气

我们应当做到态度平顺温和，待人和气，要做自己情绪的主人，要能控制住自己的情绪。面对事情，先处理心情，再处理事情。先调整心态，再控制事态。态度和气不是一团和气，而是在坚持原则基础上的和气。

保持温和的气度，与人和睦融洽相处，可以在所处的环境中营造出其乐融融的气氛从而促进家庭和睦、社会和谐，所以与人相处一定不要伤了和气。

相处和谐

和谐指事物间和睦协调、友好相处的状态，是对立事物之间在一定的条件下，具体、动态、相对、辩证的统一，它指不同事物之间相辅相成、互助合作、互利互惠、互促互补、共同发展的关系，这是辩证唯物主义和谐观的基本观点。

和谐是人们对自然和人类社会变化发展规律的认识，是人们所追求的美好事物和处事的价值观、方法论。和谐社会是一种美好的社会状态和社会理想，即"形成全体人民各尽其能、各得其所而又和谐相处的社会"。

三、职业道德讲忠，以忠治国

按照儒家思想，"忠"，是人对天地、真理、信仰、职守、国家及他人等都至公无私、始终如一、尽心竭力地完成分内义务的美德，人要做到竭诚尽责就是"忠"的表现。"忠"就是一心一意，中国共产党"全心全意为人民服务"的思想就是中国优秀传统"忠"文化的传承。

"忠"，对于教师而言，是爱岗敬业、尽职尽责。对于学生来说，就是努力学习，刻苦钻研。

爱岗敬业

敬业是一个人对自己所从事的工作及学习负责的态度，是人们在某集体的工作及学习中，忠于职守，严格遵守职业道德的工作或学习态度。热爱职业，对事业有坚定和执着的追求，形成良好的行为规范。勤勉工作，笃行不倦，脚踏实地，任劳任怨。对职业有荣誉感和幸福感。

低层次的即功利目的的敬业，由外在压力产生。高层次的即发自内心的敬业，是把职业当作事业来对待。泊宁高中的学生，努力认真地学习是最大的忠、最好的忠，是对自己、对家庭、对社会负责的表现。

刻苦钻研

刻苦是一种强迫自己学习的行为，但又是心甘情愿地求知的学习方式。泊宁高中的学生，要做到心无旁骛，静下心来读书，潜下心来学习。

钻研是对学习问题进行探索和更深层次的研究，作为学生要做好学习计划，探索和掌握适合自己的学习方法，具备较强的学习能力、钻研能力。

尽心尽力

发扬精益求精的工匠精神，把每一件事情做好，把每一个作业题做好，把每一门学科学好。在学习和工作中，不只是以完成任务为限，而是要做到最好，无可挑剔，做出成果，达到一流的水平。

同学们，我们学校的办学目标是：让每一位学生都能上大学。这是坚定不移的目标，其中，50%要靠自己考上本科，其余的50%要通过与高校联合办学，先读专科，再专本连读，最后，做到一个都不少、全部上大学。幸福不会从天降，丰收果实等不来。这个目标，不是放在那里，等时间一到就能实现的，更不会有人送到我们面前。这个目标，对于全校师生来说，是要通过十倍努力、百倍努力才能实现的。

四、社会公德讲礼，以礼平天下

"礼"是人们必须遵守的行为规范。"平天下"不是管天下，用现在的话说就是走遍天下都能摆平一切事情。

礼仪优雅

礼仪，是对人表示尊重的各种形式，包括动作形式和语言形式，礼仪是文明的起码要求。

礼仪反映了一个人在道德、学问、技艺等方面通过自己的刻苦学习、艰苦磨炼以及长期陶冶，逐渐使自己具备某一方面的素质和能力。

礼仪是在社会生活中约定俗成的，符合礼的要求，维护礼的精神，指导、协调人际关系的行为方式和活动形式。礼仪主要表现在礼节、礼貌、仪表、仪式、服饰等方面。

仪表是指人的外表，是一个人精神面貌的外观体现。一个人的卫生习惯、服饰与形成和保持端庄、大方的仪表有着密切的关系。

诚实守信

诚实，即忠诚老实，就是忠于事物的本来面目，不隐瞒自己的真实想法，不掩饰自己的真实感情。不说谎，不作假，不为不可告人的目的而欺瞒别人。

守信，就是讲信用，讲信誉，信守承诺，说话算数，说到做到，答应了别人的事一定要去做。忠诚地履行自己的承诺是每一个现代公民应有的品质。

诚实守信是做人的基本原则，是社会公德的基本要求。礼的核心是信。

言行规范

都匀泊宁高中的学生必须养成使用文明用语的习惯,"你好""早上好""请""谢谢""对不起""打扰了""请原谅""不客气"等日常文明用语要经常挂在嘴边,与微笑配合起来,形成优雅的形象。要不折不扣地执行《中学生守则》《中学生日常行为规范》和《泊宁高中学生一日常规》。我们要拒绝粗俗、拒绝平庸,追求高雅、追求卓越,要有泊宁人特有的气质。

我们黔南有两句非常难听的骂人的话,一句是"没有家教",这是骂不文明的孩子,实际上是骂那些没有教好自己孩子的父母。另一句是"一头牛牵到北京回来仍然是一头牛",这是骂一个人到学校读书学习多长时间都没有变化。我希望,泊宁高中的学生,一辈子不要被人骂这两句话。我们首先要对得起自己的父母,做一个文明礼貌的人。另外,我们已经是高中生了,而且是在泊宁高中受的教育,不是原来的初中生了,不能是老样子,一定要有教养,一定要有变化,一天比一天更加文明,更加优雅。

这里,我要告诉大家,你们到泊宁高中读书一个多月,到底有没有变化,有没有进步?我们是要家长来检验的。我们要安排一个家庭作业,作为一个硬性的任务来完成。你们回家首先要主动和长辈、和亲友打招呼,主动向父母汇报自己的学习情况和今后的打算。认真观察他们的容貌有什么变化,头上的白发、脸上的皱纹是不是又多了。主动做一些力所能及的家务事,然后填一张表,让家长签字带回学校。这个作业老师和校长也同样要做,每一位老师要用自己的工资采购食材,自己操作,做一餐饭菜请父母家人吃,再写一篇感想。这是生活中很有意义的事情,我们为什么不去好好地做呢?幸福就在这点点滴滴的生活细节之中。

同学们,"淡泊明志,宁静致远"是我们的校训,合起来就是"淡泊宁静",淡泊宁静就是不追求名利,生活简单朴素,才能显示出自己的志趣。心境安宁清静,才能达到远大目标。人只有先看淡了名利,在清静之中去思索,思想才能升华,从而发现自己真正的人生价值,也才能达到自己的人生目标。

　　宁静是淡泊的内涵，淡泊是宁静的外延。为什么要提倡"淡泊宁静"？因为内心平静，外在才不会有风波。宁静是一种高雅的文化修养，内心宁静是读书人应该具备的基本素养。"非宁静无以致远"，做不到"宁静"就走不远，只有眼前，没有诗和远方。淡泊表现为外在的真实、稳沉，不浮躁，不做作，这也是做学问的根本要求。"非淡泊无以明志"，做不到"淡泊"就无法看清楚自己的价值，无法明确自己的志向，只剩平庸，没有卓越。

　　"泊宁"乃"淡泊宁静"的简称，泊宁人必须具有淡泊宁静的特质、气质。怎样做到"淡泊宁静"的要求呢？就是要从"善和忠礼"四维目标入手，个人品德讲善，以善修身；家庭美德讲和，以和齐家；职业道德讲忠，以忠治国；社会公德讲礼，以礼平天下。把中国优秀传统文化和现代文明，和新时代精神融为一体，这样坚持不懈，形成独有的泊宁特色、泊宁风格、泊宁气派的学校文化。一句话，就是要通过"善和忠礼"的修炼，达到"淡泊宁静"的境界。

　　文明是最美的风景，最美的风景在人身上，在老师身上，在学生身上，让"善和忠礼，淡泊宁静"成为都匀泊宁高中最美的风景。

泊宁加油

——都匀泊宁高级中学励志演讲

2018 年 10 月 18 日

各位同学、各位老师,大家上午好!

开学初,我给全体师生做了一个入学教育演讲,题目是"泊宁出发",讲了四句话,表达了四个意思,就是带着故事出发,带着梦想出发,带着责任出发,带着干劲出发。

期中,我又给全校师生做了一个德育演讲,题目是"泊宁远航——泊宁高中立德树人的四维目标",主要内容是"个人品德讲善,以善修身;家庭美德讲和,以和齐家;职业道德讲忠,以忠治国;社会公德讲礼,以礼平天下",强调了"善和忠礼,淡泊宁静"是泊宁高中学子的优雅品质。

半个多学期以来,在校董会强有力的领导下,在各级领导的关心支持下,在全体师生的共同努力下,我们学校的办学取得了明显的成效。我举几个实例:

一是前不久我们开了一次家长会,报名的不到 140 人,结果实际到会 200 多人。家长们参观了校园、食堂、宿舍和教学设施设备,观摩了升旗仪式和课间舞,参加了学校的家长大会和各个班的家长座谈会。几乎所有的家长对我们学校的办学都表示满意和由衷的感谢。

二是前几天我们邀请了罗甸县的 8 位乡镇中学校长到学校看望在这里读书的 60 多名罗甸籍学生。他们参观了学校,与各自学校的学生进行了深入交流,并和我们学校领导班子进行座谈。他们对我校的办学给予了高度评价，对我校实施的精准补差教学做法表示高度赞赏。

三是9月30日贵州省教育厅在贵阳召开了"全省民办教育促进会"，黔南州参会的有5个人，除了州教育局的两位领导，还有三位民办学校的代表，一位是湘才学校的校长（湘才学校是投资几个亿，从幼儿园办到高中的学校）；一位是南沙幼儿园的园长（南沙幼儿园已办园20多年）；还有一位就是都匀泊宁高级中学的校长黄周立。这就是说，创办才两个月的泊宁高中，因为在民办学校中招生人数最多，办学效果最好，就被推荐为黔南州民办学校的代表到省教育厅去参加会议了，说明了上级教育主管部门对我校办学的充分肯定。

我们为泊宁高中创办的显著成效点赞！为泊宁高中真正的迈步远航点赞！为泊宁高中良好的校风点赞！

同学们，我们学校虽然起步比较好，取得了一点成绩，但是万事开头难，我们这只是万里长征走完了第一步，没有任何值得骄傲自满的理由。必须清醒地认识到，我们的基础是非常薄弱的，我们的动力是非常缺乏的，我们的后劲是非常不足的。逆水行舟不进则退，稍不留神就有可能会停滞不前，所以半点都不能松懈，千万不能掉以轻心。现在到学期结束只剩不到一个月的时间了，我们要一鼓作气，稳扎稳打，在原有成绩的基础上乘胜前进，力争取得更大的成绩。

为了鼓舞士气，让同学们更加铆足干劲，打好这个学期的最后一仗，学校决定召开这次大会，由我在这里给你们鼓鼓劲、打打气，我演讲的题目是："泊宁加油"。

我先说一下"加油"这个典故。"加油"这个词是有典故的，不只是我们平时理解的给车子加油，或者是比赛活动中的鼓劲加油，"加油"这个词一开始就有"添油劝学"的意思。

学习历史的同学应该知道清朝洋务运动代表人物之一的张之洞，他的父亲张锳在道光年间先后任兴义府知府（相当于现在的州长）10余年，他很重视教育。

相传在道光年间的州府安龙城，每天夜里张锳都派两个差役从知府衙门中走出来，前面的一个提着灯笼，后面的一个挑着桐油篓，沿着大街小巷游走。只要见到哪户人家亮着灯光，并有读书声，两人便会停下来，高喊一声："府台大人给相公添油啰！"等读书人开门后，后面的一个差役便放下油篓，取出油筒，从油篓中舀出清亮的桐油，倒进这个读书人的灯盏里，并说一句："府台大人祝相公读书用功，获取功名。"随即又向另一户亮着灯光、有读书声的人家走去。就这样，每晚给安龙城里的读书人添灯油，张锳前后坚持了13年，不管天晴下雨，夜夜如此。当地百姓都知道，这是知府张锳对读书人的厚爱、关照，于是更加发奋学习。在张锳的不懈努力下，安龙城学风兴盛，不断有人参加府试、乡试和会试，培养出一批批人才。10余年间，考取举人20余名、贡生8名、进士2名。

这就是"加油"的典故，"加油"传为张锳重视教育的佳话，可见"加油"开始是为我们读书人加的。从这个典故的意义上说，我们都匀泊宁高中也已经到了需要加油的时候了。我想和你们表达三个意思，或者说是"三个必须"。

第一，必须明确学习目的。

应该承认，我们大多数同学的学习目的是明确的，也是刻苦努力的。但是，到目前为止，仍然有部分同学存在着这样那样的问题，不求上进，进步不大。甚至有的到现在还在愚蠢地认为是父母逼他来这里学习的，不是他自己要读书的，他来这里学习是为父母读书的。还有极少的那么几个学生，不仅不好好学习，反而违纪违规，不听劝告，屡教不改，学校只好劝其退学。这是学校和家长都非常不愿意、非常无奈、非常遗憾的事情。我希望这样的事情再也不要发生在你们身上。

同学们，一个人成长为什么样的人，关键看他自己。家庭也好，学校也好，只是他成长的环境和条件，虽然也很重要，但是怎样成长还是自己个人的事。如果你不想学习，不好好学习，就是送你到什么好学校，就是到北京去请顶尖的老师、顶尖的专家、顶尖的教授来教你，也是无用的。

所有的人都必须明确：学习是个人行为，是自己的事。学习的目的是为了自己，为了自己的成长，为了改变自己的命运。要有强烈的求学欲望。

这里，我告诉你们三句话：出生无法选择，现在可以把握，未来能够开创。

出身无法选择。我们每个人，生于什么地方？父母是谁？家庭富裕还是贫穷？都是无法选择的。比如说我就生在黔南罗甸的一个布依族小山村，父母亲都是农民，家庭非常贫困。你们也一样，生在哪里？长得怎样？家庭如何？是布依族还是苗族？谁都无法选择，谁都无法改变。

现在可以把握。虽然出身无法选择，但是现在可以把握。我们唯一可以改变的是我们自己，因为健康的身体属于我们自己，宝贵的时间属于我们自己，改变命运的主动权属于我们自己，这也是任何人剥夺不了的权利。高中三年，说短不短，说长不长，人生没有几个高中给你，对于你们而言，这三年的每一天，都比黄金还贵。但它都全部属于你，全部时间都在你手上。你是浪费它还是珍惜它，全看你自己，所以说现在可以把握。

未来能够创造。只要把握好现在，就能够创造未来。只要出发，就能到达。梦想就能够实现，不可能就可以变为可能。只要同学们珍惜黄金一样的时间，把三年高中的课上好，把每一学科的作业做好，把高考的每一道题做好，我们就能考上心仪的大学，就能改变我们的命运，就能创造美好的未来。

同学们，泊宁高中的办学目标是：100%上大学，其中50%直考本科，50%专本连读，这是学校的庄严承诺。但这不等于说你不努力学习，不刻苦锻炼，只要等到那一天就可以了，这是绝对不行的。我们的前提条件是你必须愿意学习，必须努力学习，必须刻苦学习。凡是不愿学习，不努力学习，不刻苦学习的学生，我们随时劝其退学，没有任何可以商量的余地。因为不愿学习的人谁也教不好。所以，明确学习目的是第一要务。所以，我把它放在第一条来讲。

第二，学生必须像学生。

可能有的同学会说，我都读到高中了，难道我还不像个学生吗？我说：对不起，未必！如果用一个高中生的标准来严格要求，如果用《中学生守则》《中学生日常行为规范》和《都匀泊宁高级中学学生一日常规》来认真对照，请问在座的哪一位同学完全符合了？所以，我们未必像个学生。每一位同学每一天都应该思考这个问题：我像个学生了吗？我像个都匀泊宁高级中学的学生了吗？

一个学校，校长必须像校长，老师必须像老师，学生必须像学生。一个学校，如果老师不像老师，学生不像学生，那是什么学校？谁愿意到这样的学校读书？

泊宁高中的老师，一定要用《教师职业道德行为规范》严格要求自己，做一个德才兼备的第二父母式的泊宁好老师。泊宁高中的学生，一定要用《中学生守则》《中学生日常行为规范》和《都匀泊宁高级中学学生一日常规》来严格要求自己，做一个善和忠礼、淡泊宁静的泊宁好学生。

必须指出：我们学校目前还存在大量学生不像学生的现象。请问：抽烟喝酒，像不像个学生？不遵守纪律，像不像个学生？不认真上课，不认真做作业，不认真做课间操，不认真整理自己的床铺，不认真打扫卫生，不积极参加班级活动，这些，像不像个学生？像不像个高中生？像不像个泊宁高中的学生？像不像个泊宁高中的好学生？

我要求你们：都匀泊宁高级中学的每一个学生，每一天早上醒来都要先搞"保安三问"，每一天晚上睡前都要进行"清零思考"。

"保安三问"就是"你是谁"？"你来干什么"？"你要到哪里去"？

同学们，你是谁呀？你是一个中考没有考好但又有理想、渴望读书的少年，不渴望读书，你来这里干吗？

"你来干什么"？就是来这里读高中，就是上课、做作业、考试，不认真上课、做作业，你来这里干吗？

"你要到哪里去"？就是要上大学，不想上大学，你来这里干吗？

"清零思考"就是检查总结一天的得失。每天晚上睡觉前思考一下：今天我学到了什么？懂了哪些做人的道理？解决了哪些难题？哪些学科有了进步？还存在哪些问题？下一步打算怎么办？最后说一句："我真的很不错"再睡觉。

每天进行"保安三问"和"清零思考",这样坚持下去,你们就可以每天都有所收获、有所进步,就能够像个学生,最后成为泊宁高中的好学生。

学校原来安排的家庭作业:要求每一位同学回到家都要学会与长辈打招呼,与邻居打招呼,与亲戚打招呼。要向家长介绍泊宁高中,汇报自己的学习情况和今后打算。要做一件力所能及的家务事,并且要有家长的评价。这个作业交上来以后,我全部都看完了。绝大部分同学都做得比较认真,有的还描述了给家长唱校歌的情景,有的汇报了今后的打算,有的还描绘了金秋时节在田野上打谷子的热闹场景。总之,我对你们的良好表现非常满意,我为泊宁学子的优雅行为、为泊宁高中的优良校风点赞!

同学们,这个作业不是做一下子,而是要做一辈子,因为做人是一辈子的事。你们不要只是回家去表演一下,应付一下,回来交差,就算完成作业了。这个作业永远做不完,要做一辈子,而且要越做越好。大家想想,如果你们每一个人都能坚持一辈子,难道泊宁高中的学子不是人见人爱的优秀学生吗?

我们泊宁高中的办学宗旨是:先做人,后成才。我们要按照泊宁高中的德育文化、按照立德树人的四维目标的要求:"个人品德讲善,以善修身;家庭美德讲和,以和齐家;职业道德讲忠,以忠治国;社会公德讲礼,以礼平天下",努力做到"善和忠礼,淡泊宁静"的泊宁高中学子的优雅品质,不仅学业要优,而且人品要好,做一个品学兼优的优秀学生。

现在,请全体起立,举起你们紧握的右拳,用最大的音量,让坝固的老百姓都能听见,和我一起高呼:"让优雅成为习惯,让习惯更加优雅!"

第三,必须撸起袖子加油干。

"撸起袖子加油干"是习近平总书记对全国人民说的,当然,也是对泊宁高中的全体师生说的。因为泊宁高中已经到了必须撸起袖子加油干的时候了。是的,幸福不会从天降,美好生活等不来。任何成功都是拼出来的,大学的梦想也是拼出来的,而且是要用辛勤的汗水才能拼出来的。

泊宁高中的所有人,包括老师和学生,从现在起,必须撸起袖子加油干。时刻都不能放松,半点都不能懈怠。必须遵守学校管理常规,必须规范每一个言行,必须参加学校和班级的每一个活动。必须上好每一节课,必须做好每一道作业题,必须考好每一道试题,必须学好每一门学科。

这里我告诉大家一条真理:难在坚持,贵在坚持,成在坚持。一个人,专心致志地坚持到底做好一件事,确实很难。因为坚持的意志和毅力对于一个人来说是太难得了。但是,所有成功的事业,无一不是坚持下来的结果,无一不是坚持到底的结果,所以,成在坚持。

俗话说:世上无难事只怕有心人。我们每一个人,只要心中有梦想,并为梦想坚持不懈地努力,坚持,坚持,再坚持,没有什么是不可以做到的,没有什么是不可以成功的,什么人间奇迹我们都可以创造。我说三个故事,来说明道理。

第一个故事:辽宁李智华——无臂少女的故事。李智华小时候被一场大火烧掉双臂,她从小练习用脚写字,用脚做针线活,用脚做家务事,用脚做所有事情。她忍受了常人难以忍受的巨大痛苦,千百次倒下去,千百次站起来,硬是像常人一样,一笔一画地把字写规范,一针一线地把针线活做漂亮,一招一式地把家务事做好,用脚做完所有事情,有些甚至还比常人做得更好。经过艰苦的努力,付出了比常人千百倍的艰辛,从小学读到了中学,又从中学读到了大学,最后考上了中国社会科学院的研究生。现在李智华是北京心理学励志演讲专家,她用自己的感人故事在全国各地给青少年进行励志演讲,受到广大青少年和社会各界的广泛赞誉。同学们可以在网上看她的视频故事。

第二个故事:四川颜玉红——倒立行走的故事。颜玉红,四川省宜宾市屏山县一个小山村的少年,今年16岁。1岁的时候患小儿麻痹症,双脚瘫痪萎缩不能走路。6岁的时候,奶奶开始背他上学。到第四年的时候,他的体重从原来的40斤增加到70斤,奶奶实在背不动了。为了上学,他用3个月的时间在楼梯上练习倒立行走,终于可以用手走路了。于是,他开始用手走路去上学了。

颜玉红的家到学校有4公里，别人上学走半个小时，他要用足足两个小时。就这样，他用鞋套着手，在坎坷不平的小路上，不管春夏秋冬，任凭雪雨风霜，他都一直坚持到校上课。有一次，他走着走着手累得软了，头着地，磕掉了门牙，满嘴是血。但是，为了上学，只有坚持。因为他认为，与读书的机会相比，疼痛显得微不足道。就这样，他每天倒立行走，来回4个小时，走了两年，读完了小学。

后来，颜玉红被选拔为宜宾市游泳运动员，在比赛中荣获3块奖牌。2014年5月18日，颜玉红被评为"全国自强模范"，在北京人民大会堂受到了习总书记的亲切接见。2018年1月1日，他被推选为韩国平昌冬奥会的火炬手。他说：面对梦想，永不放弃！感谢倒立行走，让我看到了意想不到的风景。

第三个故事：海伦·凯勒——聋哑盲人的故事。《假如给我三天光明》是美国当代著名作家海伦·凯勒的自传体小说代表作，被誉为"世界文学史上无与伦比的杰作"。

海伦出生时，本是一个健康的婴儿，却在19个月大时被一场突如其来的疾病夺去了视觉、听觉和语言能力。突然变成聋哑盲人的海伦由于对外界的恐惧使她变得狂躁不安，脾气越发暴躁，她感觉现实生活中没有了希望，她是多么期待能重新得到光明。直至遇到了改变她一生的莎莉文老师，这位老师成了海伦新生活的引领者，使海伦对生活重新有了希望，有了向往。

海伦在莎莉文老师的耐心指导下，慢慢学会了阅读，认识了许多的字，也让她感受到了身边无处不在的爱。在学习中，正由于她那种不屈不挠的精神，她没有放弃，渐渐地学会了说话、写作。终于，海伦凭借自己顽强的意志，用自己的汗水实现了大学梦想，进入了哈佛大学，最终以优异的成绩顺利从哈佛大学毕业，还掌握了英、法、德、拉丁和希腊五种文字。

她以一个残疾人的视角，告诫身体健全的人们应当珍惜生命，珍惜造物主赐予的一切，以顽强的意志去战胜一切困难，以永不放弃、坚持不懈的精神去实现自己的梦想。她的故事，对于那些健康的同龄人，对于在座的各位，应该是一个极大的启迪，极大的鼓舞，极大的鞭策。

　　同学们，这样的故事还有很多很多，这些故事充分说明了"难在坚持，贵在坚持，成在坚持"是一条颠扑不破的真理。请每一位同学都确认一下，你们的视觉、听觉有没有问题？你们的表达能力、动手能力有没有问题？既然都没有问题，那高中三年的学习对于你们来说，又算得了什么呢？只要我们永不放弃、坚持不懈，勇于挑战，敢于担当，就没有什么学习问题不能解决，就没有什么学习困难不能克服。只要每天收获一点点，每天进步一点点，我们也同样可以取得成功，我们也同样可以实现梦想。

　　泊宁加油！祝泊宁高中的每一个学子都能圆梦！谢谢！

泊宁加油

——在全校教职工会议上的讲话

2018年11月6日

各位老师，同志们：

　　我校本学期时间已过半，在校董会和学校行政的领导下，全体教职工做了大量卓有成效的工作，取得了显著的成绩。开学以来，我们每个人就像一架高速运转的机器一样，有些螺丝可能松了，需要拧一拧。像跑长途的车子一样，也需要加加油。中秋、国庆假期刚过，为了把学校工作尽快衔接起来，把工作做得更扎实，效率更好，质量更高，我们有必要扭扭螺丝加加油。今天我的这个讲话就是试图起到扭螺丝和加油的作用，题目就叫"泊宁加油"。

　　开学以来，我们学校可以说是万事开头，有喜有忧。学校各方面工作有序开展，教学秩序比较正常，教育常规逐步落实，学生违规违纪现象得到有效遏制，没有出现大的问题。不少家长给我打电话说学校老师很负责，他们很放心。州人大、州政协的老领导，都匀市教育局的有关领导，匀东镇的领导，等等，都对我校的办学给予高度的评价。

　　有一件事我向大家通报一下，9月30日，省教育厅在贵阳召开全省民办教育改革发展座谈会，与会人数200多人，会议由民办教育处宋黔萍处长主持，鞠洪副厅长传达全国教育大会精神并作会议讲话。黔南州参加会议的有5个人，州教育局熊副局长，法规科邵科长，湘才学校校长，泊宁高中校长，还有南沙幼儿园园长。泊宁高中才刚刚创办几个月，就作为黔南州民办学校的代表参会,足见上级主管部门对泊宁高中的认可和厚爱。也说明我们的办学定位和办学思路是完全正确的,初步得到上级的肯定。基本做到了学生满意,家长放心,社会认可,这是值得可喜可贺的一面。

另一方面,我们也清醒地看到,我们存在的问题也不少,学校工作还有许多薄弱环节,有些方面还比较脆弱。比如,团队的凝聚力、执行力、战斗力有待提高。泊宁风格的教风、学风、校风不显著,不突出。常规管理、课堂教学、教研能力仍需加强等。这些问题,需要我们在工作中不断解决,重点突破。

我们的办学目标是:一年打基础,二年成体系,三年见成效。今年是我们打基础的重要一年,是最为关键的一年,基础打得好不好,就全在此一年。基础不牢,地动山摇。我们的基础要不摇晃,泊宁高中才不摇晃。所以,为了打好这个基础,我在这里强调三句话,作三个方面的要求,或者说是"三个必须"。

第一句话:必须当好第二任父母。

"父母是第一任老师,老师是第二任父母"这句话已经刻在我们的校门口,这不是一句广告词,也不是简单的口号。这是泊宁高中对整个社会的庄严承诺,是泊宁高中敞开温暖的胸怀拥抱每一个学子的真诚表达,是泊宁高中办学信心和决心的宣誓,也是泊宁高中具有人文情怀的学校管理的具体体现。

"爱自己的孩子是人,爱别人的孩子是神"。我们要时刻树立第二任父母的意识,认真履行第二任父母的职责,必须当好第二任父母。学校就是学生温馨的家,学生进校就是我们的孩子。老师要亲如父母,没有哪一个学生不值得关注,没有哪一个学生不可爱,没有哪一个学生不可教,不好教也要教。

一、要办品牌学校。我原来说过,我们要办的是百年学校,千秋教育。要办几千人上万人的学校,不是二三十个教师、一百多个学生的毫无生气的"鸡肋"式的学校。与其这样,不如不办。我们只办品牌学校,没有其他选择，办不出品牌就很难在黔南立足，更不要说发展了。所以，我们必须一鼓作气，一张图纸绘到底，不是唯一，就是第一，没有第二条路可走。

我们要办黔南州第一所真正意义上的综合高中，50%的学生直考本科，50%的学生专本连读。要实现这样的品牌目标，必须依靠品牌老师来完成。他们必须像父母一样有爱心、有耐心、有责任心，否则，品牌学校就是一句空话。

二、要坚持以生为本的办学理念。教育是人学，从人出发，围绕人来展开，又回归人。要以人为本，以人为尊，以人为重。以生为本就是以学生为中心，为学生服务，对学生负责，受学生监督，让学生满意。从学校的角度说，就是做到"招得进，留得住，教得好"。从学生的角度说，就是做到"进得来，稳得住，学得好"。我们要推行"学生成长档案"制度，要制作一张表，每一周都要让学生列出"进步台账"和"问题清单""下一周打算"，并且把这一制度落实好、坚持好，使每个学生每一周都有明显的进步。

三、要学会沟通的艺术。各位老师尤其是班主任，都应该学习做一个小小的社会活动家。要学会与学生沟通，与家长沟通，与社会相关部门及相关人员沟通，善于调动各种资源为我所用。

大家可以参考我的文章《师生沟通三部曲——微笑，话聊，拍肩膀》。与学生沟通话聊不一定要谈学习、谈纪律，可以聊一些家乡的风土人情之类的话题。有些学生从小学到现在，可能没有老师和他认真话聊过，你和他沟通交流，他会非常感动。班主任要经常和学生谈心，要讲究谈话的艺术，优点要当众讲，缺点要私下说。学生和老师打招呼，老师要认真地回应，不要用鼻子敷衍，更不能冷漠。与家长的沟通要区分不同情况，多报喜少报忧，或只报喜不报忧。

四、要感动自己的学生。遇上一个负责任的老师是孩子的福气，遇上一个不负责任的老师于学生而言是不幸。老师对于学生，要以诚相待，一视同仁。要贯彻面向全体、有教无类的办学思想，把学生放在心上，把心放在学生身上。对于问题学生，要晓之以理，动之以情，以理服人，以情感人。

第二句话：老师必须像老师。

老师要像老师，学生才像学生。有些老师可能会说：我都已经是老师了，难道不像个老师吗？我说：未必。我教书40多年，到现在我像不像个老师，我还不敢确定。如果对照朱永新写的《致教师》里对教师的描述，那我还差得很远很远呢。事物在不断变化，社会在不断进步，时代在不断发展，老师的标准也在与时俱进。一个标准的教师应当是怎样的？学生心目中期待的教师应当是怎样的？教育理想中的教师应当是怎样的？这些都是值得探讨的重要课题。

泊宁高中的老师，每一天都应该问一问自己：我到底像不像个老师？我想在这里重复强调我七月份给老师们培训时说过的几点：

一、形象要好。教师形象本身就是直观的教育资源。亲其师，信其道，好的教师形象容易让学生接纳和认可，给教学活动奠定了良好的基础，教学就可以收到事半功倍的效果。教师的形象不好，学生厌恶，你的教学效果就会大打折扣。

学校已经制作了公文包，为什么有些老师就是不用，手上拿着教材就去上课，给人一种很随意的感觉。使用公文包，至少给人一种严谨、庄重和敬业的印象。建议女老师不穿高跟鞋上课，在教室走动的声音会干扰自己的教学。女教师可以化一点淡妆，不要浓妆艳抹；不要披头散发，影响自己上课，也缺乏美感。在校园内交流要用普通话，在学生面前，男女教师之间尽量不要有亲昵的动作。这些话，我在培训的时候已反复说过，这里是重复强调了。

二、师德要高。习近平总书记在全国教育大会上再一次强调师德师风的极端重要性。文明是最美的风景，最美的风景在人的身上。泊宁文化首先要体现在泊宁教师身上，然后以教师的人格魅力去影响学生，形成全体师生的价值追求和行为文化。前不久我向全校师生做的"泊宁远航"的演讲，要求"个人品德讲善，以善修身；家庭美德讲和，以和齐家；职业道德讲忠，以忠治国；社会公德讲礼，以礼平天下"，这是老师必须先做到的，老师不能做到，怎么要求学生能够做到。俗话说：严师出高徒。所谓严师，首先是对自己要求严格的老师。

三、能力要强。我们教别人的知识，首先自己要弄明白。不要"以己之昏昏，使人昭昭"，不要在自己都没有明白的时候就去教学生。

教学有法，教无定法，贵在得法。教学是有许多基本方法的，教师必须掌握这些基本方法，并按照这些基本方法进行教学，这就是教学有法。在熟练掌握了多种基本教学方法的基础上，根据学情需要有选择地采用某种方法进行有效的教学，这就叫教无定法。最难得的是采用最适合、最高效的方法，即贵在得法。

教学常规是教学的基本动作，必须把教学常规的基本动作练熟，然后才谈得上进一步提高。就像打篮球，单手运球都没有练熟，就不要玩三大步上篮。要精心策划课堂教学，不要满堂灌，要留有足够的时间给学生思考、讨论、练习。教学目标要明确，教学重点要解决，教学难点要突破。

有些人连基本的教学方法都没有把握，就来谈所谓的"教无定法"，其结果是基本"无法"。怎样备课，怎样上课，怎样批改作业，怎样辅导学生等教学常规是最基本的要求，培训时我都做过一些示范，这些都是需要长期反复训练才能逐步掌握的，非一朝一夕之功所能练就。可是有些人还没有掌握要领就自我感觉良好了，甚至有些飘飘然了。

在这里我不得不提醒大家，我们其实都还没有入门，都还没有过关。在我看来，在具备扎实专业知识的基础上，高中教学入门最快至少要一年，高中教学过关最快至少要三年，而且还要不断反思，不断学习，不断努力才行。要成为一个成熟的高中教师一般需要六年，优秀教师就更需要长期历练。

今天早上我和王昭董事长都还在讨论一个话题，我们教育的一大悲哀是：从小学到大学，没有过关也让过关，所以，大学毕业了也没有学好。没有过关也让自己过关就永远不可能学好。我们必须真正的入门、真正的过关，才像个真正的老师。所以，"老师必须像老师"就不是那么简单的，要长期磨炼。

第三句话：必须撸起袖子加油干。

"撸起袖子加油干"是习近平总书记对全国人民说的，对我们泊宁高中是完全适用的，对创业阶段的泊宁高中更是再恰当不过的了。怎样"撸起袖子加油干"呢？我建议从以下几个方面着手，重点突破。

一、必须把常规管理落到实处。落实常规是完成一切工作任务的前提，要做到一分部署，九分落实。安排要更细，效率要更高，质量要更好。要承担教育工作的主体责任，守土有责，守土负责，守土尽责，把常规工作一一落到实处。安徽毛坦厂中学就是落实常规管理的典范。

我们要备好每一节课，上好每一堂课，批改好每一道作业题，辅导好每一个学生。要像医生临床会诊一样开展集体备课、互相听课、说课、评课等教研活动，逐步提高教学能力。要发扬工匠精神，精益求精，用耐心和细心做好每一项工作，从而提高教育教学质量，也只有这样才能实现教师的专业成长。

老师不好好备课，不好好上课，不好好批改作业，不好好辅导学生，这些可称为教学责任事故。不做好本职工作，不好好履行岗位职责就是失职、渎职。学生就可以根据《教育法》和《教师法》的相关条款，到法院去起诉教师的不作为、乱作为，学校也有连带责任。

二、必须实行精准帮扶制度。把后进生、学困生全部落实到具体的老师身上，做到责任到人，师傅带徒弟，点对点的帮扶，每个老师带两三个学生，使我们的帮扶更精准、更有实效。这一制度可以作为一个"个性化教育成长方案"（也就是"因材施教"）的课题进行理论研究，使之进一步完善、规范。

三、作业必须做到面批面改。上课可以按高中的教材统一上，但辅导学生必须从不懂的地方教起、教懂。从最后一名学生抓起，这才是真正的精准补差教学。

批改作业是帮助学生巩固知识的关键环节，普遍错误可以在黑板上全班批改。个别错误要个别批改，尤其是后进生、学困生，要耐心辅导。要帮他找出错在哪里？原因是什么？怎样解决？要注意哪些关键点？必须让学生懂了才行，不懂就再辅导，一直到懂为止。一定要让学生真正掌握知识，尝到进步的甜头，哪怕进步一点点，他也有成就感。

现在，我们学校的工作已经从试水区进入深水区，我们半点都不能松懈，要一鼓作气，一步一个脚印，撸起袖子加油干，我们也是能够创造奇迹的。

探究泊宁

——与都匀泊宁高中教师探讨泊宁教育模式

2019年3月2日下午

各位老师：

新的一年、新的学期开始了。上午，我把老师们在寒假中写的文章都一一看了。有的用随笔，有的用散文，有的写假期的趣闻，有的写家乡的故事。有些给我的印象比较深刻，比如有位老师写当老师的感想，还有一位老师写他假期在学校值班学生给他点赞而感动，总之，大家都有不同程度的收获。

这个学期，发生了一些情况，有几十个学生流失了，这是意料中的事，我一点都不感到意外。

按照"一年打基础，两年成体系，三年见成效"的办学目标，这个学期是打基础最为关键的一个学期。基础不牢，地动山摇。我们必须在这个学期探索出泊宁高中办学的模式，培养掌握这种教学模式的教师团队，形成学校办学的核心竞争力、办学实力、吸引力，形成学校的办学优势，这样，我们才能立于不败之地。

我们的课改已经在数学和地理两个学科展开了，今后还要在所有学科展开。我们要通过不懈摸索，掌握各科教学的核心技术，提炼出简洁明了、便于操作、效果明显的教学方法。然后在7月由你们做示范，对新招聘的教师进行培训，让所有老师都掌握、使用这种教学方法。

那么，泊宁教育到底应该是什么样的教育？我们应该打什么样的基础？泊宁教学模式应当是怎样的？今天，我们就一起来探讨这些问题。

一、泊宁教育样式

都匀泊宁高中是一所怎么样的学校？我们办学要弄明白，我们要做泊宁教育的明白人，要能自圆其说。

我们在建百年学校，办千秋教育，不搞短平快的急功近利的教育。因为急功近利的教育即使短期内盈利，也是缺乏生命力、缺乏吸引力的。

"蓝海理论"的显著特点是另辟蹊径、剑走偏锋。我们不搞千篇一律、千校一面的雷同教育。我们可以不是最好的学校，但泊宁教育一定要办成最合适的教育，要打造泊宁教育的品牌，要给社会一个印象：有一种品质叫"泊宁教育"。

1. 办学定位——以中低端生源为主，不争抢（不拒绝）优质生源。这个办学定位要进行具体分析，目前在黔南有一定市场，因为随着人民群众生活水平的提高，家长愿意也有能力让孩子就读普通高中、上大学。但这个群体很复杂，存在许多不确定因素，很不稳定。有家庭经济支撑不住的，有行为习惯不适应的，有学习跟不上而放弃的，有师生关系没有处理好的，有教学方式方法不对的，等等，所以流失率相对较高。我们还是要通过两三年的努力，通过打造品牌来吸引更多的优质生源，从中低端走向中高端，才是真正的出路。

2. 办学目标——100%上大学，其中50%升本科，50%专本连读。50%直冲本科是根本目标、根本任务，是核心竞争力和办学吸引力，是我们办学的重点和努力的主要方向。另外50%要通过与高职高专采取"3+2""2+3"的形式联合办学，专业对口，分类招生，专本连读，让所有的学生最后都能上大学，办成真正的综合高中。综合高中是黔南特色教育强州的一个尝试，也是我校办学定位的必然选择，更是为了满足广大学生需求的办学形式。我们要争取把泊宁高中办成黔南州综合高中试点校。

3. 办学模式——江苏教育移植黔南、移植贵州的范例。江苏教育在全国是第一流的，高考是单独命题，难度很大。贵州高考是全国命题的第三卷，也是高考最简单的试卷。江苏教育的主要特征是什么呢？要说复杂也复杂，要说简单也简单。复杂就是有文化底蕴和理论内涵，简单就是盯得很紧和过关教学。

贵州教育和江苏教育的区别在于：贵州教育没有过关也让过关，一个学生从小学到初中再到高中，即使什么都不懂也能过关，也能毕业。我们有许许多多的不合格过关，所以很难培养批量的优秀人才。江苏教育则是没有过关就不让过关，用考驾照的方式学习，科目一不过不学科目二。贵州教师批改作业背后批改，江苏教师批改作业基本上能做到面批面改，真正做到有教无类和因材施教。

泊宁高中既然是移植江苏教育，就应该有其操作方式，即江苏模式：结对帮扶，精准补差，面批面改，过关教学，零基础上大学。

二、泊宁教育路径

最有雄心的计划，需要最有魄力的行动。我们要一张蓝图绘到底，学校的教育发展规划必须件件落实，点点落地，才能实现我们的办学目标。泊宁高中发展的路线图和时间表是：一年打基础，两年成体系，三年见成效。

一年打基础就是做到从无到有，实现零的突破。第一年的第二个学期是最关键的，不管在硬件上还是软件上都必须打好基础。如果第一年的基础没有打好，有部分工作留到第二年去做，又加上第二年本身繁重的工作，其结果是可想而知的。目前我们的基础还是没有打好，主要表现在硬件设施有待完善，软件建设仍在探索，有待健全，有待加强。

两年成体系就是做到从小到大，实现量的扩张。所谓成体系，就是硬件设施建设要能满足教育教学活动开展的需要，要够用、好用、好看。软件建设要设计合理、执行有力、运行高效，重点在常规管理和课改的突破上。要形成具有泊宁文化元素的校园硬件设施和较为稳定、能够复制、容易掌握、便于操作、富有特色的泊宁教育模式、教学模式、管理模式，办学规模不断扩大。

三年见成效就是从弱到强，实现质的飞跃。泊宁教师团队的战斗力已经形成，有教学经验丰富的学科带头人和数量可观的骨干教师，教师团队成梯形发展。泊宁教育模式趋于成熟，教学模式形成核心竞争力。江苏教育移植黔南效果明显，看得见摸得着，用数据说话，尤其是高考的质量特别显著，形成泊宁教育品牌效应，成为黔南一张教育名片。

如果品牌打出来了，有名气了，家长自然会把学生送进来，我们就可以在学校等学生来报名，而不用挨家挨户去招生。如果品牌效应打不出来，就是你挨家挨户去动员学生，他也未必来读你的学校，就是来了也留不住。因为你没有办学的吸引力，你不能吸引生源，这样办学就非常的艰难。从这个意义上说，品牌的打造比招生工作更加重要，或者说用品牌打造来吸引生源，留住生源。

总之，第一年基础一定要打牢夯实，第二年数量规模的版图要越做越大，第三年质量效益的含金量要越来越高，我们泊宁高中才能立足于黔南、立足于贵州，才能越办越好。

蓝图已经绘就，路径已很清楚，时间表也很明确，关键在于落实。

三、泊宁教育模式

泊宁高中教育模式最为核心的内容是精准补差，精准补差可以说是我们泊宁高中办学的"秘密武器"和看家本领。我们要对精准补差的概念、内涵及其操作方法进行分析、归纳，形成泊宁模式。

（一）精准补差的概念

我们要善于进行概念研发，概念研发就是品牌开发。当年毛泽东提出"农村包围城市""枪杆子里面出政权"等内容，用现在的话来说就是概念研发，就是品牌开发。

那么，"精准补差"这个概念，应该包含哪几层意思呢？我个人认为，精准补差是江苏教育移植贵州的教学方法（教育范例），是泊宁军团作战的行动方式，是零基础上大学的解决方案，是泊宁高中提供的一种教育产品，是泊宁教育的核心竞争力，是最合适的教育模式，是泊宁高中量身定制的品牌教育。

(二) 精准补差的内涵

精准补差应该是因材施教的具体化，是因材施教的具体做法。要将"精准"的内涵弄清楚，才谈得上"补差"。没有找准问题所在，怎么补差？所以，给谁补？补什么？怎样补？一定要弄清楚。我个人觉得应该包括以下内涵：

1. 识别精准。对所有教育对象进行排查识别，了解学生身上的问题属于哪种类型，是行为习惯不好还是学习上有困难？要进行归类，列出名单。

2. 问题精准。要通过谈话，深入了解学生们存在的问题，属于哪些问题？要理出头绪，列出主要问题清单。要通过学科测试，对成绩统计表进行分析，以便对症下药、进行补差。

3. 教法精准。教学有法，教无定法，贵在得法。能够激发学生学习动机，启发学习兴趣，调动学生进入学习状态，养成学习习惯，提高学习效率的教学方法就是精准得法。最好能总结出自己独特风格的泊宁教法。

4. 学法精准。学会不如会学，学生学会学习比学到什么更为重要，学生掌握学习方法比掌握知识更为重要。掌握方法可以主动自主地学习，掌握知识只是被动地记忆、被动地学习。要指导学生探索适合自己的学习方法，包括预习法、小组讨论法、练习法、复习法、错题订正法、单元归纳法、强化记忆法等，不断提高学习效率。要不断地总结经验，提炼出简便易行、优质高效、独具特色的泊宁高中学习方法——"泊宁学法"。

5. 评价精准。通过全景描述、过程评价、结果评价对学生的品行进行客观精准的评价。通过各种考试对学生的学业成绩进行精准评价。

建议实施《泊宁高中学生成长档案》，每周由学生填写一张表（相当于周记），内容包括进步台账、问题清单、下步打算、班主任评语等。这样坚持下去，学生每一周都有反思，每一周都有整改，每一周都有进步，而且记录在案，也便于班主任了解学生情况，同时也可作为课题研究的素材。

（三）精准补差的实作

精准补差怎样进行实际操作？我们要有一个精准补差的实施方案，这是泊宁高中办学的重中之重。我们要通过课改的探索，编写出《都匀泊宁高中精准补差教学法》或《都匀泊宁高中精准补差教学说明书》。在探索阶段，在精准补差教学模式还没有成型、还没有成熟以前，所谓"精准补差"应该含有以下内容：

1. 班额适中。通过观察、排查、测试等方式，将学生进行科学编班，班额在30人左右，最多不超过36人。这样，教师工作量相对减少，教师就有精力和时间对学生进行辅导。

2. 精准识别。对班上每一个学生的情况都要有所了解，有的放矢，认真落实"从最后一个学生抓起"。一个老师带本学科排名最后的几个学生，责任明确到人，有事可以找到具体的责任人。进行动态管理（因为永远存在最后一个学生，不断滚动、不断进步、整体推进）。

3. 精准辅导。布置作业要做到"面批面改"——从每个学生不懂的地方教起。《面批面改登记表》作为课题研究的素材。内容包括对象、学科、作业题目、错误原因、辅导要点、过程描述、效果评价、教师反思等。

4. 过关教学。用考驾照的方式进行教学，每一个知识点都要逐一过关。没有过关，老师要做重点辅导，使其过关。

5. 集中补差。通过学科测试（周考），排名后50的学生周日集中补课（没有休息时间，进步了、合格了才可以休息）。

6. 减轻学量。编写适合学生学情的校本教材（可以是合页式的教材），不必学完所有高中教材，学习的量要基本能应对高考。

7. 降低难度。确保高考每科平均100分即可，400分左右就能录取本科。

四、泊宁教育逆袭

泊宁教育必须逆袭，也只能逆袭，只要坚持，必定胜出。目前应该在以下几个方面进行强化、逆袭，取得突破，形成较为稳定的办学机制。

（一）常规管理必须加强

1. 行政常规。要建立健全一套设计合理、执行有力、运行高效的常规管理机制。比如，董事会议事规则、学校会议制度、会议纪要、学校日志、周行事历、三表上墙、学校简报等，要逐一检查，落实到位。如果觉得是小事，为什么连这点小事都做不好？如果认为是大事，为什么不高度重视把它做好？

2. 班级常规。班级管理的制度，班级活动的开展，主题班会的策划，教室文化的建设，班级特色的打造等，每一项都是一个研究课题。班主任要在班级管理的课题研究中锻炼成长。

3. 教学常规。备课要求、上课要求、批改作业要求、辅导学生要求，每一个环节都有具体的基本常规要求，必须打磨熟练，这是看家本领。要高度重视、精心准备每一堂课的教学，通过狠抓课堂常规提高质量。

4. 一日常规。《学生日常行为规范》要逐条落实在行动上，要盯紧，要严防死守。要鼓励先进，鞭策后进，要有检测记录，列入《学生成长档案》管理。不要只是写在纸上、说在嘴上、贴在墙上。

（二）团队建设必须强化

1. 坚持师德师风是教师的第一素质。

2. 坚持教师成长"三部曲"——读、思、写。

3. 坚持探索"精准补差"的泊宁模式，尽快形成泊宁独特的教学风格。

4. 坚持与江苏名师、都匀一中资深教师的深度交流，要学会让专家助力你学习，学会靠在巨人的肩膀上，尽快成长。

5. 坚持着力打造泊宁教育团队，增强办学实力，扩大办学效果。

（三）精准补差必须成型

要把精准补差作为全校人人参与的教学课题进行研究。通过大家在教学实践中取得的实效，收集素材，进行比对、试验等，进行探索和研究，写出各自的研究报告。然后，召开课题研究会，集中大家的智慧，写出有一定理论依据，又有实践可操作性的研究成果。比如《精准补差教学法》

《泊宁教法》《精准补差教学说明书》《泊宁学法》等。

精准补差教学模式是泊宁高中生存、发展、腾飞的秘密武器，只能成功，不能失败。要提炼形成泊宁教育的话语系统。如果我们不能提炼自己的办学品牌，我们就很难在黔南立足，就很难在贵州发展。

（四）教学质量必须突破

必须确保实现两个50%的办学目标，这是泊宁高中办学吸引力所在。即确保50%直冲本科，50%专本连读。力争办成贵州第一所真正意义上的综合高中。

（五）学校品牌必须打造

包括：江苏模式、精准补差、面批面改、成长档案、过关教学、泊宁文化等，要形成品牌效应。让泊宁高中的品牌效应在黔南、在贵州家喻户晓、耳熟能详、妇孺皆知。

获奖者，爱国者，追梦者

——在都匀泊宁高中歌咏比赛大会上的即席讲话

2019 年 9 月 29 日下午

各位同学，各位老师，各位领导：

艳阳高照，丹桂飘香。在中华人民共和国 70 华诞即将到来之际，都匀泊宁高级中学隆重举行"我和我的祖国"歌咏比赛。现在，比赛活动已经取得圆满成功。

在此，我说三句话：

第一句话：我们都是获奖者。今天参加活动的各个班级，每一位老师，每一位同学，人人热情高涨，个个精神饱满，充分体现了泊宁高中特有的精神面貌。所以，我们都是获奖者。

第二句话：我们都是爱国者。我们通过歌咏比赛活动，培养同学们热爱祖国、热爱人民、热爱中国共产党的深厚情感，培养同学们以爱国主义为核心的民族精神。所以，我们都是爱国者。

第三句话：我们都是追梦者。习近平总书记说："我们都在努力奔跑，我们都是追梦人。"[1] 都匀泊宁高中的莘莘学子，人人都要上大学，个个都必须圆梦。所以，我们都是追梦人。

祝愿祖国明天更加美好！

祝愿泊宁高中明天更加美好！

谢谢你们！

---

[1] 国家主席习近平发表二〇一九年新年贺词 [EB/OL]. 人民网，2019-01-01.

泊宁方略 >>>

都匀泊宁高中文化举要

一、一训三风

校训：淡泊明志，宁静致远。

教风：德行近佛，治学近道，专才近仙。

学风：乐学，善思，日新，担当。

校风：善和忠礼，淡泊宁静。

二、育人宗旨：先做人，后成才。

三、办学思想：面向全体，全面育人，自主发展，淡泊宁静。

　　　　　　　面向全体践行有教无类，全面育人落实因材施教，

　　　　　　　自主发展达成教学相长，淡泊宁静实现立德树人。

四、思想品质：源自古典的教育思想，根植现代的教育理论，

　　　　　　　借鉴先进的教育方法，基于学生的教育模式。

五、办学理念：文化立校，依法治校，科研兴校，质量强校。

六、办学特色：校园有学府品味，管理有人文情怀，

　　　　　　　教师有专家典范，学生有成才风采。

七、泊宁德育：个人品德讲善，以善修身；

　　　　　　　家庭美德讲和，以和齐家；

　　　　　　　职业道德讲忠，以忠治国；

　　　　　　　社会公德讲礼，以礼平天下。

八、校园文字之一

（1）父母是第一任老师，老师是第二任父母。

(2) 梦在前方，我在路上。只要出发，就能到达。

(3) 更快更高更强，更新更奇更妙，更雅更健更美。

(4) 出生无法选择，现在可以把握，未来能够开创。

(5) 有目标的人生是远航，没有目标的人生是流浪。

(6) 有计划的人生是蓝图，没有计划的人生是拼图。

(7) 试一试，我能行；拼一拼，我能赢。

(8) 让优雅成为习惯，让习惯更加优雅。

九、校园文字之二

(1) 以学生为中心：为学生服务，对学生负责，受学生监督，让学生满意。

(2) 从最后一个学生抓起，从每个学生不懂的地方教起。

(3) 让学生更加优秀，让教育更加精彩。

(4) 一周训练一个好行为，一月形成一个好习惯。

(5) 难在坚持，贵在坚持，成在坚持。

(6) 让经典名曲回荡校园，让文学名著驻足校园，让世界名画悬挂校园，让学生自己装点校园。

(7) 与其用泪水悔恨明天，不如用汗水拼搏今天。

(8) 路虽远，行必至。

(9) 丰碑无语，行胜于言。

(10) 来自何处并不重要，重要的是去往何方。

(11) 身在大山永远是山，走出大山才是世界。

(12) 没有比脚更长的路，没有比人更高的山。

(13) 认识自我，管理自我，超越自我。

(14) 泊宁在你身边，从未走远。

(15) 走进泊宁第一步，走好人生每一步。

(16) 读书很苦，不读更苦；读书苦一阵子，不读苦一辈子。

(17) 追梦泊宁，圆梦泊宁。

(18) 先人一步，快人一拍，高人一等，优人一等。

(19) 历史不记苦劳，只记功劳。
(20) 选择泊宁高中，登临光明未来。
(21) 选择泊宁，不问东西，无论南北。

<<< 泊宁叙事

坝固春来早，泊宁耕耘忙
——在都匀泊宁高中第一学期工作总结会上的讲话

2019年1月13日下午

各位老师、各位后勤的员工、同志们：

刚才，王德文执行校长对本学期学校工作做了全面的总结，我完全同意。等一会儿，王昭董事长还要讲话，我在这里先表达几点意见，供大家参考。我讲的题目是："坝固春来早，泊宁耕耘忙"，我想表达三个意思。

一、泊宁高中迈出坚定的步伐

习近平总书记在新年贺词中说道："2018年，我们过得很充实、走得很坚定。"① 总书记说的是全中国，但是我听起来更像是说我们都匀泊宁高中。是的，2018年，我们确实过得很充实，我们确实走得很坚定。我举几个例子：

（一）期中，我们开了一个家长会，本来报名参会的有140人，结果来开会的有200多人。家长们参观了学校，观摩了升旗仪式和课间舞，听取了我们的办学汇报，参与了孩子所在班级的座谈交流，他们对泊宁高中的办学表示很放心、很满意。开大会的时候，我在这个位置向全体家长鞠了三个躬，感谢他们对我们学校的信任，称他们是"第一个吃螃蟹的人"。

是啊，家长们在不知道泊宁高中是一所什么学校、泊宁高中到底在哪

---

① 国家主席习近平发表二〇一九年新年贺词［EB/OL］.人民网，2019-01-01.

159

里的情况下，把自己的孩子送到泊宁高中来，这难道不是对我们学校的极大信任吗？难道不应该感谢他们吗？

（二）最近，我们邀请了罗甸和平塘的部分中学校长到学校参观考察，他们参观了校园、学生宿舍、食堂和教学设施设备，与各自学校的学生进行了深入交流。从交流的情况看，各位校长都反映，他们的学生变化很大，进步很快，学生对学校的后勤保障、教学管理和教育方式都很满意，表示在这里学习很开心。各位校长对我校的办学效果给予了高度评价，对我校实施的精准补差教学模式表示高度赞赏。

（三）去年9月30日，省教育厅在贵阳召开了"全省民办教育促进会"，黔南州参会的有5个人，除了州教育局的两位领导，还有三位民办学校的代表，一位是湘才学校的校长，一位是南沙幼儿园的园长，还有就是我们学校。这就是说，泊宁高中创办才两个月，就被推荐为黔南州民办学校的代表到省教育厅去参加会议了，有办学十几年的学校都没有资格参会，说明了上级教育主管部门对我校办学的充分肯定，说明了我们的办学方向是完全正确的。

我们真正践行了"以学生为中心"的办学理念，就是学校的一切工作都是为学生服务，对学生负责，受学生监督，让学生满意。我们基本上做到了"学生满意，家长放心，社会认可"的办学初衷。

习近平总书记说："我们都在努力奔跑，我们都是追梦人。"[1] 是的，2018年是不平凡的一年，是泊宁高中创始元年。万事开头难，我还记得老师们顶着狂风暴雨奔赴各地招生的情景，记得你们为学生安好所有的床，并拧好床上的每一颗螺丝，记得后勤的同志炒好每一道菜，让学生吃得满意，等等。总之，我记住了你们为学校做的一切，刚才王校长总结的泊宁高中取得的所有成绩，都是非常不容易的，都是在座的各位老师、各位后勤的职工辛勤劳动的结果。大家都在努力奔跑，大家都是追梦人，我向你们表示衷心的感谢和崇高的敬意！

---

[1] 国家主席习近平发表二〇一九年新年贺词 [EB/OL]. 人民网, 2019-01-01.

在此，我说明一下，有些同志离开了我们学校，但是他们仍然是我们的朋友，他们也为我们学校做了贡献。他们如果还与在座的各位有联系，请你们代表学校向他们问好，向他们表示感谢！如果他们经过学习，各方面达到了我们学校的要求，我们随时欢迎他们来应聘。

二、泊宁高中面临严峻的挑战

我们虽然取得了很大的成绩，但是我们又面临更为严峻的挑战。我们亟待解决的问题还很多，除了宏观的发展规划、外部协调、招聘招生等问题，内部比较突出的主要问题是以下几个方面：

一是常规管理没有落实到位。由于是刚创办的学校，有一些客观方面的原因，也有主观方面的原因，我们的常规管理没有落实到位，还存在许多漏洞。《班级管理常规》《学生日常行为规范》《学生一日常规》等，是写在纸上、说在嘴上、挂在墙上的多，没有切实落地，没有认真地落实在行动上，还有很大的提升空间，还需要下很大的气力才能做好，才能巩固。学校行政日常管理也是就事论事、疲于应付、忙于救"火"式的管理，没有形成一套设计合理、执行有力、运行高效的常规机制，还存在许多短板需要补上。教学常规问题更多，怎样备课，怎样上课，怎样布置作业、批改作业，怎样辅导学生，这些最基本的教学常规，甚至到现在老师们未必都已经熟练掌握。有些常规动作我在这里给老师们做过示范，可是有些老师就是没有做到、没有做好，还不以为然。比如说上班应该带公文包，比如说开会应该带笔记本和笔，比如说上课应该提前一分钟到教室门口候课，等等，这些常规行为应当成为爱岗敬业的表现。

俗话说"没有规矩不成方圆"，常规管理必须务实、必须落地。常规管理落实到位就是执行力、就是凝聚力、就是战斗力、就是生产力。常规管理要精细化、常态化，要向常规管理要质量，要向常规管理要品牌。所有成功的名校，洋思中学也好，杜郎口中学也好，衡水中学也好，毛坦厂中学也好，无一不是把常规管理落到实处。毛坦厂的校训就是"务实"两个字。毛坦厂的老校长也说，他们办学没有什么秘诀，要说有的话，就是把常规管理落到实处。

所以常规管理是目前我们学校的一块短板，是我们面临的一个严峻挑战，我们将在下个学期进一步加强常规管理，让我们的常规管理不断规范、不断完善、不断高效，使之转化为良好的教风、学风、校风。

二是办学模式没有创新突破。我们对外宣传说我们学校是江苏教育在黔南，江苏教育移植贵州。但江苏教育是怎么回事？我们还没有说清楚，或者还没有说精练。我们说"精准补差"是我们的教学模式，但"精准补差"的内涵是什么？它的外延包括哪些内容？"精准补差"怎样操作？有哪些程序？在座的有哪位老师举手给我们说说？我们说批改作业要做到"面批面改"，但老师们都做了没有？是怎样做的？做得怎样？有没有可以查阅的记录？有没有作为一个课题来进行研究？有没有老师写相关的教学反思？另外，"从最后一个学生抓起"怎样抓？"从不懂的地方教起"怎样教？"零基础上大学"如何做到？这些已经说过的都必须一一落地，否则就有自欺欺人、糊弄家长、忽悠学生之嫌。

这里我不得不提一件事，学校费了很大的周折，好不容易请到了都匀一中的学科带头人来给大家上课，每一个学科都进行了好几轮交流培训，有的学科已经进行了七八次了。我也看了老师们写的心得体会，都有不同程度的收获。但恕我直言，领悟的深度不够，有些甚至没有认真反思，虽然写了好几篇，不过是应付而已。同志们，这是非常难得的学习机会啊，再不抓住这个机会以后就难了。在我看来，勤奋好学的人、不断反思的人，专家指导三到四次应该可以了，哪有七八次还是老样子的呢？我经常反复跟老师们说：教师成长是个人行为，专家只能教你怎样成长，专家不能替你成长。都匀一中的老师只能教你怎样教学，但是教学实践还是你自己去做，自己去琢磨、去历练、去形成一套自己的教学方法。

如果泊宁高中在教学上没有自己的一套，没有自己的一招，没有自己的撒手锏，就没有核心竞争力，就没有办学的实力。所以，学校的顶层设计是规定动作，教师的基层创新是自选动作，顶层设计要与基层创新相结合，我们必须在办学模式上要有大的、新的突破，要有实质性的成果。

三是学校品牌没有打造成型。这是我们面临的又一个严峻挑战。我们所办的学校，不是千篇一律、千校一面的学校，也不是办几年赚几个钱就走人的学校，我们要办的是百年学校、千秋教育。所以，泊宁高中一开始就是要做黔南的品牌学校，贵州的品牌学校。话又说回来，如果不是品牌学校，我们就很难在黔南立足，更不要说在贵州发展了。

但是，现在我们离品牌学校还相去甚远，可以说还是名不见经传。我们还有很多事情要做，还有很长的路要走。我们一方面要练好内功，把学校办好。另一方面要做好宣传推介，请各县校长到校参观就是一种推介。目前，我们学校当务之急是要做好教师招聘、团队建设、学校网站、学校推介册子等几个方面的工作。就是多花一点钱，也要做好这几件事，一定要把泊宁高中的品牌效应宣传出去，让黔南人民都知道，让贵州人民都知道。

三、泊宁高中要有更大的担当

同志们，泊宁高中办得怎么样？泊宁高中办得好不好？不问我们问谁去？我们要勇挑重担，敢于担当，把2019年的各项工作做好，把泊宁高中办好。

按照"一年打基础，两年成体系，三年见成效"的办学目标要求，2018年是从无到有，实现零的突破；2019年是从小到大，实现量的扩张；2020年是从弱到强，实现质的飞跃。这是一个看得见摸得着的目标，是一个需要跳一跳才能摘到桃子的目标。《论语》中曾子曰："士不可以不弘毅，任重而道远。"要实现这个办学目标，必须付出更大的代价。我曾经和一些老师聊过，成长本身是有一点痛苦的。所以，我们每一个人都必须准备脱掉两层皮，担当更大的责任，做出更大的贡献。

2019年上半年的这个学期，仍然属于打基础的第一年，必须进一步打好这个基础，我们才有可能迈出第二步，否则，我们将寸步难行。

同志们，前途是光明的，道路是曲折的。只要我们不忘初心，坚定信念，在校董会的坚强领导下，大家齐心协力，肩负重任，砥砺前行，我们一定能够创造奇迹。"莫道今年春将尽，明年春色倍还人"，祝大家在2019年取得更大的成绩，祝泊宁高中越办越好！谢谢！

泊宁续航

教学有法，教无定法，贵在得法。
——笔者手记

追梦泊宁

——都匀泊宁高中开学专题演讲

2019年3月28日上午

各位同学，大家好！

我们学校开学已经有一个月的时间了，不知道你们学习得怎么样？有没有收获？进步大不大？我非常牵挂你们。所以安排今天这个时间跟你们交流一下，把我的心里话如实地告诉你们，希望对你们有所激励。

上学期我给大家做了三次演讲。

第一次演讲是"泊宁出发"，讲了"带着故事出发，带着梦想出发，带着责任出发，带着干劲出发"。大家还齐声高呼："梦在前方，我在路上，只要出发，就能到达。"

第二次演讲是"泊宁远航"，指出"有目标的人生是远航，没有目标的人生是流浪"。讲解了泊宁高中的德育文化，就是"个人品德讲善，以善修身；家庭美德讲和，以和齐家；职业道德讲忠，以忠治国；社会公德讲礼，以礼平天下"。通过"善和忠礼"四个方面的修炼，形成"淡泊宁静"的泊宁学子特有的优秀品质、优雅气质。

第三次演讲是"泊宁加油"，我讲了"加油"的典故，指出"出身无法选择，现在可以把握，未来能够开创"。要求同学们做到"三个必须"，即"必须明确学习目的，学生必须像学生，必须撸起袖子加油干"。强调"难在坚持，贵在坚持，成在坚持"。

今天，我演讲的题目是："追梦泊宁"。习近平总书记在今年的新年贺词中说:"我们都在努力奔跑,我们都是追梦人。"① 当然了,我们泊宁学子也一定是追梦人,我们就是来泊宁追梦的,就是来泊宁圆梦的。我想表达三个方面的意思。

一、泊宁教育的三个特点

我们泊宁高中与其他学校有三个明显的区别,也是三个显著的特点。

(一)江苏模式

泊宁高中的办学主体是江苏人,王校长、范校董、吴支书是江苏人,他们都很年轻,有创业的激情,他们致力于把江苏的教育模式移植到黔南、到贵州来办学。江苏教育是全国一流的教育,江苏的高考是本省出题,高考试卷比全国卷难度大得多。贵州高考试卷是全国第三卷,是相对简单的试卷。我们学校要建"名师工作站",将邀请江苏省的教育名师到我们学校指导工作。另外,从去年开始,我们每一个学科都有都匀一中的骨干教师来交流指导,我们的教师也随时可以到都匀一中去听课。所以,江苏教育模式移植贵州是有坚强后盾的,这也是我们学校的比较优势,江苏教育模式将在我们泊宁高中取得成功。

(二)精准补差

我们学校办学的第二个特点是"精准补差"。首先是小班额,一个班少的16个人,多的30左右,最多36个人。这样,老师的工作量就大为减少,就有更多的时间和精力来辅导学生。我们的教学,奉行"从最后一个学生抓起,从每个学生不懂的地方教起"的原则,每个老师包本学科最后几个后进生,作业做到"面批面改",让每一位同学都有进步。其次,对语文、数学、英语、物理、化学、历史、地理等主要学科进行周考测试,每学科最后50名周日上午集中补差上课,确保后进生有机会在老师的辅导下把差距补上来,迎头赶上先进的同学。

这里我顺便提醒一下家长和同学,与其想方设法去读那种大班额的普

---

① 国家主席习近平发表二〇一九年新年贺词[EB/OL]. 人民网, 2019-01-01.

通高中，不如选择我们这样的学校。70~80个人一个班，一个老师上两个班，150个作业本改下来已经很累了，哪有时间和精力去辅导学生啊。所以，我们学校虽然不是最好的学校，但是泊宁高中是最适合你们学习的学校。

（三）过关教学

泊宁高中第三个显著特点是"过关教学"。这也是江苏模式与其他地区教育的明显区别，就是用考驾照的方式进行教学，科目一不过不学科目二。过去，我们读小学、读初中，不过关也让过关，结果因为不过关，学习没有搞好，稀里糊涂地也毕业了，我们就是这样一路过来的。有很多初中的知识，甚至小学的知识都没有搞懂就来读高中了，所以，我们的学习就觉得非常困难，但是，我们又不能不这样做，不能不施行过关教学。

这学期，我们推进"课改"，推行"过关教学"，有部分同学很不适应，觉得特别难受，已经选择不读，或者选择轻松一点，设法转到不搞"过关教学"的学校。这样的选择显然是很不明智的，是一种不思进取、不负责任的选择。等到三年后你们考上大学了，他们就知道后悔了，但是，后悔又有什么用呢？

二、你们面对的三个事实

同学们，现在，我不得不告诉你们三个事实，不管你们相信也好，不相信也好；愿意也好，不愿意也好，反正，这些事实都摆在那。

第一个事实：读书很苦，不读更苦。读书苦一阵子，不读书苦一辈子。读书苦，苦的是现在，不读书的苦，苦的是未来。读书的苦自己知道，不读书的苦人人看见。俗话说："吃得苦中苦，方为人上人。"我这里说的"人上人"不是骑在别人头上的人，而是品德比别人好、能力比别人强的人。现在不好好读书，今后连打工的机会都没有，因为你什么都不懂，没有适合你工作的岗位。现在该不该好好读书？同学们自己掂量掂量。

第二个事实：山上的小草比山下的大树还要高。它能看到更远的远方, 更广阔的世界, 更美的风景。你在山脚下, 即使是一棵大树, 虽然很高大, 也是看不到外面的世界的。大学就在这个山顶上, 我们无论如何、必须下定决心, 克服困难, 爬到这个山顶上, 进入大学这个平台。哪怕我们只是一棵小草, 但是我们已经进到这个平台, 就有更大的视野, 更高的远见, 就能看到、看清、看懂这个复杂而又精彩的世界, 就能实现自己的人生价值。

第三个事实: 不管你姓什么? 叫什么名字? 家在哪里? 什么民族? 长得怎样? 父母是谁? 只要你把那张高考试卷考对了, 考好了, 就能上好的大学, 就能为改变命运打下坚实的基础。因为大学是改变命运的一个平台。那张试卷不认人, 只认对错。我们到泊宁高中来追梦, 就是要追大学的梦。所以, 我们必须在老师的指导之下, 把高中的每一个学科、各个学科的每一个单元、各个单元的每个知识点都要学好, 还要加强练习, 才能把那张高考试卷考好, 才能实现大学梦。

三、我对你们的三个忠告

根据我们泊宁高中的办学特点和你们面对的三个事实, 我在这里发自内心地给同学们三个忠告, 或叫三个建议。

第一, 千万不要放弃。不管我们面临什么问题, 遇到什么困难, 我们千万不要放弃。不放弃, 就还有可能, 还有希望。放弃了就连可能性都没有了, 就真的没有什么希望了。所以, 千万不要轻易放弃!

第二, 要求严格是成长的需要。学校和老师对我们要求严格, 这是我们成长的必然要求。要求严格肯定是不舒服的, 甚至是很难受的。但是闯过了这一关, 以后成功了, 回过头来看, 你还要感谢现在对你要求严格的老师。

第三, 学问学问, 必须要问。要学好就必须问, 不懂就要问。先问自己, 多问几个为什么, 多动脑、多思考, 才有进步。次问同学, 在讨论中互相切磋, 互相琢磨, 共同探究, 一起进步。再问老师, 在老师的指导下攻克难题, 解决问题。还要问书本, 在书上自主学习, 独立思考。你们都问了没有？向谁问了？问了什么？问了多少？问懂没有？建议你们每天都要问一下。

最后，我把最近填的一首词送给大家，标题是：

临江仙·追梦泊宁

巍巍苗岭云雾绕，
梯田曲线环坡。
春风暖雨催农活，
青牛犁沃土，
紫燕点绿波。

莘莘学子聚坝固，
携手同窗拼搏。
来年金榜必有我，
都匀小夜曲，
泊宁大风歌。

我们是住在清水江边的一群天使，所以用"临江仙"词牌名。学校对面是高高的苗岭，长年雾锁云罩，远远望去，神秘莫测，宛如人间仙境。一片片梯田，像一条条曲线，流畅环坡，轻柔地把山腰缠绕。春天来了，春风吹着暖暖细雨，仿佛在催促人们赶快去做农活。是的，没有春天的播种，哪来秋天的收获？你看，农夫赶着青牛，翻犁一片片沃土。紫燕也衔着黄泥，忙碌地在江面上点着水，赶着飞去筑窝。农忙正当时，眼前是一派繁忙的春耕景象。

泊宁高中的莘莘学子从四面八方来到坝固，同学们手拉手，肩并肩，同在一个学校、一个班级，一起读书，共同拼搏，来年录取大学的名单上一定有我们的名字。我们人生最精彩的一段时光就是在泊宁高中度过的，像莫扎特的小夜曲一样在都匀优雅地演奏，像刘邦的大风歌一样在泊宁高中昂扬地高唱。（刘邦的大风歌："大风起兮云飞扬，威加海内兮归故乡，安得猛士兮守四方。")

　　现在，请全体起立，我们用最大的声音，一起朗诵"临江仙·追梦泊宁"：

巍巍苗岭云雾绕，
梯田曲线环坡。
春风暖雨催农活，
青牛犁沃土，
紫燕点绿波。

莘莘学子聚坝固，
携手同窗拼搏。
来年金榜必有我，
都匀小夜曲，
泊宁大风歌。

　　请坐下。谢谢！

关于推行精准补差教育模式的建议

学校各位领导：

　　实施精准补差，是由学校的办学定位和学生实际情况决定的。我们招生的对象都是中考落榜的学生，中考成绩在200~300分，可见教育教学的难度之大。实行精准补差是办学的必然选择，也是提高教学质量的必由之路。"全国教育看江苏，精准补差看泊宁"，精准补差更应该是泊宁高中的办学特色、办学品牌。所以，我们要花更大的力气、下更大的功夫，探究精准补差、落实精准补差，久久为功，让精准补差成为我校办学的硬实力和核心竞争力。

　　为了落实好精准补差，全校教师要认识精准补差的极端重要性。要从理论上去认识把握，在实践中探索创新，走出一条独特的泊宁高中办学之路。

　　教育是人学，必须从人出发，为了人的发展。要以人为本，以人为尊，以人为重。在学校，就是强调"以学生为中心"的原则，从学生的实际出发，做到为学生服务，对学生负责，受学生监督，让学生满意。把学生放在心上，把心放在学生身上，实行基于学生实际的教育模式，认真贯彻落实"先做人，后成才"的育人宗旨。

　　沟通和交流是教育的基础，没有沟通就无从教育。老师要热爱学生，做好学生的第二任父母。没有不良少年，只有不幸少年，没有哪个孩子不可爱。孩子犯错是正常现象，犯错是孩子成长的一种特征，学生就是在校园里犯错纠错成长的。为了切实做到"从最后一个学生抓起，从每个学生不懂的地方教起",要通过有效沟通,了解学生学习困难的原因,是努力不够还是方法不对?与学生一起找到解决问题的办法。要通过深度交流,点燃学生心中的梦想,养成良好的行为习惯;激发学生巨大的学习潜力,培养学生较强的学习能力。

目前,鉴于我校处于初创阶段,建议从以下几个方面来实施精准补差,并在实践中不断总结经验,形成办学体系,打造特色品牌。

一、精准帮扶

签订《责任书》,一个老师负责几个学生,使补差教育落到实处。根据学校《帮扶行动的通知》精神,建议按以下几点来实施:

(一)对象精准。通过排查比对和学科测试,将行为矫正困难、学科学习困难的"学困生"识别出来。人不宜太多,一个学科3~5个人即可,人多了效果不明显。

(二)内容精准。根据"学困生"的具体情况(是行为问题还是学习问题),明确需要帮扶的内容是哪些,把这些内容列出来。

(三)对接精准。按照学校文件精神和"学困生"需求特点,安排科任教师结对帮扶,一般是本学科倒数3~5名。

(四)措施精准。根据帮扶内容,由帮扶教师拟订计划,采取切实可行的帮扶措施(比如包括但不限于对学生作业的面批面改)。

(五)效果精准。按照帮扶计划和帮扶措施,列出具体的任务数、路线图和时间表,保质保量完成帮扶任务,即学生行为得到有效矫正,学科学习成绩有明显的进步,直至摘掉"学困生"的帽子,并给予适当表扬和奖励。

我校"帮扶行动"应实行动态管理,因为永远有倒数第一。这个月是我,下个月可能是你。我们要从最后一个抓起,不放弃任何一个学生。

实施"帮扶行动"不是不管其他学生,而是在"面向全体,全面育人"的基础上更加关注"学困生",让一个都不落下,一个都不少。

可以根据以上几点内容制作一张表,如《都匀泊宁高级中学精准帮扶登记表》作为"帮扶行动"工作的建档立卡,也作为我校办学的档案资料。

这项工作原来已经安排过,可惜没有很好落实和坚持。不施行精准帮扶,"学困生"就没有明确的责任人,所谓精准补差就没有真正落地。

二、成长档案

每个学生每周都要填写一张表,即《都匀泊宁高级中学学生成长记录表》,装入《都匀泊宁高级中学学生成长档案袋》,由班主任管理,学期结束交到教务处,毕业时统一存档。这一做法可以作为班主任或教师课题研究(《都匀泊宁高级中学学生个性化成长方案》《中学生个性化成长策略研究》)的素材。

表格内容包括以下栏目:

基本信息:姓名,性别,年龄,民族,籍贯,班级、年、月、日,周别等。

进步台账:主要填写本周行为习惯上有哪些进步,学习上有哪些收获。

问题清单:主要填写本周在遵规守纪和学习方面存在的问题。

下周打算:填写整改的措施和努力的目标等。

主任评语:由班主任填写该生本周表现的评语和鼓励的话。

三、面批面改

教师每布置一次作业,有相同错误的,可以全班讲解,在黑板上统一批改。如果出现不同的错误,就需要分别进行面批面改。教师要帮学生指出错在哪里?原因是什么?关键的知识点是什么?怎样做才对?教师要演示给学生看,再让学生重新做一遍,必须让学生真正懂了才能过关。

面批面改之后,要填写《学科作业面批面改登记表》,作为教学资料存档,也可作为学科教学课题研究的素材。

四、补差教学

每次周考之后,将部分学科(主要是语、数、外)排名后 50 名的学生集中起来,利用星期日进行补差教学,使之尽快地追赶上来。当然,这也是动态管理,因为永远都有最后 50 名。这一点,我们已经在做,但还要总结经验,形成比较成熟的补差教学模式,这也是泊宁高中的办学亮点之一。

以上建议仅供参考,一切以董事会和学校管理层决策为准。

黄周立

2019 年 8 月 6 日

论循循善诱

——都匀泊宁高中教师培训讲座提纲

2019 年 8 月 13 日

各位老师：大家好！

本学期我给新入职的教师做了四个培训讲座，分别是《泊宁开篇》《泊宁风范》《泊宁德育》和《泊宁教学》，大家对学校办学的总基调、总方向、总目标有了一个大体的了解，对都匀泊宁高中学校文化有了一个总体的把握。

教育是一个复杂的系统工程，不可能一蹴而就。必须不断反思和探究，坚持不懈，久久为功，才能看到成效。根据"一年打基础，两年成体系，三年见成效"的办学目标要求，今年是学校创办的第二年，是承前启后的关键之年。希望你们在工作实践中不断去思考、探索、深化、创新，不断磨炼自己，增强教学能力。在此基础上，形成一套理论基础扎实、设计科学合理、文化内涵深厚、实践行之有效、内容生动活泼的办学操作体系，尤其是教学的常规体系，使之形成我校办学的核心竞争力。

如果今年不能形成泊宁自己的教学体系，那么去年打下的基础就得不到巩固，明年就很难见到成效。所以，今年必须建成学校的课堂教学体系，每一位教师都要有自己过硬的一套教学方法，有自己的两下子，不可掉以轻心。

为了让大家能进一步把握教育的基本规律，尽快地练就自己的一套教学本领，形成自己的教学风格，然后形成泊宁高中的教学常规体系，今天，我在这里抛砖引玉，与你们分享我的学习和思考心得，一起探讨高中的教育规律、教学体系。我讲的题目是"论循循善诱"，副标题是"与都匀泊宁高中教师共同探讨"。

一、循循善诱源自孔子的教育思想

大家知道，孔夫子是我国古代伟大的教育家，被誉为"万世师表"。孔子的教育思想博大精深，像大海一样，取之不尽用之不竭，是中国传统教育思想的源头。孔子主要的教育思想有：有教无类，因材施教，教学相长，温故知新，循序渐进，循循善诱，学而不厌，诲人不倦，学而时习之等。其中，循循善诱就是一个极其重要的教育思想。

泊宁高中的办学思想就是源自孔子的教育思想。泊宁高中的办学思想是："面向全体，全面育人，自主发展，淡泊宁静"。这一办学思想，我在《泊宁开篇》中已经解读过，就是："面向全体践行有教无类，全面育人落实因材施教，自主发展达成教学相长，淡泊宁静实现立德树人"。可以说，我们学校的办学思想是源远流长的，内涵深厚的。泊宁高中办学思想的品质是："源自古典的教育思想，根植现代的教育理论，借鉴先进的教育方法，基于学生的教育模式"。

"循循善诱"出自《论语·子罕》："夫子循循然善诱人，博我以文，约我以礼，欲罢不能。"其原意是：老师善于一步一步地诱导我，用各种典籍来丰富我的知识，又用各种礼节来约束我的言行，使我想停止学习都不可能。意思是说孔子由浅入深地一步步教育弟子，用文化知识让弟子的学识不断丰富渊博，用礼仪规范约束弟子的行为，受到这样的教育，会让弟子对学习产生浓厚的兴趣，感到学习是很快乐的事，永远不想停下来。"博我以文，约我以礼"是倒装句，即"以文博我，以礼约我"的意思。

显然，循循善诱是孔子重要的教育思想，是先进的教育理论宝库，更是内涵丰富的教育方法论。如果我们能够像他那样做到"循循然善诱人"，使学生对学习"欲罢不能"，这是怎样的教育境界？怎样的教学境界？这是真正的学生"学而不厌"、老师"诲人不倦"的境界，这不正是我们所追求的理想境界吗？

为什么我们的教学，学生学得很苦，可是学习效率很低甚至没有效率，从而产生厌学。老师教得很累，课堂教学很低效甚至无效，从而产生倦怠。究其原因，就是没有做到"循循然善诱人"，没有做到循循善诱。

循循善诱，从字面上看，第一个"循"是遵循、按照；第二个"循"是规律；"善"就是熟练掌握、运用；"诱"就是诱导。

让我们回到问题的原点，回归教育的本质。苏霍姆林斯基说："教育——这首先是人学。"教育必须以人为本，从人出发，围绕人来展开，又回归人。人的成长，人的全面发展是有其客观规律的，教育要必须遵循人的发展规律，而且还要善于掌握和灵活运用这些规律，形成有效的方法，才能使人健康地成长，全面地发展。

教学也是这样，学生是学习的主体，教师是学习的主导，教是为学服务的。必须以学为本，从学出发，围绕学而展开，又回归学。学生的学习也是有其客观规律的，教师必须学习、思考、探究、把握学生的学习规律。在遵循而不是违反这些学习规律的基础上研究学法、研究教法，从而指导学生学习，并练就一套行之有效的教法，慢慢学会、掌握和形成循循善诱的教学方法。

二、学习的奥秘（学习的规律）

学习是怎么回事？学习是如何发生的？学习的本质是什么？学习的过程是怎样的？有什么规律可循？古今中外的教育家对学习的奥秘、学习的规律进行了不懈的探索，形成了不同的学习理论流派，我把它简单地梳理一下，给你们提供一个线索，以便你们进一步深入地研究。

（一）学习理论综述

1. 联结派学习理论：主要有桑代克的试误说、巴甫洛夫的经典条件反射、斯金纳的操作条件反射和班杜拉的社会学习理论等。

2. 认知派学习理论：主要有苛勒的完形—顿悟说、布鲁纳的认知—结构说、奥苏贝尔的认知同化说等。

3. 当代学习理论：主要有罗杰斯的人本主义学习观、维果斯基的建构主义学习观等。

（二）学习的心理机制

科学研究证明：人通过视觉、听觉、味觉、嗅觉、触觉五个感觉器官感知外部世界。这些感觉器官将感知到的外部世界的信息储存到大脑中。

人的大脑平均重量1350~1400克，有860亿个神经元。一个神经元由树突和轴突两部分组成。树突是输入储存信息的，轴突是输出信息的。

圆珠笔头大小面积的大脑可储存1000个神经元。神经元是人体中寿命最长的细胞，有的神经元要伴随人的一生。

神经元之间要通过一个电气化学活动过程交流信息，一个神经元的树突与另一个神经元的轴突建立的连接叫突触，突触的发生和巩固形成神经建、神经节，这个过程就是学习的过程。每一个神经元可以建立1000~10000个突触。为了建立这种连接，必须通过感官的刺激。学习的过程就是通过刺激建立神经元之间连接的过程，没有建立连接就没有真正的学习。

教育工作者就是要创造条件，通过有效的刺激，使学习者建立起神经元的连接，完成学习过程。学习者建立的神经建、神经节越多越好，越巩固越好。

老年痴呆的本质就是原先建立的神经建、神经节因老化而损毁，形成所谓"脑筋短路"现象。所以，预防老年痴呆的最好办法是学习。

（三）影响学习的心理因素

1. 智力因素与非智力因素

智力因素包括观察力、记忆力、注意力、想象力、思维力、创造力等。抽象思维能力是智力的核心，创造力是智力的最高表现。

非智力因素主要包括情绪、情感、性格、气质、动机、兴趣、意志、需要、目标、抱负、信念、世界观等，表现为自我意识、适应社会、情绪控制、自我激励、人际关系等方面的能力。

就一定程度而言，智力因素先天成分居多，非智力因素则侧重于后天的养成。一般认为，人们成功的因素里，情商占80%，智商占20%。

各年龄段的学生表现出不同的学习心理特点，教师必须了解这些特点。

2. 动机与兴趣

动机是学习的原动力。动机是由需要与诱因共同组成的，一般而言，动机的强度既取决于需要的性质，也取决于诱因力量的大小。不是所有人类学习活动都由动机支配，但是，要有效地进行长期的、有意义的学习，动机是绝对必要的。

兴趣是学习的助推器。学习兴趣就是学生对学习的一种积极认识倾向与情绪状态。学生对某一学科有兴趣，就会持续地专心致志地钻研它，从而提高学习效果。学习兴趣既是学习的原因，又是学习的结果。

3. 有意注意与无意注意

有意注意是自觉地、有预定目的的、需要一定意志努力的注意。在实际的教学中，吸引学生的注意是教学成功的一个重要条件。

无意注意是没有预定目的、不需要意志努力的注意。无意注意又称不随意注意，就是我们经常说的不经意。

一般而言，年龄越小，无意注意的倾向就越强，有意注意的能力就越差。

4. 形象思维与逻辑思维

形象思维又称"直感思维"，是指以具体的形象或图像为思维内容的思维形式，是反映和认识世界的重要思维形式。

逻辑思维是人们在认识过程中借助于概念、判断、推理等思维形式能动地反映客观现实的理性认识过程。

相对而言，学习文科更多地倾向于形象思维，而学习理科则更多地倾向于逻辑思维。但也不是截然分开，学习活动中往往是两种思维形式交替进行，互相促进，相得益彰。

5. 传授式学习与体验式学习

传授式学习以教师讲授为主，重在知识本身的传达，学生跟着老师讲授的思路进行思考和记忆获得知识。传授式教学则被认为是传统的教学方法。

学习是从阅读、听讲、研究、实践中获得知识或技能的过程,这一过程如果亲身体验是最有效果的。体验式学习就是让学生亲自参与、在实践过程中获得知识的。做作业、练习、各种训练、实验等,就属于体验式学习。

我个人认为两种学习方式都很重要,只不过根据学习的实际情况侧重点不同而已。有些知识,老师的讲解传授有助于学生的理解和记忆,比如一首诗的意境,一个公式的推导。有些技能,让学生亲自动手训练更能有效把握,比如,练习写一篇作文,做一个化学实验,完成一个跳远动作等。在教学中,教师要根据学习需要引导学生灵活运用。

你不讲我真不懂,就应该讲,就要强调传授式学习。我不动手参与我不会做,就应该做,在做中学,就要强调体验式学习。

人的学习无非靠记性和悟性。传授式学习靠记性,形成知识。体验式学习靠悟性,形成能力。

三、循循善诱是科学的教育思想

(一)循循——必须遵循教育规律(教学有法)

"循循"是教学的前提,必须老老实实地按照规律办事,真正体现学生在学习过程中的主体地位。"循循"是教学的前提条件,没有"循循",教学就是盲目的、低效的甚至是无效的。

学习是人的本能,人是天生的学习者,人有巨大的学习潜能,学生有无限发展的可能性。

各种学习方式的感受比重:

一般而言,读过的感受10%,听过的感受20%,看见的感受30%,看见和听到的掌握50%,说过(讨论过)的掌握70%,说过并做过的掌握90%。所以,参与式学习特别重要,"学中做,做中学"就是让学生参与、观察、发现、讨论、操作,才能从知识上升到智慧。毛主席说:"读书是学习,使用也是学习,而且是更重要的学习。"

各种教学方法举例：讲授法、讨论法、演示法、练习法、实验法、情景教学法、案例教学法、项目教学法。

（二）善——熟练掌握教育规律（教无定法）

"善"是努力的目标，必须在熟练掌握多种基本教学方法的基础上，选择适合学生实际的学习方法，以达到精准补差的效果。分层教学，精准提分，强化知识点过关训练。

（三）诱——做好学习的主导（贵在得法）

"诱"是教学的关键，必须充分发挥教师在教学活动中的主导作用。

教师是学习共同体的组织者，因而是学生学习行为的设计者、指导者，是课堂教学的策划者。

落实循循善诱遵循的原则就是：教学有法，教无定法，贵在得法。

教师应该是学生学习策略研究的专家，要依据科学的教学设计理念对学科教学进行创意策划，形成高效的课堂教学模式。

泊宁高中要办最适合学生的教育，就是循循善诱的教育。最适合学生的教育就是最好的教育。

四、循循善诱是落实因材施教、精准补差的必然选择

今天我讲"循循善诱"的话题，不是心血来潮，不是突发奇想，而是从我们学校办学实际需要出发的，是我们学校办学目标决定的，是泊宁高中提高教育教学质量的最好办法。只有循循善诱，我们的教学才是真正建立在科学的基础上，才有可能最大限度地避免误区和盲点，才能真正做到精准补差，才是真正落实了因材施教的教学原则。

办学定位：我们学校目前以中考落榜生为主体，随着教学质量的提高，办学实力的增强，部分中考上线的学生也会加入。如果办学品牌还没有打造出来，那么以中考落榜生为主体的办学模式可能要长期持续下去。

生源构成：我们的生源构成较为复杂，来自不同县市、不同区域、不同民族。大部分学生的中考分数为 200~400 分，也有少数 400 分以上的。根据生源结构，我们目前编有普通班、实验班、艺体班等。

学生特点：高中生这个年龄段正处于青春期，青春期的各种心理特征都有明显表现，逆反、冲动、懒散、被动等影响学习的现象时有发生，给教育教学管理带来很大压力。

必由之路：教育既等不得也急不得。泊宁高中的办学定位、生源构成和学生特点决定了我们必须采取循循善诱的方法，才能真正落实精准补差和因材施教，也才能把泊宁高中办好，所以循循善诱是我们的必然选择。

五、怎样落实循循善诱

（一）有效沟通

德国哲学家雅思贝尔斯说："教育意味着一棵树摇动另一棵树，一朵云推动另一朵云，一个灵魂唤醒另一个灵魂。"

教育就是一门沟通的艺术，没有沟通就没有教育。教师和学生要进行有效沟通，双向交流，建立互信，"亲其师，信其道"，这是教育和教学的前提，也是教育有效和教学成功的基础。

（二）主体主导

学生是学习的主体，教师是学习的主导，两者是内因和外因的关系，要充分体现学生的学习主体地位，充分发挥教师的学习主导作用。

（三）教学相长

《学记》："虽有佳肴，弗食，不知其旨也。虽有至道，弗学，不知其善也。是故，学然后知不足，教然后知困。知不足，然后能自反也；知困，然后能自强也。故曰：教学相长也。"

陶行知说："我们要跟小孩子学习，不愿向小孩学习的人，不配做小孩的先生。一个人不懂小孩的心理，小孩的问题，小孩的困难，小孩的愿望，小孩的脾气，如何能教小孩？如何能知道小孩的力量？而让他们发挥出小小的创造力？"

（四）如何体现学生的主体地位

以学生为学习中心，在学习中充分体现自主、合作、探究的要求。学习内容、教学设计、学习指导、学习环境、教学资源等要围绕学生的学习需要来策划。以激发学生学习动机为教学研究的核心课题,以启发学生学习兴趣为教师课改创新的关键环节。

(五) 如何发挥教师的主导作用

认真研究学科知识体系,包括《课程标准》、《考试大纲》、教材构成等,认真研究和设计《导学案》,建立学科《题库》。了解和熟悉学科构建思想——学科知识体系——学科核心素养。

例如语文的学科素养:以语文能力为核心的综合素养,包括语文知识、语言积累、语文能力、语文学习方法和习惯,以及思维能力、人文素养等。简言之,就是听、说、读、写四个方面的素养。

数学的学科素养:直观想象、逻辑推理、数字运算、数学建模、数据分析等。

落实循循善诱的要点:

激发动机,启发兴趣,指导方法,培养习惯,形成能力。

1. 激发学生的学习动机,变"要我学"为"我要学"。

通过循循善诱,激活学生潜在的学习欲望,点燃心中的梦想,使学生逐步增强学习的积极性和自觉性,把旺盛的精力释放在学习上。沟通是教育的前提,没有沟通就没有教育,教育是沟通的艺术,激发学生的学习动机的关键在于有效的沟通。所以,教师一定要在怎样与学生沟通方面下功夫,下苦功夫。

2. 启发学生的学习兴趣,变"无味"为"有趣"。

兴趣是最好的老师,好奇心是学习兴趣的源泉,学习兴趣的产生与教学有密切的关系。学生学习兴趣的培养主要是靠教师把学习设计成为有趣的活动,其方法比如:加强教材的趣味性、系统性、科学性。有趣的、能逐步掌握的、可获得科学知识的教学活动,就能引起学生的学习兴趣。

学生认识学习某一学科的社会意义及其与个人的关系,教师个人感情的流露特别是对自己所教学科热爱的流露等,这些都是启发学生学习兴趣的重要因素。

要做好学科介绍，教师要成为学科的代言人，学科的形象大使。要揭开学科的奥秘，指出学科对人类生活的重大意义，引发学生对学科的好奇心，激发其学习的动机，启发学习兴趣，培养学生对学科的热爱并树立学科的远大理想。

3. 指导学生的学习方法，变"学会"为"会学"。

学习就是方法的掌握，方法比知识重要，学会学习比学到什么更重要。"会学"比"学会"更重要。

要指导学生制订学习计划，掌握预习方法、复习方法、进行小组讨论，提高作业要求，制定草稿练习、笔记方法、错题集等。

4. 培养学生的学习习惯，变"厌学"为"好学"。

良好的学习习惯是人生一笔巨大的财富，在学校学习的一个重要任务就是学习习惯的培养，出了学校更加珍惜和热爱学习。终身受用，终身受益。

5. 形成学生的学习能力，变"低效"为"高效"。

我们的教育，不只是为了高考，更是教会学生学习，形成学习能力。这是一辈子的能力，为学生的终生学习、成人成才打下基础。学生的学习能力一旦形成，学习的潜力就会得到充分释放，学生就会有无限的发展空间。

六、让循循善诱走向智慧教学

没有枯燥无味的知识，只有枯燥无味的教学。

循循善诱是学生容易接受、容易适应的教学，是一种教学的智慧。

循循善诱的教学注重激发学生的学习动机、启发学生的学习兴趣，指导学生的学习方法，养成学习的良好习惯，形成较强的学习能力。循循善诱的教学更关注学习效果和学习品质，是超越分数的学习。这样的学习，成绩自然很好，考试分数自然很高。

循循善诱具有教学的艺术之美，目前我们最缺的东西就是循循善诱。它应当是教师追求的教学最高目标。通过循循善诱，当学习变成一种乐趣、一种诗意、一种美的享受的时候,就是教学艺术的最佳状态、最高境界。

循循善诱是一个伟大的教育理论宝库,要运用这个理论来指导我们的教育教学,同时又要在教育实践中不断地丰富和发展这一理论。

泊宁方略 >>>

泊宁再出发

——都匀泊宁高中新生入学教育演讲

2019年9月4日上午8:30

各位同学、各位老师、各位领导：

在这硕果累累的金秋时节，都匀泊宁高级中学新的学年开学了，我们迎来了泊宁高中第二批主人。同学们从贵州的四面八方而来，从黔南的各个县市而来。我们对各位同学的到来表示热烈的欢迎！我们为泊宁高中的再出发表示热烈的祝贺！

新时代的新学期，一切都是新的，新的学校、新的老师、新的同学、新的学习、新的开始。为了让同学们尽快地适应新学校和高中新生活，尽快地投入紧张的学习中来，受学校领导班子的委托，我来和同学们做入学教育的演讲。去年我给高二的同学做了一个演讲，题目是："泊宁出发"，讲了四句话，表达了四个意思。今天你们是第二批高一新生，我的题目再加一个字，叫"泊宁再出发"，讲五句话，表达五个意思。

第一句话："带着故事再出发。"

我们泊宁高中有许许多多精彩的故事，泊宁高中的故事还在继续，在座的每一个人都是书写泊宁故事的人。今天我先说两个故事。

第一个故事：学校创办的故事。我们现在的校园，原来是坝固中学（属于初中），由于合并到匀东中学，这里就空出来了，我们就把它租下来创办泊宁高中。

我们的校园是一块钟灵毓秀的风水宝地。你看,对面是高高的苗岭山,前面有长长的清水江,远离市区的喧嚣和浮华,校园周边没有网吧,没有游戏厅和其他娱乐场所,是教书育人最理想的一块净土,是最令人向往的读书学习的好地方。

我们的办学团队是老中青三结合团队,是最佳的团队组合。年龄最大的是我,其次是执行校长王德文先生。王校长担任民办高中校长几十年,有着丰富的普通高中教育教学管理经验。学校决策层都是年富力强的中年人,董事长王昭先生是多年从事研究生培训工作的,他本人就是在读研究生;范志国先生是人力资源公司的总经理;吴成冬先生是国企悦达资本的高管,他们都是锐意进取的创业者和改革家,多年从事高中教育。他们引进江苏的教育模式,已经成功地在遵义市办有一所"西点中学",第一年的本科录取率是30%,第二年的本科录取率是37.5%,泊宁高中是他们创办的第二所学校。学校的教师队伍都是朝气蓬勃、充满活力的青年人,他们有很强的责任心和使命感,是勇于负责、敢于担当的队伍。总之,我们的团队是充满教育理想情怀、办学实力雄厚的教育团队。

第二个故事:学校文化的故事。我们学校一开始就有很深的文化底蕴、很丰富的文化内涵,是中国优秀传统文化和现代文明相结合的产物。我们的校名"泊宁"二字,源于诸葛亮《诫子书》中"非淡泊无以明志,非宁静无以致远"的思想。我们把"淡泊明志,宁静致远"作为我们学校的校训。取其义,命其名,"泊宁高中"就这样命名了。

现在,请全体师生和我一起诵读诸葛亮的《诫子书》:

"夫君子之行,静以修身,俭以养德。非淡泊无以明志,非宁静无以致远。夫学须静也,才须学也,非学无以广才,非志无以成学。淫慢则不能励精,险躁则不能冶性。年与时驰,意与日去,遂成枯落,多不接世,悲守穷庐,将复何及!"

《诫子书》的大意是:那些德才兼备的人,是靠内心的安静来修养身心的,是靠俭朴的作风来培养品德的。不看清世俗的名利就不能明确自己的志向,身心不宁静就不能实现远大的理想。学习必须专心致志,增长才干必须刻苦学习。不努力学习就不能增长才智，不明确志向就不能在学习上获得成就。过度享乐和懒惰散漫就不能奋发向上，轻浮急躁就不能陶冶性情。年华随着光阴流逝，意志随着岁月消磨，最后就像枯枝败叶那样对社会没有任何用处，守在破房子里，悲伤叹息，又怎么来得及呢？

我们要求泊宁高中所有的学生都能背诵《诫子书》，都能解释《诫子书》的大意，因为它是我们学校校名和校训的文化源头。

我们学校的校旗：上方象征蓝色的天空，下方象征绿色的大地，中间象征火红的青年一代，意涵泊宁学子将是顶天立地的杰出青年代表，一大二小三颗金星象征泊宁学子一定要成为大大小小的时代明星，称为"泊宁之星"。

我们学校的校徽：蓝色椭圆形背景象征蓝天，中间为绿色地球图案，大小两只白天鹅在蓝天上翱翔，飞越整个地球，象征泊宁学子就是美丽的白天鹅，跳跃起步，掠过地平线，飞向蓝天，飞向远方，飞向全世界。

现在，请全体起立，用最高昂的激情、最大的音量，高唱《泊宁之歌》：

1. 苗岭山高，清水江长，泊宁高中是我向往的地方。

菁菁校园，钟灵毓秀。莘莘学子，激情飞扬。

我们淡泊明志，我们勇于挑战，我们放飞金色的梦想。

泊宁，出发。泊宁，远航！

2. 梧桐树绿，迎春花香，泊宁高中是我成长的地方。

谆谆教诲，立德树人。琅琅书声，豪情万丈。

我们宁静致远，我们敢于担当，我们要做祖国的栋梁。

泊宁，卓越。泊宁，辉煌！

我们学校的育人宗旨是：先做人，后成才。

我们学校的办学思想是：面向全体，全面育人，自主发展，淡泊宁静。

面向全体践行有教无类，全面育人落实因材施教，自主发展达成教学相长，淡泊宁静实现立德树人。

我们学校的办学理念是：文化立校，依法治校，科研兴校，质量强校。

我们学校的办学特色是：校园有学府品味，管理有人文情怀，教师有专家典范，学生有成才风采。

今后，同学们可以大张旗鼓地讲述我们学校的故事，大张旗鼓地宣传我们学校的标识、学校的文化，我们以自己的学校而自豪。

第二句话："带着梦想再出发。"

没有梦想的民族是悲哀的民族，没有梦想的人生是悲哀的人生。我们这个时代，是充满梦想的时代，是把梦想变为现实的时代。中华民族的梦想就是中华民族伟大复兴的中国梦，这是由千千万万中华儿女的梦想汇集而成的大梦想。

泊宁高中的办学定位是：招收中考落榜生，进行精准补差教育，经过严格过关训练，让50%的学生考上本科，其余的学生通过与高校联合办学专本连读，为学生和家长提供全新的选择，做到一个都不少，全部上大学。

泊宁高中的梦想是：一年打基础，两年成体系，三年见成效。把三流的学生培养成一流的学生，办出黔南一流的普通高中，办出贵州真正意义上的综合高中，办出中国西部民族地区的优质特色高中，让所有的泊宁学子都圆大学梦。

梦想对于一个人来说，是提前预设的人生奋斗目标。没有梦想的人生是暗淡的人生，有梦想的人生是多彩的人生。泊宁高中是梦想校园，泊宁高中的学生不能没有梦想，没有梦想你来这里干吗？泊宁学子不仅要有梦想，而且梦想要远、要大，要淡泊宁静而志存高远，勇于挑战。十年以后你们将进入社会，成为社会的建设者和中坚力量，我们希望你们成为国家的栋梁之材，泊宁高中就是培养栋梁之材的地方。

在你们当中，有人想当科学家做科研工作，有人想做医生为病人解除痛苦，有人想创业当企业家促进经济增长，有人想做公务员从事社会管理工作，等等。每一个人都有自己的想法和打算，都有自己的梦想，但不管什么打算、什么梦想，考上大学是第一梦想，是必过的第一道关，是实现其他梦想的前提条件。所以，考上大学是所有泊宁学子的梦想，到泊宁就是来圆大学梦的。

第三句话："带着责任再出发。"

社会上的每个人都有各自的责任，每个人都各负其责才能形成有序的社会、和谐的社会。教师的责任是教书育人，医生的责任是治病救人，公务员的责任是管理社会，工人的责任是生产产品，农民的责任是多产粮食。父母的责任是抚养教育孩子，子女的责任是赡养父母，学生的责任是把书读好。

一个人，首先必须能够为自己负责，不甘平庸，追求卓越，有所作为，才有可能为家庭负责，进而为自己的职业负责，为社会负责。这样的例子是不胜枚举的，优秀的人们都是这样的，不仅为自己负责，做一个优秀的人，同时承担家庭的责任、单位的责任，甚至国家的责任、社会的责任。比如我们创办的泊宁高中就是为黔南乃至贵州的部分学生提供一种新的选择，一种补差教育，就是为了满足社会对优质教育的需求，就是承担一定的国家责任、社会责任，就是一种为学生、为家长、为国家、为社会负责的创举。

一个人，不能为自己负责，不学无术，大事做不来，小事不愿做，无所作为，无所事事，就有可能成为家庭的负担、社会的负担。这样的例子也是很多的，那些啃老族难道不是家庭的负担吗？

一个人，对自己负责的根本标志是能自觉管住自己，做到自我教育、自我管理。一个人连自己都管理不好，很难做到对自己负责，就很难成为优秀的人才，甚至还会增加社会的管理成本。比如说，在学校就餐的时候大家都有序地排队取食，不浪费食物，还用得着学校派老师去维持秩序吗？我们学校能不能取消就餐时教师的值班制度？什么时候取消？

现在，我要告诉同学们一个事实，你们还在初中的时候是少年，属于未成年人。现在你们将步入青年阶段，到时我们学校要举行成人仪式。从法律上说，你们就是行为能力人。举例子说，未成年人出什么事，一般由监护人负责，也就是说由家长负责。而成年人出什么事，一切由自己负责，自己承担一切法律责任。所以，你们的所作所为、言行举止都要比以前更加小心、更加谨慎，千万不要出任何违法乱纪的事情，否则后果不堪设想。

一切教育的本质是自我教育，教育的最高境界是自我教育。泊宁高中的学生，一定要为自己负责，进行自我管理。我的行为我做主，我的学习我做主。带着责任出发，从我做起，从现在做起，把人做好，把书读好，勇挑重担，敢于担当，做一个优秀的泊宁学子，能够承担国家和社会的重任，不辜负老师的培养，不辜负父母的期望。不仅不会成为家庭和社会的负担，还要为家庭承担更大的责任，为国家、为社会做出更大的贡献。

第四句话："带着友爱再出发。"

同学们来自咱们贵州的不同县市，黔南的同学要多一点。我们有来自黔东南丹寨、麻江的同学。最远的有来自遵义的同学。我现场做一个调查：来自丹寨的同学请举手（约有60人举手）。哇！这么多人。来自遵义的同学请举手（约有40人举手）。哇！也不少。

同学们还来自不同的民族，有汉族、布依族、苗族、水族、土家族、仡佬族、毛蓝族等。我也现场做个调查：是苗族的同学请举手（有100多人举手）。呵呵！这么多。是水族的同学请举手（约80人举手）。也不少。

同学们，不管你来自哪个县市，哪个民族，哪个家庭，你们都是平等的，都是泊宁高中的学生。大家从四面八方来到这里，要在一起度过高中三年。这是一种缘分，一种同学同窗的缘分，一种和兄弟姐妹相处的缘分，这是人生最难得的缘分。今后，你们走向社会的各行各业，各行各业都有你的同学，这是人生的一笔宝贵财富。所以，你们要像保护眼睛一样，特别地珍惜这种缘分。

你看看，原来大家几乎都不认识，现在大家都是朋友。原来你的同学基本上是你县市的人，现在你的同学遍布半个贵州。大家走到一起来，就像兄弟姐妹一样，在一个教室读书学习，在一个饭厅吃饭，在一个宿舍睡觉，在一个球场打球，在一个社团活动。你看看，多么亲切，多么亲热，多么温暖，多么幸福。同学同窗之情也是一种亲情，一种友情，情同手足。所以，班级和班级之间要团结，宿舍和宿舍之间要团结；不同民族、不同地区的同学之间要团结，要形成泊宁高中一种团结友爱、互帮互学、活泼向上的生动局面。

既然是兄弟姐妹，我们就应该团结友爱，守望相助。同学之间，有什么困难？有什么问题？不管是学习上的困难，还是生活上的问题，都要互相关爱，互相帮助，大家一起克服困难，一起解决问题。在互相关爱、互相帮助中培养同学感情，在共同克服困难、解决问题中增进同学友爱。

这里有一点我要提醒你们：大家刚到学校，对大部分同学都还没有认识，同学与同学之间也不大了解。同时由于习惯、性格不太一样，大家在一起学习、生活，难免有一些磕磕碰碰，这也是很正常的。要通过多沟通、多交流来加深了解，减少误会，增进友谊。千万不能恶语相加、拳头相向。尤其是绝对不允许搞小圈子、小团体、小山头，破坏团结，搞乱校风，这是必须严肃处理的。

泊宁高中崇尚友谊，提倡文雅，追求友爱，倡导团结互助，树立文明校风。泊宁高中反对粗暴，杜绝仇恨，处罚违纪违规，坚决打击歪风邪气。

第五句话："带着干劲再出发。"

没有干劲的出发不能行稳致远，没有干劲的出发等于没有出发。高中三年，说短不短，说长不长，不能复制，不可重来，是真正的黄金时代，要倍加珍惜，不要年华虚度。

同学们来到泊宁，就进入了高中阶段，进入高中生角色，进入紧张的学习状态了，半点不能松懈，半点不能休闲，半点不能懒惰。泊宁校园空气好、风景好、环境好，是读书学习的好地方，但它不是游乐园，不是度假村，不是疗养院。考试成绩是500分、600分的学生都还在抓紧时间地学习，丝毫都不敢放松，你成绩只有200分、300分还在那里优哉游哉地过日子，你能后发赶超吗？你能考上大学吗？这是千万要不得的。

同学们，我们只能心无旁骛、专心致志地学习，没有其他任何杂念，也不容有任何杂念。只有比别人更加努力，付出更大的代价，才能补上短板，迎头赶上，考上心仪的大学。

大家知道，生命是由时间构成的，而时间是由天数、小时和分钟计算的。曾有人说：如果每天落后别人半步，一年后就是一百八十三步，十年后就是十万八千里。同样的道理，如果每天比别人进半步，一年后就是一百八十三步，十年后也可以把别人甩开十万八千里。道理很简单："不积跬步无以至千里，不积小流无以成江海"。我们要只争朝夕，毫不放松，毫不懈怠，珍惜点点滴滴的积累，只要每天进步一点点，一年以后就会有大的变化，三年以后就会有质的飞跃，就一定会考上大学。

这里，我还要告诉同学们一个事实，初中的学习和高中的学习有很大的差别，初中是"要我学"，高中是"我要学"。

高中的所谓"我要学"就是学生自己积极主动、自觉地学习，不能像在初中那样等老师安排才学习，没有安排就不学习。高中的学习容量比初中大得多，一共有9门学科，有些学科还有必修课和选修课。要在老师的指导下制订学习计划，掌握一定的学习方法，按计划切实完成学习任务。

每位同学都要认真分析、深刻反思在初中的时候学习没有进步、成绩不理想的真正原因是什么？从不懂的地方学起，从最薄弱的环节抓起，鼓起最大的勇气，使出最大的干劲，一步一个脚印，一点一滴地攻关，把高中的各科学习做好，考出好的成绩，考上大学。

老师们，同学们，泊宁高中已经出发，开弓没有回头箭，让我们带着故事、带着梦想、带着责任、带着友爱、带着干劲出发，所有泊宁人都进入出发的状态，向着既定的目标，努力迈进，再迈进。

现在，请全体起立，握紧右拳，举起右臂，高呼口号：试一试我能行，拼一拼我能赢！路在前方，我在路上，只要出发，就能到达！

大家请坐。谢谢！

泊宁方略 >>>

泊宁再出发
——都匀泊宁高级中学举行2019年新生入学专题教育活动

  2019年9月4日上午8点，秋高气爽，艳阳初升，我校在校园音乐广场举行"都匀泊宁高级中学2019年新生入学专题教育"活动。本次教育活动由学校党支部书记吴成冬主持，黄周立校长做专题报告，全校近500名高一新生及全体教职工聆听了黄校长的专题报告。

  黄校长报告的题目是："泊宁再出发"。他从学校的校名"泊宁"的由来讲起，带领全体师生诵读了诸葛亮的《诫子书》，深入解读"淡泊明志，宁静致远"的校训，阐释了学校校旗、校徽的象征意义，并与大家一起高唱校歌《泊宁之歌》。

  黄校长的报告讲了五句话，阐述了五个专题内容，分别是：一、带着故事再出发，二、带着梦想再出发，三、带着责任再出发，四、带着友爱再出发，五、带着干劲再出发。

  黄校长做报告，激情澎湃，寓庄于谐，语重心长，深深地感染了在场的每一位同学和老师，不时博得大家一阵阵热烈的掌声。本次专题教育，使同学们初步认识了高中阶段对整个人生发展的意义，潜移默化地融入泊宁高中的学校文化，真正进入泊宁高中时间。

  全校新生群情激昂，纷纷表示，一定牢记黄校长的嘱托：带着故事，带着梦想，带着责任，带着友爱，带着干劲再出发。绝不辜负学校和家长的期望，以崭新的面貌迎接新的挑战，努力做一个优秀的泊宁学子。

  最后，全体起立，在黄校长的带领下高声朗诵：梦在前方，我在路上。只要出发，就能到达！激昂之声，直冲云霄，体现了泊宁高中的精神力量。

入学专题教育活动在全体师生奋发昂扬的气氛中顺利结束。

泊宁方略 >>>

发现泊宁

——都匀泊宁高中教师培训讲座提纲

2020 年 3 月 16 日

老师们，同志们：

都匀泊宁高中已经建校两年，今年是第三个年头。我们的工作是富有成效的，学校发展的势头是良好的。但是面临的困难和挑战也是很严峻的。按照"一年打基础，两年成体系，三年见成效"的办学目标，明年就是见成效之年，但是我们的办学体系还是不够成熟的。

泊宁高中是一所什么样的学校？我们要办什么样的泊宁高中？目前的泊宁高中办得怎么样？有哪些短板和弱项？下一步要怎么走？这是我们在座的每一位都必须面对、必须认真思考的问题。因为我们进行的是全新的工作，没有既定的脚本，需要找到新的规律。就是说，我们如何去发现泊宁高中？发现泊宁高中的办学规律？这就是今天我们要讨论、要研究的非常重要的课题。

我们有必要进一步分析泊宁高中教育教学工作中存在的各方面问题及其原因，进一步探索泊宁高中的办学规律，从而发现泊宁高中的办学方法。才能进行前瞻性思考，全局性谋划，战略性布局，整体性推进。下好先手棋，打好主动仗。才能构建和巩固办学体系，为明年见成效打下坚实的基础，我们的办学才能立于不败之地。

一、泊宁高中诞生和存在的理由

泊宁高中为什么能在都匀坝固创立？理由很简单，就是有需求才有市场。大数据分析显示：在黔南州，每一年的初中毕业生，除了录取普通高中和中职学校以外，还有1万多名希望就读普通高中但因为中考分数线达不到而不能升入普通高中继续学习。另外，随着人民生活水平的进一步提高，老百姓对优质教育资源的需求日益增长。这个巨大的需求市场就是泊宁高中诞生和继续存在的最大理由，也给泊宁高中进一步发展提供了广阔的空间。

通过以上分析，我们学校是在黔南州目前教育资源供给不足的情况下创办的，实际上是抢抓了教育资源短缺的机遇才得以建立的，我们是在相对薄弱的领域探路，就像一个孤岛上的拓荒者一样，少有对手或基本没有对手。等到我们成功了，别人要到岛上来发展已来不及，因为这个领域的市场已被我们抢占了。

资源短缺是个机遇，但红利不能长久。黔南州普通高中教育资源供给不足的现象是暂时的，发展不充分也是短暂的。随着国家普及高中阶段教育政策的进一步落实，对普通高中教育投入进一步加大，政府就会逐步满足人民群众对普通高中教育资源的需求，就可以做到满足所有有就读普通高中意愿的初中毕业生的需求。这样一来，我们单靠资源短缺的机遇来谋发展是不可持续的，换言之，单靠外延式的急功近利的发展模式是没有出路的。因此，不要指望靠填补资源短缺过日子，这种日子注定是不长久的，这方面不要再抱有幻想。必须准备脱掉几层皮，努力蹚出一条具有泊宁特色的发展之路——内涵发展之路，优质教育之路，品牌学校之路。

所以，从现在开始，既要超前谋划，又要考虑长远。我们必须培育办学的内生动力，增强办学实力，激发办学活力。要有科学合理的学校发展规划和实施方案，要有一支师德高尚、专业能力强、能打硬仗的教师团队，要有符合学生全面发展、健康成长的泊宁高中文化，要有精准提高教育教学质量的科学方法。这些，都是我们办学的基本条件，也是学校发展的必由之路，更是打造品牌的制胜法宝。

二、不是唯一，就是第一，不做之一

在黔南州，已有不少的民办学校，但是，有明确办学定位的普通高中，目前就只有泊宁高中一家。从某种程度上说，泊宁高中也算是黔南教育的新生事物，而新生事物的成长是非常脆弱的，基础是很不牢固的。

俗话说"基础不牢，地动山摇"，所以，我们一开始就明确"一年打基础，两年成体系，三年见成效"的办学目标。没有打好基础就很难建成办学体系，不建成办学体系就不可能见成效。这个道理是非常简单、非常清楚、非常明白的。

现在的关键是进一步巩固我们原有的基础，继续构建科学高效的办学体系，为明年高考见成效创造有利条件。

以重点突破带动全局发展，做到量的增长和质的提高。学校工作千头万绪，班级工作纷繁复杂，教学工作精益求精，后勤工作要求精细，等等。在许多问题和矛盾同时存在的情况下，如何抓住主要矛盾和矛盾的主要方面，是我们的工作实现突破的关键。我们要学会以问题为导向的工作方法，寻找工作的突破口，来带动整个风气的好转，从而树立良好的教风、学风、校风。

举个例子，比如目前我们学校最为严重的风气问题是就餐秩序的混乱，你不要认为跟学习无关。这个问题不解决，就会波及课堂纪律，波及学校工作的其他方面，进而直接影响教育教学质量的提高。

抓住了影响全局的这个主要矛盾，下重力气彻底解决这个问题，其他一切次要矛盾就会迎刃而解。这是毛泽东《矛盾论》里阐明的矛盾辩证哲学。因为一旦这个主要矛盾得到彻底解决，就会产生叠加效应，带动其他问题的解决。就餐混乱的问题解决了，课堂纪律问题就容易解决了，学习风气就好起来了，教学质量就可以得到提高。

我们要办人无我有的教育，办适合学生成长的教育，办优质教育，我们才有比较优势。什么是优质教育？能把差生教好的教育才是真正的优质教育。第一不是品牌，唯一才是品牌。坚决不做次级品牌、二级品牌，不做之一。

我们的品牌，不是要等到高考成果出来之后的品牌，而是学生进校之后的变化，学会做人、学会学习、健康成长的品牌。是学生满意，家长放心，社会认可的品牌。是懂教育的人先认可欣赏，然后带动不懂教育的人也趋之若鹜的品牌。只有这样，泊宁高中才能走得更远。

三、泊宁高中的特色和优势

泊宁高中的特色是什么？品牌是什么？泊宁高中的内涵有哪些？优势有哪些？泊宁高中的办学模式是什么样的？学校文化是什么样的？这些问题，都是我们必须一件一件地、实实在在地落实、落地、落细的，必须一个问题一个问题地解决，做出看得见摸得着的明显成绩，干出不同凡响的业绩。

我们经常说，泊宁高中是江苏人办的，是江苏教育移植黔南、移植贵州的范例。那么，江苏教育是什么？有哪些特征？江苏教育，在我看来，说复杂也复杂，说简单也简单。说复杂，就是江苏教育有着源远流长的文化底蕴，有着深厚的教育理论内涵，有着专家学者型的教师队伍等。说简单，就是江苏教育盯得很紧，老师必须辅导学生真正学懂才能过关，就这么简单。

现在，我们把江苏教育移植过来，复杂的一时间学不好，简单的必须学过来，就是实行过关教育、过关教学。那么，江苏教育移植贵州、在泊宁高中的具体做法有哪些呢？目前大家已经在做的有以下几点，但是效果不是很显著。

一是实行小班额。一般在 20~40 人间，小班额为过关教学创造了条件，奠定了基础，这一点效果较为明显。

二是实行过关教学。要求教师要从最后一名学生教起，从每个学生不懂的地方教起。手把手地教，点对点辅导。批改作业要面批面改。要用考驾照的方法进行学习，科目一不过不学科目二。

三是实行早读、晚自习先读单词的制度。这一点，只要长期坚持下去，应该还是有效果的。

四是实行每天写字 10 分钟。写字要与爱国主义教育结合起来。字写不好，连考试的卷面都不好看，就不要说其他了。

四、如何推进精准补差模式

江苏教育移植贵州，在泊宁高中就是精准补差教学模式，我们一定要把精准补差模式做成教育精品、品牌，泊宁高中的品牌。专业的人办专业的事，也只有泊宁高中的团队才能做精准补差这个品牌。

我们必须进一步挖掘、充实和丰富精准补差的内涵，使之成为有理论支撑又便于实际操作的教学模式，成为泊宁高中的秘密武器，成为我们的核心技术和核心竞争力。

老师们，教育首先是人学，为着人而来，向着人而去。为了更好地推进精准补差模式，我们必须以人为本，以人为尊，以人为重。要坚持以学生为中心，为学生服务，对学生负责，受学生监督，让学生满意的原则。要深入细致地做学生工作，尊重学生，亲近学生，了解学生，引领学生。要目中有人，很多好主意、好想法要征求学生意见，从学生中来，到学生中去，可以收到事半功倍的效果。总之，相信学生，依靠学生，才能赢得学生。

（一）常规管理是基础

常规管理是学校正常运转的基本动作，常规管理环环相扣，非常注重细节，哪一个环节都不能掉链子。常规管理要有量化指标，要能检测、打分、评比，奖优罚劣。常规管理抓好了，学校一切工作运转也就正常了，提高质量也有了根本保障。我们要狠抓常规管理，向常规管理要质量。

1. 建立工作专班制度。根据学校工作的轻重缓急，重点工作要组建工作专班，比如"学生行为规范工作专班""教学常规工作专班""学校活动工作专班"等。根据工作性质制定工作方案及其实施细则，编制工作流程。要设立专干、专员，要求对标对表，重点工作执行倒计时制度，督导检查不留死角。

2. 坚持一日常规。学生一日常规要有量化标准，从起床、宿舍内务、出操、升旗仪式到上课、课间操、集会、参加活动等，都要做到能够检测、打分，进行评比。

3. 坚持教学常规。教师教学常规包括教学计划、备课、上课、辅导学生（学法指导）、批改作业、教研活动、教学总结等。学生学习常规包括制订学习计划、预习、上课准备、上课要求、提问答问、作业方法、复习等。

4. 坚持学生自治制度。一切教育最终都要回归自我教育。教育的最高境界是自我教育。是否建立学生自治制度，是一所学校办学水平的重要方面。对于学生的常规管理，一定要逐步建立学生自治制度，充分发挥学生会的作用。学生会的纪检组干部可以组成校园不良行为"纠察队"，对学校的常规工作进行检查监督。比如升旗仪式、课间操、课堂纪律、宿舍管理、就餐秩序等，都可以由"纠察队"进行检查和监督。特别是就餐秩序，一定要让学生"纠察队"来执勤，以达到学生自治管理的目的。既减轻了老师值班的工作量，又让学生得到很好的锻炼，而且学生自治也相对公平，同时也充分体现一所学校的良好校风。

5. 开展丰富多彩的活动。校园是育人场所，要围绕教学开展各种适合于青少年健康成长的丰富多彩的校园活动。要充分发挥各个社团的作用，开展各种社团活动、竞赛活动、评比活动、文体活动等。

（二）精准补差是关键

精准补差是江苏教育移植贵州，在都匀泊宁高中生根、开花、结果的教学模式。这是泊宁高中的核心技术、核心竞争力、"秘密武器"，是出奇制胜的法宝，是提高教学质量的关键，是打造学校品牌的最合适的办法。也就是说，根据我们学校的生源实际，借鉴江苏"盯得紧"的经验，我们只能这样做，必须这样做，没有比精准补差更好的办法了。那么，精准补差这个核心技术、"秘密武器"究竟包括哪些内容呢？如何做到"精准"呢？归纳起来，就是以下四个方面的内容：

一是坚持结对帮扶。必须实行一个老师负责几个学生的结对帮扶制度，这是建校之初我极力主张的观点，到现在我仍然坚持这个观点。因为这个制度符合我们学校的办学实际、生源实际、师资实际，也是简单易行、针对性强、看得见摸得着的最有效的办法。同时，这个制度还有一个"品牌"效应，它向家长和社会证明，泊宁高中对待学生就像保姆一样认真和关怀备至。

一个老师结对帮扶3到5个学生，就是自己任教学科最后那几名"学困生"，签订《结对帮扶责任书》，用一周或一个月时间帮扶，点对点辅导，手把手地教，直到过关"脱困"为止。这就是我们经常讲的"从最后一名学生抓起，从每个学生不懂的地方教起，不放弃任何一个学生"的具体做法，不是空口号。某个帮扶对象通过帮扶，经过周考或月考"脱困"了，又转到另外的帮扶对象，周而复始以至无穷，因为永远有最后一名。这样长期坚持下去，教学质量就会有明显的实实在在的提高，就会真真切切地体现精准补差教学模式的生命力，就会用数据和生动的事实证明江苏教育移植黔南的成果。

这个制度必须长期坚持下去，可以在执行中不断调整，逐步完善，甚至可以作为学校的科研课题进行研究，但不能因不好做而不做。在我的极力主张下，学校已经下发文件实行这个制度，但是没有坚持下去，情况怎么样我不用多说，大家都清楚。目前仍然是我们的短板和弱项，还没有形成我们的办学实力。

二是坚持成长档案。必须建立《都匀泊宁高级中学学生成长档案》，制作《学生成长记录表》，内容包括"进步台账"——记录本周有哪些进步、哪些收获；"问题清单"——记录存在哪些问题、哪些不足；"整改措施"——填写下周的个人打算和做法；"老师评语"——由班主任或结对帮扶的老师填写，做一个评价和鼓励。一周填写一份，装入档案袋存档备查。特别是要给学困生建档立卡：建成长的档，立进步的卡，做到精准补差全覆盖。

另外，学生每次放月假回家，都要安排家庭作业，填写《家校共育联系表》，内容包括：是否主动打招呼？怎样向父母汇报学习情况？如何跟家长谈今后打算？做了什么家务事？然后请家长签字，带到学校交给班主任存档备查。

学生成长档案制度，是针对我校学生实际而采取的行之有效的德育方案，是学生"正三观，立四德，塑五行"的具体做法，也是颇具泊宁风格的德育文化。希望大家长期坚持下去，把它做成泊宁高中的亮点，做成泊宁高中的特色。

三是坚持面批面改。教师对作业的批改要做科学的分析，同一类型的普遍错误，可以在黑板上统一订正。但少数的错误则应该进行个别辅导，特别是那些帮扶对象，必须面批面改，直到懂了过关为止，否则他还是不会。要当面指出错在哪里，原因是什么，关键的知识点是什么，怎样做才是正确的。要让学生重做一遍，以验证他是不是真正懂了。面批面改就是因材施教的具体做法，就是个性化的教学服务。面批面改是帮扶"学困生"的最好办法，必须作为一项教学制度长期坚持下去。

四是坚持周日补差。将同年级某个学科的"学困生"集中起来进行周日补课，必须做到人人过关。这一制度可作为"补差"的教研课题来上公开课，大家一起研究"补差"的科学方法，形成一套具有泊宁高中特色的行之有效的"补差"教学经验。

以上这些核心技术，就是我们泊宁高中的看家本领，是江苏教育移植贵州、在泊宁高中的具体做法。大家要达成共识，要持之以恒地长期坚持下去，可以在执行中不断调整、不断总结、不断完善，但不要各行其是。学术讨论可以有不同观点，工作安排必须执行到位，不得有半点偏差。这就叫工作有章法，有板有眼。要避免工作的误区、盲点、死角，要坚持不懈地一抓到底。

（三）学校文化是内涵

学校文化是办学的灵魂，没有文化就没有灵魂。学校文化体现一所学校教育的真正办学水平。

"立德树人"是教育的根本任务，但立什么德？树什么人？怎样立德？

怎样树人？又是每一所学校如何办学的首要课题，可以展现出不同办学者异彩纷呈的办学智慧。

泊宁高中学校文化的要点是：以德来立人，以教来树人，以文来化人，以美来育人。从这四点出发，来展开泊宁高中的学校文化。

学校文化最终要体现为行为文化。不只是写在纸上、说在嘴上、挂在墙上、印在横幅上，而是要体现在泊宁人的言行举止上。

文明是最美的风景，最美的风景在人身上，在典范的老师身上，在优雅的学生身上。让我们的学生把泊宁文化带到家里，带到社会上。

文化力量是教育的强大力量，文化精神是学校的内在精神。泊宁文化就是优质的教育产品，就是泊宁教育品牌。

今天我在这里只强调学校文化的重要性，至于泊宁高中的学校文化，因为内容太多，我们另外做专题讲座。

（四）专业成长是根本

教育大计，教师为本。教师的专业成长是学校的办学实力所在，是学校可持续发展的根本保证。泊宁高中教师的专业成长要在以下三个方面努力取得成效。

一是坚持"教师成长三部曲"——读、思、写。就是坚持阅读、反思、写作。这是我反复跟老师们强调的专业成长的最基本的方法，也是教师专业成长的有效途径。

二是坚持"三独立"——独立专研教材，独立编写教案（设计学案），独立出题考试，这是教师专业成长的切入点和突破口。

三是坚持校本研修——集体备课，同伴互助，专家引领。

（五）精神力量是保障

同志们，我们是一个集体，一个团队，在一起干事业，干泊宁的事业，我们有共同的奋斗目标。我们不仅要有自己的团队文化，而且要有集体精神、泊宁精神，形成我们团队的凝聚力、集体的战斗力。

我们每个人与学校是利益共同体，这个道理很简单，学校办好了，大家的待遇就会好起来。学校办不好，我们的待遇就好不起来。泊宁高中是我们安身立命的共同家园，我们要维护好这个家。

我们每个人与学校是命运共同体，现在大家都在泊宁高中这条船上，它是我们成长的平台，我们要在风浪中经受各种考验，锻炼成长。其实成长比待遇更重要，我们不仅要在这里愉快地生活，而且还要在这里把自己锻炼成为一名优秀的教师。我们要有一种"校兴我荣，校衰我耻"的荣誉感、使命感。这就是一种动力，一种精神的力量，是我们事业成功的根本保障。

今后，学校要建立"教师专业成长机制"，为大家在评职称、评优、培训等方面创造条件。学校还要建立一种教师专业成长的"创新容错机制"，让老师们大胆创新，不断地在吸取失败的教训中取得成功，在纠正错误中得到进步、成长。

五、发现泊宁就是发现自己

老师们，同志们，我们的价值与泊宁同在，我们与泊宁相辅相成，荣辱与共。

发现泊宁就意味着我们真正掌握了泊宁高中办学的核心技术，意味着我们已经把江苏教育成功地移植贵州、移植黔南，意味着泊宁高中在黔南、在贵州已经立于不败之地。同时，发现泊宁就是发现我们自己，发现教师的社会价值，发现我们的人生价值。

当一名称职的人民教师是不容易的，要用心、用情、用力，用一辈子来修行。不慕虚荣，不务虚功，不图虚名。所以，师德修养永远在路上，专业成长永远在路上。

让我们按下发现、拼搏、进步、成长的快速键，在工作中打磨，在克服困难中锤炼，着力打造一支优秀的泊宁教师队伍。

风起于青萍之末，让泊宁教育的涟漪层层扩散开来，形成波涛汹涌的发展浪潮。让江苏教育在黔南、在贵州结出丰硕成果。

泊宁方略 >>>

校刊《逆袭》卷首寄语

　　伴随着都匀泊宁高中出发远航的脚步，泊宁校刊《逆袭》诞生了，这是值得庆贺的大事。逆袭者，困境中的攻坚克难者，逆境中的顽强拼搏者。展现的是一种势在必得、反败为胜的奋斗精神。这正是我们泊宁精神的具体体现。每个泊宁人都是逆袭者，都有逆袭的意志、决心、毅力和行动。

　　泊宁高中的横空出世，问鼎黔南，本身就是勇敢的逆袭行动。我们是问题教育的勇敢批判者，但是我们以建设的方式进行批判，因为空洞的牢骚和无聊的抱怨不解决任何问题。诚如习近平总书记所说："空谈误国，实干兴邦。"我们要勇挑重担，敢于担当。在艰苦创业中用实践证明，用事实说话，用业绩来进行批判。

　　新时代是奋斗者的时代，每个泊宁学子都必须明白：出生无法选择，现在可以把握，未来能够开创。每个泊宁学子都必须具有逆袭精神、拼搏精神。我们走进泊宁，就一定要在泊宁逆袭，就一定要在泊宁圆梦。人生能有几回搏，此时不搏，更待何时？泊宁学子，要胸怀大志，心存大我。不忘初心，砥砺前行，我们就一定有光明的未来。

　　泊宁文化，底蕴深厚，内涵丰富，是中国优秀传统文化和现代文明以及新时代精神的有机结合。文明是最美的风景，最美的风景在人身上，在泊宁老师身上，在泊宁学生身上。泊宁高中校园，每天都有动人的故事发生，每天都有精彩的场景呈现，每天都有美丽的画面展开，只是需要我们善于去发现、去书写罢了。《逆袭》的使命，就是用大手笔来写泊宁的大文章，让我们大家都拿起笔来，描绘泊宁的苦与乐，叙述泊宁的出发与远航，续写泊宁的卓越与辉煌。

《逆袭》在逆袭，只要坚持，定能胜出！

泊宁方略　>>>

麻怀干劲与泊宁精神

——关于学校精神的励志演讲

2019年9月22日

各位同学、各位老师、各位领导：

前几天，我们学校邀请了中共十九大代表邓迎香给全校师生做专题报告，大家面对面地聆听了全国劳动模范的先进事迹，在全校上下引起了强烈的反响。但是，听了报告之后，大家有什么触动？有什么感悟？有什么反思？有什么行动？我们有没有收获？如果我们没有一点收获的话，那我们就白白地听了一场报告，我们就对不起邓迎香了。

为了让你们能更好地理解邓迎香报告的重要意义，为了能让麻怀干劲尽快地转化为泊宁精神，形成泊宁高中强大的精神力量，鼓舞我们去战胜面临的各种挑战和困难，今天，利用这个时间，我给大家做一个演讲，题目是"麻怀干劲与泊宁精神"，供你们参考，与你们共勉。

一、邓迎香的事迹

邓迎香是罗甸县沫阳镇麻怀村一个普普通通的农村妇女。麻怀村百姓世世代代居住在崇山峻岭中的一个小天坑中，从村里出来，要走两个多小时山路才能到公路上，很不方便，出行艰难一直困扰着麻怀村人民。邓迎香带领麻怀群众，采取人工的方法，一锄一镐地挖，在悬崖峭壁上硬生生地凿出一条长216米、高3.5米至5米、宽3.9米至6米的隧道，前后用了13年时间，这就是远近闻名的"麻怀隧道"。现在村民出行只用15分钟,开车就只用几分钟了。麻怀隧道的挖通,彰显了麻怀人感天动地的"麻怀干劲",邓迎香也因此被誉为"当代女愚公"。她先后荣获"消除贫困感动奖""全国三八红旗手标兵""全国扶贫先进个人""全国优秀共产党员""全国脱贫攻坚奖""最美奋斗者"等荣誉称号,光荣地当选中共十九大代表,在全国各地宣讲十九大精神500多场次。

二、为什么要请邓迎香做报告

能请邓迎香亲临学校做报告是很不容易的。她现在是名人,去哪里要得到组织上的批准。我告诉她,我们学校是一所新建的民办学校,招收的都是来自全州各县中考失利的学生。我邀请她到我们学校来,给老师同学们讲一讲她的故事,她乐意地接受了。

为什么要请邓迎香来学校给你们做报告呢?大家想一想。难道我们只是有幸看到了她本人、一睹邓迎香的风采,有幸当面聆听了她的故事就结束了吗?仅此而已吗?不是!我们请邓迎香到学校做报告,是有特别的意义的。

我认为,目前我们泊宁高中,与当年麻怀村隧道没有挖通时一模一样。泊宁高中现在正处于创业阶段,今年是办学的第二年。虽然招生一年比一年多,办学一年比一年规范,校风一年比一年好,但是我们的办学成果还没有出来,我们的办学目标还没有实现,我们的办学品牌还没有叫响。一句话,我们的隧道还没有打通,我们还没有走出大山,还没有翻过苗岭。现在的泊宁高中,是创业最艰难的时候,是最需要付出巨大努力的时候,最需要麻怀干劲的时候。

我们把邓迎香请来,就是让大家亲眼看到她朴实的农村妇女形象,亲耳聆听她那十几年如一日坚持不懈挖山的感人事迹,学一学麻怀干劲,通过反思和消化,让麻怀干劲尽快地转化为泊宁精神,鼓舞大家振奋精神,让在座的每一位都勇敢地拼搏奋斗,去实现我们的远大理想。

三、怎样把麻怀干劲转化为泊宁精神

泊宁高中最需要麻怀干劲,但是,怎样才能把麻怀干劲转化为泊宁精

神呢？我认为要抓住三个关键点：一是要认真领会麻怀干劲的精神实质；二是要充分把握泊宁精神的文化内涵；三是要把泊宁精神转变为我们的行动。

麻怀干劲的精神实质是什么？泊宁精神的文化内涵有哪些？怎样才能把泊宁精神转变为我们的行动？这就是今天在座的每一位都要认真思考、必须落地的重要课题。必须抓住三个关键点，这也是"不忘初心，牢记使命"主题教育活动的重要内容，更是贯彻党的教育方针、落实立德树人根本任务的重要责任。

四、麻怀干劲的精神实质

麻怀干劲的内容十分丰富，团结一心、协调一致、民主集中、统一行动等都是麻怀干劲的内容。但是，最核心的东西是什么？它的精神实质是什么？我把它归纳为四个方面：

一是"不等不靠"。习近平总书记说幸福都是奋斗出来的。麻怀村人民不等不靠，发扬自力更生、艰苦奋斗的主人翁精神，自己的困难自己解决，自己的命运自己改变，一锄一锄地挖，一担一担地挑，一天接着一天凿，一年接着一年干，用自己的双手开凿出通往幸福的隧道。

我们黔南是少数民族地区，地处偏远，经济文化相对落后，生活条件比较艰苦，许多地方的人长期以来就形成了一种"等、靠、要"的思想，总是希望政府来改变他们的环境、解决他们的困难。这种依赖思想往往就变成一种懒人思想。这些人不思进取，安于现状，无所事事，大事做不好，小事不愿做，一辈子都改变不了贫穷落后的命运。

我们当中也有不少人有依赖思想、懒汉思想。学习本来是每个人自己的事情，自己的事应该自己主动去做，自己的问题应该自己处理。但是我们有些同学，老师不安排就不做，有的老师安排了还不做，所以学习进步不大，或者没有进步，甚至还有退步。这是千万要不得的，这是很难改变命运，很难实现梦想的。

我们要向麻怀村人民学习，向邓迎香学习，向麻怀干劲学习，不等不靠，自力更生，艰苦奋斗，去创造自己的幸福，去实现自己的梦想。泊宁高中反对一切依赖思想，反对一切懒汉！

二是"苦干实干"。邓迎香带领麻怀村人民，"不唯上，不唯书，只唯实"，历时十多年挖出麻怀隧道。这条隧道是艰辛的汗水和全村群众劳动出来的，是苦干实干挖出来的，是实实在在地用双手刨出来的，不是假干虚干的"面子工程"。

现在，我们农村许多工程存在大量的浮夸虚报、偷工减料、欺上瞒下的现象，成为不好的社会风气，大家对这种风气是深恶痛绝的。

同样，学校里也存在大量的假动作、假汇报、假作业、假学习、蒙混过关、自欺欺人的假读书现象，这与苦干实干的麻怀干劲是格格不入的。

泊宁高中的学生要把书读好，把人做好，就要向麻怀人民学习，像邓迎香那样，认认真真地读书，老老实实地做人，一个行为一个行为地纠正、规范，一个难题一个难题地克服、解决，才能学到知识，才能健康成长，才能实现我们的梦想。千万不能搞"面子工程"，千万不能搞假学习、假读书。泊宁高中拒绝一切假学习、假读书现象。

三是永不放弃。麻怀干劲的一个显著特点是锲而不舍、坚持不懈、十几年如一日，永不放弃。大家试想一下，如果他们不坚持到底，如果他们选择放弃，半途而废，就不可能有现在的麻怀隧道，就不可能有麻怀村翻天覆地的变化，就不可能有麻怀村人民的幸福生活。

同学们，所有的失败都是从放弃开始的。好多人学习没有进步，不是因为他们不聪明，不是因为他们没有能力，而是因为他们不愿努力，不坚持到底，他们选择了放弃，选择了逃避，就这样半途而废了！

同学们，所有的成功都是从坚持开始的。我曾经多次和你们说过："难在坚持，贵在坚持，成在坚持。"我们要把学习成绩提上去，就必须像麻怀人民一样，像邓迎香一样，"咬定青山不放松"，"任尔东西南北风"，一步一个脚印地往前走，咬紧牙关，绝不停滞，绝不后退，不达目的，誓不罢休。

四是攻坚克难。麻怀村群众在开挖隧道的过程中，不知道解决了多少从来没有遇到过的问题，战胜了多少难以想象的困难，克服了多少艰难险阻，用拼的精神、搏的干劲，一点一点地啃硬骨头，终于把隧道打通，这就是麻怀干劲中最为宝贵的攻坚克难精神。

我们在学习和成长的过程中，同样存在许许多多这样那样的问题和困难，如果我们不去面对这些问题，不去克服这些困难，我们的学习怎么能进步？我们怎么能健康成长？所以，我们一定要学习麻怀人民攻坚克难的斗志，用拼的精神去应对各种问题，用搏的干劲去克服各种困难，一点一点地啃学习上的硬骨头，一定要把学习上的隧道打通。"彩虹总在风雨后"，"无限风光在险峰"，泊宁高中拥抱那些敢于迎难而上、不畏艰险、势在必得的勇士。泊宁高中不欢迎那些害怕困难、不愿努力、畏缩后退的懦夫。

刚才，我说的是麻怀干劲的精神实质，现在，我来说泊宁精神的文化内涵。

五、泊宁精神的文化内涵

我们学校的办学理念是：文化立校，依法治校，科研兴校，质量强校。学校不能只有知识没有文化，没有文化就没有灵魂。泊宁精神也是泊宁高中的学风，是具有丰富的文化内涵的。泊宁的学风，原来的表述是：勤于学习，善于反思，勇于变革，敢于担当。后来经过反复研讨，专家建议改为"乐学，善思，日新，担当"八个字，这就是泊宁精神的内容。

乐学。《论语·雍也》篇："子曰：知之者不如好之者，好之者不如乐之者。"对于学习，了解怎样学习的人，不如喜爱学习的人；喜爱学习的人，又不如以学习为乐的人。比喻学习知识或本领，知道它的重要性的人不如爱好它的人接受得快，爱好它的人又不如以此为乐的人接受得更快。

同学们，科学研究反复证明：学习是人的本能，每一个人都是天生的学习者。人有巨大的学习潜能，每一个人都有无限的发展空间。懂得学习比懂得知识更加重要，学会学习比学到什么更加重要，养成良好的学习习惯比临时学到什么知识更加重要，这就是"乐学"的素养。

邓迎香就是一个乐学的人。她是小学一年级学生,通过不断学习,她现在能认3000多个汉字,能够读比较长的文章,在全国各地做了500多场报告。

泊宁高中的学生,不仅要懂得学习的重要性,养成热爱学习的习惯,更要养成以学习为乐的良好习惯,形成我们的基本素养。就是说,乐学是泊宁精神的文化内涵,必须成为泊宁高中的学风,必须成为泊宁学生的基本素养。

善思。《论语·为政篇》说:"学而不思则罔,思而不学则殆。"只是学习却不思考就会迷惑,只是思考却不学习就会精神疲惫而无所得。

反思是一个人进步、成长的动力源泉。学习的过程就是一个不断反思、不断探索的过程。在学习中,我们要养成独立思考的习惯,对任何问题都要用研究的眼光去进行分析和探究,形成研究型学习模式。我对老师们也说过:"要把工作当作学问来做,把问题当作课题来做。"如果我们在学习中带有研究的意识,那么学习就具有科研的意义,学习的过程就是科研的过程,我们就是小小科学家、小小思想家。其实,所有的科学家、思想家也都是这样走过来的。

邓迎香就是一个善于反思的典范。她不以挖通隧道而满足,而是不断探索乡村振兴和麻怀发展的新理念、新思路、新方法。通过不断调研,反复论证,找准方向,决心在新时代要有新作为、新突破、新成果。

泊宁高中的学生,要练就一种优秀的思维品质,就是凡事都要用研究的方式去观察、去思考、去学习,就是有方法地学习。用科研的方法进行学习,尤其是对于各门学科的学习,才能杜绝无效学习,实现有效学习、高效学习。这也才是泊宁高中学风的应有之义,才是泊宁高中学生的优秀品质。

日新。《礼记·大学》第四十二篇:汤之《盘铭》曰:"苟日新,日日新,又日新。"商汤王刻在洗澡盆上的箴言说:"如果能够每天除旧更新,就应该天天除旧更新,新了还要更新。"这是商汤每天告诫自己的座右铭。一个人在精神上的洗礼,品德上的修炼,学习上的进步又何尝不是这样呢？每天更新一点点，每天进步一点点，这是所有人进步成长的不二法则，是所有人要实现梦想的必由之路，泊宁高中的学生也不例外。

邓迎香的成长之路就是一个不断更新的路。她通过孜孜不倦地学习，不断更新自己的观念，使自己的思想能够跟上新时代的要求，从一个普通的农村妇女，慢慢成长为优秀的共产党员、党的十九大代表和新中国"最美奋斗者"。

泊宁高中的学子，要胸怀大志，心存大我，实现梦想，就必须"日日新，又日新"，像商汤一样，每天洗掉自己身上不干净的污垢，改掉自己身上的不良习气。像邓迎香那样，坚持学习，不断更新，每天都要有所改变、有所进步、有所成长。这是泊宁精神的重要内容，是泊宁学子应有的基本素养。

担当。人生的价值在于担当。同学们可能记得我给你们做的《泊宁出发》《泊宁再出发》的演讲，其中一个内容就是"带着责任出发"。就是说一个人首先要为自己负责，然后要能为家庭负责，并且要能为社会负责，能为国家、为民族承担更大的责任，这就是一种担当的精神。历史上的仁人志士、中国共产党党员以及默默奉献的人们，都无不具有这种担当精神。

邓迎香就是一个勇挑重担、敢于担当的时代楷模。她以改变麻怀的落后面貌为己任，以改善人民群众生活、让村民过上幸福的日子为己任。吃苦在前，享受在后，为政府分忧，为群众解难，充分展现了一个优秀共产党员大公无私的责任担当和奉献精神。

担当是泊宁精神的核心内容，泊宁高中在都匀办学，这本身就是一种对社会的责任，就是一种担当精神。泊宁高中的学生，首先不要成为自己的负担、家庭的负担、社会的负担。要能为自己负责，为家庭负责，最好能为国家、为社会承担更大的责任，做出更大的贡献。有担当精神的人，把别人的事情当作自己的事情，把班级的事情当作自己的事情，把学校的事情当作自己的事情，甚至于把社会的事情当作自己的事情。我们要向一切事不关己、无所作为的现象说"不"！没有担当精神就不是泊宁高中的学生。

六、鼓足麻怀干劲，振奋泊宁精神

老师们，同学们，麻怀干劲已经成为中国脱贫攻坚的精神财富，邓迎香受到了党和国家领导人的亲切接见。今天，我们学习麻怀干劲，就是要学习麻怀村人民、学习邓迎香不等不靠、苦干实干、永不放弃、攻坚克难的精神，并且要把这种精神转化为追求梦想的动力，转化为乐学、善思、日新、担当的泊宁学风、泊宁精神，转化为每一个泊宁人的实际行动、具体行动。

老师们，同学们，现在，摆在我们每一个泊宁人面前的，是一条刚刚开工的隧道，还有很长的路要走，还有很多艰难的工作要做。现在，是泊宁高中最需要鼓足麻怀干劲的时候，最需要振奋泊宁精神的时候。我们每一个人都必须鼓足麻怀干劲，必须振奋泊宁精神，奋力挖通那一条通往大学梦想的隧道。

屈原说："路漫漫其修远兮，吾将上下而求索"。毛泽东说："雄关漫道真如铁，而今迈步从头越"。让我们团结起来，向麻怀人民学习，向邓迎香学习。鼓足麻怀干劲，振奋泊宁精神。齐心协力，去开通那条充满阳光、充满希望、充满梦想的泊宁隧道吧！

谢谢你们！

泊宁方略 >>>

疫情的反思

在都匀泊宁高级中学全校大会上的演讲

2020年5月30日下午3:30

各位领导、老师们、同学们：

2020年在人类历史上注定是一个非常特殊的年份，新冠疫情还在全球肆虐。

我们学校在都匀市政府和教育主管部门的精心指导下，在全体师生员工的共同努力下，顺利地开学了。开学以来，学校领导和老师们做了大量的工作，同学们也克服了疫情带来的诸多困难，坚持了正常的教学秩序，确实非常不容易。我作为校长，没有和大家冲在第一线，感到很惭愧，非常对不起你们，我给大家鞠个躬，向你们表示深深的歉意！

今天我来，无非就是和老师们、同学们见见面，谈谈心，把我自疫情发生以来的所见所闻、所思所感向你们做个汇报，以期互相交流学习，共同提高。希望我的演讲能够对大家有所启发。题目是"疫情的反思"。

老师们、同学们，人类的历史，其实就是一个不断地与疾病和灾难斗争的历史。人类恰恰就是在同各种疾病、灾害的斗争中不断反思、不断总结经验而得到进步和发展，从而走向文明和自由。

这次疫情，对于全世界，对于我们每个人都是一次大灾难、一次大考验，我们每个人都应该进行深刻的反思。如果你进行了深刻的反思，悟出了什么道理，获得了什么感想，那么，这个灾难就有可能转化为你的思想力量，就是你的一笔宝贵的精神财富。如果你没有什么反思，那么，对你来说，这个灾难就永远只是灾难，永远只是一个悲剧。

老师们、同学们，我们没有经历过抗日战争，没有经历过解放战争，抗美援朝战争，甚至也没有经历过"文化大革命"，但是，我们都亲身经历了这次疫情，切身感受到了这个疫情的严重性。我们必须进行深刻的反思，哪怕仅仅是为了今后写作文积累素材。

每一个人有每一个人的反思，每个人的反思也是不一样的。现在，我就把我的反思向你们做一个简要的汇报。

一、制度的力量

到底是资本主义制度好还是社会主义制度好，事实胜于雄辩，这次疫情就是最真实、最生动、最有力的活教材。

目前新冠疫情还在全世界蔓延，涉及210多个国家和地区，570多万人感染，35万人失去生命。美国是全球疫情最严重的国家，确诊病例已超过170万，死亡病例超过10万。全球疫情还在继续，美国疫情还在加剧。

相比之下，我国确诊病例为8.2万人，死亡病例4600例，目前只有零星的确诊病例，且大部分是境外输入。武汉保卫战、湖北保卫战取得了决定性的胜利。整个中国都属于低风险区，全国都在逐步复工复产，大中小学也在陆续开学，全国两会才刚刚闭幕。可以说，目前中国是世界上最安全的国家之一。海外华人和留学生要回到祖国出现了一票难求的局面，从伦敦到北京的航班票价已经涨到18万元一张的高价，还很难买到。

老师们，同学们，大家知道，当疫情在武汉开始蔓延时，党中央高度重视，习近平总书记亲自领导，亲自指挥，全国军民闻令而动，联防联控，群防群治，全国一盘棋，打一场抗击疫情的阻击战、总体战。一方有难，八方支援，全国共调集了42000名医护人员驰援武汉，又采取了一个或几个省市包湖北一个市州的方式，打响了武汉保卫战，湖北保卫战。

在战斗处于最为胶着吃劲的关键时刻，习近平总书记亲临武汉战"疫"第一线指挥军民紧张作战。而这时的美国，特朗普总统正悠闲地在他的海湖庄园打高尔夫球，反差何其大也！

我们中国共产党一开始就把人民的生命安全和身体健康放在第一位，不惜一切代价抢救每一个生命，一个重症病人要由若干个医护人员组成工作专班进行救治。所有费用全部由国家负担，重症一般花费100多万元，轻症也在10多万元，这只有在社会主义制度下的中国才能做到。在西方资本主义社会，那是资本家的天下，就算有很好的医疗条件，你不交钱或交不了足够钱都是得不到救治的，不盈利资本家是不会给你提供任何服务的。

老师们、同学们，过去我们讲社会主义制度好，有些人还半信半疑。现在，这些事实明明白白地摆在那里，这还不够清楚吗？今天，我们能够在校园里从容地读书学习，正是因为有伟大的祖国作为我们的坚强后盾。就像网上流行的一句话："哪有什么岁月静好，不过是有人替你负重前行。"没有国，哪有家？我强调这一点，就是教育你们要感恩中国共产党，热爱中国共产党，热爱国家，热爱社会主义制度，这是当代中学生最重要的基本素养。

二、科学的力量

从历史上看，每当我们的国家与民族面临重大灾难的时候，总有一些英雄人物挺身而出，他们力挽狂澜于既倒，在关键的时刻起到中流砥柱的作用。

这次疫情突如其来，一开始让我们措手不及，但最终我们还是控制住了它。这其中，充分地展现了科学的力量，科学家的力量。这里，我向你们介绍五位院士。

第一位是钟南山院士。他是广州医科大学呼吸科实验室主任，中国工程院院士。2003年"非典"时期，有专家说"非典"病毒是衣原体，不会传染。钟院士从他的实践经验得出结论，大胆宣布是病原体，有传染性。他的科学结论和直言不讳、坚持真理的精神，给国家的正确决策、战胜"非典"做出了重要贡献。

这次新冠疫情在武汉发生，一开始人们不太了解。中央紧急通知钟院士前往武汉调研。2020年1月19日当晚,从广州到武汉的机票、高铁票都没有了。在高铁乘务人员的帮助下,好不容易在动车餐厅给他找到一个临时的位子连夜赶往武汉。作为高级别专家组的组长,他与其他专家一道,对武汉的病例进行科学分析研判,最后由他宣布:新冠病毒会人传人,非必要,外面的人不要去武汉,武汉人不要出来。这是中国抗击新冠疫情发出的第一颗信号弹。

第二位是李兰娟院士。作为高级别专家组成员,李院士从武汉调研、北京开会回到杭州以后,她强烈地预感到春运期间人口的大流动会引起病毒流行的大暴发,当即建议武汉封城,而且刻不容缓,非常及时地防止了疫情的进一步传播。

第三位是王辰院士。疫情暴发初期,感染人群与日俱增,定点医院人满为患,火神山、雷神山医院的床位加起来也不足3000个。面对庞大的感染人群,为了最大限度地避免更大的流行,必须对所有感染人群做到应收尽收,应治尽治。当务之急是尽快增加医院床位,做到床等人而不是人等床。王辰院士提出建"方舱医院"的建议,把符合条件的一些体育场馆、会展中心等改造为"方舱医院"(相当于战地医院),把轻症患者集中治疗,做到应收尽收。在短短的几天时间内,武汉改建了几十座方舱医院,一下子增加了好几万个床位。这是一件了不起的创举,大大缓解了医院的压力。

第四位是张伯礼院士。张院士是天津中医药大学校长,在疫情防控的关键时刻,他带领团队前往武汉,整体接管有4000个床位的"江夏方舱医院",用中西医结合的方法治疗新冠患者,做到了三个"零",即"零死亡,零感染,零转重",大大提高了治愈率,创造了中西医结合治疗新冠患者的奇迹,为抗击疫情做出了巨大贡献。

第五位是陈薇院士。陈院士是部队的医学专家,她是研究新冠疫苗的第一人。她的团队研究的疫苗现在已经进入了临床试验阶段。目前全世界的疫苗专家都在研究新冠疫苗,但进入临床阶段的只有陈薇院士这一家。可见她是走在世界前列的,相信她研制的疫苗会早日造福人类。

老师们，同学们，以上五位院士的事迹充分说明了科学的力量、科学家的力量，我们国家多么需要这样的科学家啊！难道我们不应该向他们学习？不应该好好地接他们的班？不应该刻苦钻研各个学科的知识吗？

三、信仰的力量

武汉封城后，全国的人力物力、各种资源仍然在源源不断地向武汉汇集。这是什么力量？这是信仰的力量。

火神山、雷神山医院在10天之内建成交付使用，这个速度在人类建筑史上是非常罕见的。参与"两山医院"建设的建设者们，有相当一部分是志愿者，他们开着自己的挖掘机、推土机、大卡车，带着自己的技术和工具，从四面八方赶到武汉。他们不计报酬、夜以继日地干，直到把医院建好。

战斗在疫情防控第一线的医护工作者，穿着防护服，汗水都把衣服湿透了。很多人一整天不喝水，不上洗手间，因为上一次洗手间就要换一套防护服，而每人每天只有一套防护服，每套400多元。他们的脸上被多层口罩勒出一道道深深的勒痕，有的女医护人员甚至把头发剪掉、剃光，成了抗疫战场上一道独特的风景线。

上海市医疗救治专家组组长、华山医院感染科党支部书记、感染科主任张文宏所在的团队总计49位医生，其中25位是共产党员。在疫情防控最为艰难困苦的时刻，他召开特殊的支部民主生活会，明确要求："党员要上前线，现在就是前线，没有讨价还价的余地，我是支部书记，我先上，别的党员也必须顶上。""这是我们感染科党支部的传统，任何时候有需要，党员都要先上，不用预先打招呼。"这就是共产党人的信仰，张文宏是其中的优秀代表。

24岁的甘如意是武汉市江夏区金口卫生院范湖分院的一名检验科医生。疫情暴发时她已经回到老家与家人团聚准备过年了，可是听说武汉封城，考虑到她所在的科室只有两个人——她和一位快退休的老医生，那么多病人，老医生一个人是顶不住的。她马上决定回到武汉，回到她的岗位。与父母沟通好后，甘如意电话联系卫生院院长开具了返岗证明，并在村里办理了临时通行证。她从老家荆州市公安县斑竹垱镇杨家码头村出发，用骑自行车、搭便车、步行等方式，历经4天3夜，跋涉300余公里，只为尽快回到武汉，加入抗疫一线工作中。2月4日一早，甘如意准时出现在医院化验室的岗位上。她说："我就希望能快点回来，和其他一线医护人员一起取得最后的胜利。"

这样的故事不胜枚举，此刻，还有千千万万像甘如意一样的英雄儿女仍然奋战在抗击新冠疫情的最前线。他们是"最美逆行者"，是"中国的脊梁"，他们是中华民族的骄傲！他们中有许许多多的人火线入党，以共产党员的信仰和对党的无比忠诚，义无反顾地坚守在第一线，铸就了铜墙铁壁的战"疫"群英谱。

四、文化的力量

中华民族是一个有5000年历史的民族，有自己优秀的传统文化，是一个文化自信的伟大国家。这次在抗击新冠疫情的过程中充分展现了中华民族强大的文化力量。

大禹治水、后羿射日、女娲补天等神话故事，都是讲述与自然灾害做斗争的，反映了中国人民在灾难面前不屈不挠的斗争精神，是中华民族不畏艰险、百折不挠的英雄气概的体现。这次的"武汉保卫战""湖北保卫战"，全国总体战、阻击战，是一场真正的人民战争。可以看出，无论是一线的医务工作者、社区干部、一线党员、志愿者、环卫工人、外卖小哥，还是居家防疫的广大群众，都充满着必胜的信心，都坚信一定能战胜这次疫情。

家国情怀是中华民族优秀传统文化的伟大精神。"一方有难，八方支援"。在这次抗疫斗争中，敢于担当、不怕牺牲、无私奉献等民族精神表现得淋漓尽致。涌现了许许多多可歌可泣的动人事迹，为爱国主义、集体主义、社会主义精神增添了新的时代光彩。

"万众一心，众志成城，同舟共济，守望相助"是中华民族的强大精神力量。"青山一道同云雨，明月何曾是两乡"。疫情发生以来，海内外中华儿女齐心协力、众志成城，共同抗击疫情。全国驰援、全民动员、联防联控、举国抗击，谱写了无数感人肺腑的暖心故事和抗疫的壮丽篇章，展现了精彩的中国故事，形成了伟大的中国精神和强大的中国力量，这是永远不倒的万里长城。

以上是我对疫情的反思，不知道能不能对老师们、同学们有所启发？也不知道你们有没有反思？你们的反思是什么？我认为，我们每个人都要对自己进行反思，比如我们有哪些收获？有哪些进步？还存在哪些问题？下一步怎么办？有哪些打算？等等。

针对我们学校目前的情况，由于疫情的影响，开学比较晚，我们的功课落下了不少。怎样加把劲，把疫情造成的损失夺回来、抢回来，我建议：我们学校要打好三大战役。

第一战役——不良行为阻击战。在部分同学身上，存在着许许多多的不良行为，比如说有些同学遵守纪律不严格，上课注意力不集中，不认真做作业。有些同学就餐不守秩序，一片混乱，要老师守着就餐。有些同学宿舍脏乱差，一片狼藉。有些同学言行不文明，同学之间缺乏团结友爱。有些同学学习不努力，不下苦功夫，听之任之，懒散惯了，等等。

这些不良行为，都是对自己要求不严造成的，它们像病毒一样交叉感染，形成不良风气，影响我们的学风、校风。我们要像对待病毒一样同这些不良行为进行坚决的斗争，打一场不良行为阻击战。这些不良行为发生在哪里，我们就把它阻击在那里。阻断在那里，消灭在那里。压邪气，树正气，以形成良好的学风和校风。

请校团委、学生会制定一个《都匀泊宁高级中学关于开展不良行为阻击战的实施方案》，把我们学校存在的各种不良行为列出一个清单，然后针对这些不良行为采取哪些措施，列出路线图和时间表来，把这些措施切切实实地落实落地。希望你们马上行动起来，尽快做出成效。

第二战役——校园文明保卫战。实事求是地说，我们学校总的风气是好的，我们有良好的学风和校风，得到了上级领导、专家学者、社会各界的充分肯定和高度评价。刚才我说的不良行为只是极少数的个别现象，不是学校的主流。

我们要继续巩固和进一步弘扬都匀泊宁高中良好的校风，打一场校园文明保卫战。使我们学校成为教风、学风、校风一流的学校，让人羡慕的品牌学校。

一要建立学生自治制度，让学生管理学生。教育的最高境界是自我教育。要高度信任学生，放手发动学生，充分发挥学生自我管理的作用。请校团委、学生会制定一个《都匀泊宁高级中学关于学生自治制度的实施细则》（以下简称《细则》），把课堂管理、宿舍管理、就餐管理、清洁区管理、早操管理、升旗仪式、课间操等纪律方面的管理全部交给学生。学生会组成检查组按照《细则》逐项打分，进行评比。差的曝光、通报批评，好的奖励。

二要开展丰富多彩的校园活动，让社团发挥作用。校园活动要围绕教学展开，为教学服务，不要搞活动与教学两张皮。要根据同学们的年龄特征和身心特点，围绕教学开展一些诸如阅读比赛、朗诵比赛、作文比赛、数学竞赛、绘画比赛、歌咏比赛等，建议每学年召开一次田径运动会，这也是教育部要求的。

三要评选一年一度的"泊宁之星"，发挥榜样的力量。我们已经评选过"泊宁之星"，在广大同学中发挥了很好的标杆表率作用和模范带头作用，充分体现了泊宁高中文明的风采。我们还要继续开展这些活动，评选各种类型的"泊宁之星"，并且还要大张旗鼓地表彰、宣传他们的事迹。号召大家向他们学习，使校园涌现出更多的"泊宁之星"，越多越好，多多益善。

第三战役——教学质量攻坚战。这是我们学校办学的核心和关键，是我们的生命线。教学包括老师的教和学生的学两方面，这注定是一场非常惨烈的硬仗，全体老师和全体同学务必全身心投入，半点都不能松懈。为什么？因为我们绝大部分老师都还年轻，经验比较缺乏。我们绝大部分同学中考分数很低，学习比较困难。我们别无选择，只能以人一之我十之的精神，鼓起勇气，撸起袖子加油干。就是脱掉两层皮，也一定要把教学搞好，一定要把学习成绩提上去，打好教学质量攻坚战。

教学质量攻坚战这个题目比较大，我们以后还要专题讨论。

老师们，同学们，我们要对这次疫情进行深刻的反思，通过反思，转化为每个人的精神力量，转化为我们战胜困难的强大动力，打好三大战役，去争取更大的成绩，去成就泊宁高中的梦想。

今天就讲到这里，谢谢你们！

都匀泊宁高中办学的粗略思路

范理事长：

您好！您请我理出一个粗略的学校办学思路，现整理如下：

根据"一个中心，两个基本点"的办学底线思维和"一年打基础，两年成体系，三年见成效"的办学目标要求，我校的发展是稳健的，势头是良好的，但是存在的问题也是很多的，有些还是比较严重的。我们应该总结经验和教训，反思问题的根源，厘清发展的思路，采取行之有效的措施，才能推进办学的可持续健康发展。

目前应着重思考以下几个建议：

一、要有议事规则

"凡事预则立，不预则废。"目前我们还须根据学校实际进一步完善办学规章制度，用制度管人而不是人管人。其他学校的方法可以学习借鉴，但不能照抄照搬，必须符合本校实际需要。比如《学校董事会议事规则》《校长办公会议事规则》、各管理机构《行事规程》、各工作部门《工作流程》等，这些都是目前应该尽快补上的短板。

二、狠抓团队建设

打仗要有精兵强将，办学要有能手良师。要充分发挥民办教育的灵活性，打造优质的教师团队。一是广纳人才，可在湘鄂川渝滇等周边省份或西北省份招聘教师；二是加强入职培训，做到职业认同、价值认同、文化认同;三是重点培养,成梯队培养骨干力量,要有自己的子弟兵;四是流动与稳定要平衡,要有适当的淘汰率,又要有一定的稳定性,要把握好平衡点。要有一定量的师资储备,不要因流动而影响教学。

三、强化常规管理

常规管理是基本动作,是规定动作。改革创新是自选动作,自定义动作。两者是相辅相成的,但常规管理是基础,必须强化,"基础不牢,地动山摇"。

1. 管理常规。建议要有纸质的《文件处理笺》《会议纪要》《周行事历》《学校日志》《学校简报》等,要形成管理的规范化、常态化。

2. 教学常规。包括备课规定,上课规定,作业规定,"三表"规范上墙,教研活动常规等。不光是纸上有,墙上有,还要检查,落地落实落细。

3. 班级常规。建立班委,健全班规,班级文化,班级活动等。

4. 行为常规。主要强化一日常规、宿舍常规、食堂常规等。

5. 活动常规。升旗,跑操,课间操,各种集会和竞赛活动。建议升旗仪式要全体宣誓,要有真正的仪式感。做一次就要震撼人心一次,就能激发士气、提振精神一次,不能萎靡不振,流于形式。

四、彰显办学特色

必须突出和强调"江苏模式"。

"江苏模式"的内容是:1. "从最后一个学生抓起,从每个学生不懂的地方教起";2. 实行"过关教学";3. 实行"补差教学"。

建议从以下几个方面做成特色:

(一)实行结对帮扶。实行一名教师帮扶几个学生的制度,签订"帮扶责任书",填写《结对帮扶信息表》,包括"帮扶内容""帮扶要求""帮扶措施""帮扶过程""帮扶效果"等。先做起来再说,先实行再完善,这是针对本校学生实际采取的有据可查、行之有效的办法。

我反复强调这一点的理由有三：1. 对这样的生源只能采取这种方法，没有比这更好的办法（参照习总书记的"精准扶贫"）；2. 让学生和家长切实感觉到这所学校是认真负责的，做到学生满意、家长放心；3. 整个社会知道我们这样做，懂的人就愿意把孩子送到这里来。

（二）学生成长档案。设计制作《学生进步台账》，让学生每周对自己进行反思，填写一份表，内容包括本周有哪些收获？有哪些进步？还存在什么问题？下周打算怎样做？让班主任写评语并签字存档。每月放月假回家时要填写《家校共育联系表》，内容包括向家长介绍学校情况（学校管理、学校文化），汇报自己学习情况，谈谈自己的打算和想法，做了哪些力所能及的家务等，由家长签字带回学校交给班主任。

这样，每个学生每周有一次反思，每月有一次汇报，长期坚持下去，直到毕业，我相信绝大部分学生一定是进步的、优秀的。

（三）强化学生自治。搞教育必须尊重学生、相信学生、依靠学生，最后赢得学生。教育的最高境界是自我教育。要在党支部领导下，充分发挥团委、学生会、各种社团、志愿者组织的作用，放手发动群众，把学生组织起来，让学生自己管理自己。有时比老师管理还更有效、更客观、更公平、更生动、更精彩。

比如宿舍管理、就餐管理、课间操、升旗仪式、教室卫生、校园清洁区管理等，可让学生会纪检组组织各班代表进行检查，逐项打分评比。既减轻老师的工作负担，学生干部又得到锻炼，更形成良好的校园风气，何乐而不为呢？

（四）实行年级组管理。由于各年级工作重心和侧重点不同，比如高一侧重入学教育和行为习惯的养成；高二重在强化训练，增加和巩固知识；高三重在攻坚克难拼高考。所以，为了提高管理效率，应该实行年级组管理，建议设年级组长，以年级组为单位，召开会议，安排工作。

如办学规模较大（1500~3000人），可设一个副校长分管一个年级，形成一正三副，甚至可以相对独立分区管理。（当然这是后话，目前可实行年级组管理）

（五）我与吴成冬在都匀、三都参加考核评估时，还学习了其他学校的管理经验，如"工作专班制度""对标对表制度""倒计时管理制度"等，都是值得借鉴的。

五、突破质量瓶颈

教学质量是学校办学的生命线，质量不突破，一切都是空话。这个道理不用多说。

质量问题，课堂教学是核心，掌握知识是重点，高考训练是关键。

但是抓教育是一套组合拳，由各个点组成一个面。要学会弹钢琴，十个手指头都要动。要多管齐下，形成齐抓共管的生动局面。不能顾此失彼，也不能只抓一个点不抓其他。

总体而言，从全局和长期来看，也是必须在落实前面五点的基础上，形成良好教风、学风、校风，教学质量才有可能得到提高，也才有可能得到保障。仅就教学而抓教学是事倍功半、收效甚微的。在一个乱糟糟的环境里，违规乱纪现象层出不穷，风气很不好，怎样抓教学？怎样提高质量？

至于质量如何突破，学校已有具体方案，我不是具体负责的人，这里就不便多说。

六、打造文化品牌

习近平总书记反复强调"文化自信"，现在办企业都要打造企业文化，办教育就更要强调学校文化。

学校文化是办学者吸收和消化古今中外优秀教育思想，从本校实际出发，以自己特有的方式落实立德树人根本任务的教育智慧的体现。它是一种精神，一种力量，文化的力量，没有文化就没有灵魂。

没有文化的学校就只是一处差生集散地，考试训练场，失败者集中营。

都匀泊宁高级中学的初创文化还是别具一格的，要进行广泛宣传，使之深入人心，变成全体师生的价值认同和理想追求。

学校文化包括管理文化、制度文化、德育文化、班级文化、活动文化、环境文化等，随着办学进入深水区，泊宁高中学校文化还须进一步充实丰富。

我们不要等学生三年高考之后才见分晓，而是要学生进校一个月后回家让家长发现孩子有明显的变化，此后逐年变好，走上人生正轨。而且，如果某个学生因为接受泊宁文化的熏陶而变得与众不同，卓越和优雅，这就会成为泊宁教育的品牌。

请注意，哪怕仅仅从育人的方法论上讲，从管理的策略上讲，学校如果不找事情给学生做，学生就会找事情给老师做。换言之，不要认为不做事就没有事，就可以高枕无忧。学校如果不围绕教学开展丰富多彩的学习活动来引导学生积极向上，那么，就会产生这样那样稀奇古怪的、乌七八糟的、违规违纪的消极烂事来找班主任和校长解决。学校的正气就树不起来，邪气压不下去，校长一天被这些琐事缠住，就更不要说提高教学质量了。这是办学最可怕的事情，要引起高度重视。

以上是我关于泊宁高中办学的一些粗略的想法，还很不成熟，仅供参考。

2020 年 9 月 3 日

苗岭春潮涌，泊宁立潮头

——在都匀泊宁高中 2019 年会上的讲话

2020 年 1 月 18 日

各位领导、各位老师、各位后勤的员工：

大家下午好！今天，我讲话的题目是"苗岭春潮涌，泊宁立潮头"。

习近平总书记在今年的新年贺词中说："2019 年，我们用汗水浇灌收获，以实干笃定前行。"① 习近平总书记说的是全国的情况，又好像说的就是我们泊宁高中的情况。从刚才王校长和几位中层领导的述职报告中可以看出，2019 年，泊宁高中可圈可点的事件还是很多的。比如说我们招生 470 多人。我们成立了党支部，成立了工会组织。我们邀请了党的十九大代表邓迎香到学校做报告，并与麻怀村党支部建立了合作共建关系。我们建立健全了各种规章制度，尤其是教学常规管理制度。在邓迎香的发起和组织下，我们成立了"贵州泊宁慈善基金会"。我们组织了第一批学生参加会考等，这些都是很了不起的事件。正是大家用汗水浇灌，才有这样的收获。正是大家全力实干，才有泊宁高中的笃定前行。

2019 年，都匀市将全市教育系统 56 所中小学和幼儿园的年度考核委托给第三方黔南北辰教育进行，我和吴书记作为北辰教育的专家参与了第五组"中学组"对 15 所中学的考核，其中就包括了 5 所民办学校。从考核的情况看，有些民办学校办学三四年了还没有办到许可证，有些学校办

---

① 国家主席习近平发表二〇一九年新年贺词 [EB/OL]. 人民网，2019-01-01.

了十多年都要办不下去，要托管给别人办了。我们泊宁高中虽然也面临许多困难和挑战，但办学势头是很好的，是在向前推，而不是往后退，我们学校充满希望，前途无量。

泊宁高中的董事和领导们，为了学校的发展，都在殚精竭虑、呕心沥血地谋划、奔波。我们的老师，为了教好每一个学生，兢兢业业地备课、上课，任劳任怨地批改每一本作业，手把手地辅导学习困难的学生。我们的保安叔叔、宿管阿姨都在不辞辛劳、尽职尽责地坚守自己的岗位。食堂的各位员工，为了做好师生每一天的饭菜，也都在辛勤地劳动、默默地奉献。大家都非常辛苦，你们为学校的发展立下了汗马功劳。

我虽然是校长，但因为年龄的关系，只会说不能做，没有和大家一起做一些具体的工作，在你们面前感到非常的惭愧。加上我的社会兼职过多，比如现在我还兼有罗甸县人民政府特聘教育专家、罗甸职校顾问、黔南州教育学会理事、黔南北辰教育专家、罗甸县布依学会副会长等，有时工作也是顾此失彼，所以经常不在学校，很对不起大家。我现在鞠个躬，向你们表示崇高的敬意和衷心的感谢！

同志们，我们学校的发展是来之不易的，我们必须倍加珍惜。在这里，我发自内心地和你们谈谈泊宁高中的"天时地利人和"，我们学校的成立和发展是占了天时、地利、人和的。

天时。坝固中学正好就在我们筹建泊宁高中的 2018 年合并到匀东中学，好像就是为我们预留的一样。假如提前一年，我们还没有筹建泊宁高中，肯定是别人拿走了。假如推迟一年，就不是开发区管，而是移交都匀市管，我们就不一定能拿得到。就算能拿到，难度也非常大，租金肯定也非常高。

地利。泊宁高中的校园，对面是高高的苗岭，下面是长长的清水江，底蕴深厚、源远流长。另外，远离市区，隔都匀 22 公里，是一块清静的、没有任何干扰的办学好地方。我教书 40 多年，走了不少学校，看了很多校园，我觉得还是泊宁高中校园最适合办学，是一块只可遇不可求的风水宝地。

人和。我们学校从策划、筹建到成立，其过程遇到了很多困难和问题，经历了许多坎坷和曲折，但是总的来说是比较顺的。这当中，我们是得到很多贵人相助的。我们得到了匀东开发区有关领导、匀东镇领导、都匀市领导、州教育局领导以及州级相关领导的关心和大力支持，泊宁高中要永远记住他们、感谢他们。

新时代是大众创业、万众创新的时代。教育形势的发展像春潮一样涌动，创业之初的泊宁高中怎样才能勇立潮头、行稳致远？这是摆在我们面前不能回避、必须解决的大课题。记得第一批教师培训结束时，我和大家讲的题目是"与泊宁同行"，讲了"四个一"："一群人，一条心，一件事，一辈子"。今天，我想给大家再讲"四个一"。

一张图

就是泊宁高中的蓝图。现在，这张蓝图已经绘就，我们要一张蓝图绘到底。按照既定的目标，不管面临什么问题和挑战，不管遇到什么艰难和险阻，我们都要坚定必胜的信念。要把这张蓝图分解为各个执行部门的路线图，再根据各部门的路线图来制定每个工作岗位具体的施工图和时间表，然后按照施工图和时间表一项一项地落地、落细、落实，见到实实在在的成效。才有可能最终实现我们的蓝图，从而扩大泊宁高中发展的版图，形成泊宁高中壮大的生动精彩的全景图。

可以这样简单描述"一张图"：从蓝图出发，经过路线图和施工图的修改补充，最后形成我们的版图，就是蓝图—路线图—施工图—版图。

一条路

就是泊宁高中的育人之路、发展之路，也是泊宁教师专业成长之路。如果说顶层设计是学校发展的道路，那么基层创新就是教师专业成长的套路。顶层设计是规定动作，基层创新是自选动作。规定动作是常规要求，自选动作要灵活精细，要能解决问题，取得具体实在的成效。

我们要在常规要求的基础上不断总结经验，不断创新，形成自己工作的套路。所谓"套路"，可以比作解决问题的"公式"。我们知道，"公式"是用来解决复杂问题、解决难题的工具。不管数学公式、物理公式还是化学公式，只要把已知的数据代入公式，找到解题的方法，就可以解决未知的难题。希望同志们都能有自己解决难题的一套"公式"，就是要有自己本职工作的"套路"。

老师们，师德修养永远在路上，专业成长永远在路上。我们在这条路上的基础还是比较薄弱的，还有许多短板。习近平总书记要求我们要把短板补得再扎实一些，把基础打得再牢靠一些。我们要沿着这条成长之路坚定地走下去，砥砺前行，一点点地打磨，把自己锻炼成为一名优秀的人民教师。

一股劲

干事业最重要的是一种精神的力量，对于一个团队来说，要成就一番事业，最重要、最根本的是这个团队的风气和精神面貌，就是我们经常说的"精、气、神"。干事创业需要一种干劲，一种冲劲，一种韧劲，一种较劲，邓迎香的麻怀干劲就是我们学习的榜样和生动教材。

我们要学习"不等不靠、苦干实干、永不放弃、攻坚克难"的麻怀干劲，进一步弘扬"乐学、善思、日新、担当"的泊宁风气、泊宁精神。心往一处想，劲往一处使，勇挑重担，敢于担当，像习近平总书记说的那样，"万众一心加油干，越是艰险越向前"，才能成就泊宁高中的大事业。

一生情

这个情，就是一种教育情怀，就是教师职业的天然感情，就是干事创业的青春激情。教师的天然感情就是热爱教育、热爱学校、热爱学生。创业的激情就是全身心投入、积极进取、力争上游、舍我其谁。

我经常说：我们成就了泊宁高中，泊宁高中也成就了我们。不是吗？泊宁高中办成功了，办出品牌了，在黔南、在贵州就是个奇迹，我们就是创造奇迹的人。创业之初的泊宁高中，需要我们去奋斗、去付出、去奉献。反过来说，我们也是借由泊宁高中这个平台得到锻炼、得到培养、得到成长。

比如像我，在我们大家创建泊宁高中的过程中虽然也尽了一点绵薄之力，但话又说回来，泊宁高中这个平台让我在退休之后又有了一个继续学习、继续思考、继续工作的机会，部分地实现了我的教育梦想，这就是我的教育情怀，就是我体会并和你们分享的"一生情"。

同志们，按照"一年打基础，两年成体系，三年见成效"的办学目标，泊宁高中已经到了发展的关键节点上。逆水行舟不进则退，在新时代教育发展的大潮中，我们要牢记总书记的嘱托，"只争朝夕，不负韶华"。要一张蓝图绘到底，坚定地走专业成长之路。铆着一股干劲，满怀创业的激情，去创造泊宁高中的奇迹，让我们的泊宁高中永立潮头。

学期已经结束，春节即将来临，祝你们来年心想事成，万事如意！

谢谢大家！

泊宁畅想

丰碑无语,行胜于言。

——笔者手记

泊宁又出发

——2020年新生入学教育专题演讲

2020年9月13日上午

各位同学、各位老师、各位领导：

在金风送爽、丹桂飘香的金秋时节，都匀泊宁高级中学又一个新的学年开学了。同学们来自贵州的四面八方，来自黔南的各个县市。我代表学校，对各位同学的到来表示热烈的欢迎！为泊宁高中的又一次出发表示热烈的祝贺！

新时代的新学期，一切都是新的，新的学校、新的老师、新的同学、新的学习、新的开始。为了让同学们尽快地适应新学校和高中新生活，尽快地投入紧张的学习中来，受学校领导班子的委托，我来和同学们做入学教育的演讲。前年我给高三的同学做了一个演讲，题目是"泊宁出发"，讲了四句话，表达了四个意思。去年我给高二的同学做了一个演讲，题目加了一个字"泊宁再出发"，讲了五句话，表达了五个意思。今天你们是第三批高一新生，我的题目再加一个字，叫"泊宁又出发"，讲六句话，表达六个意思。

第一句话："带着故事又出发。"

都匀泊宁高中办学已经进入第三年，已有1000多学生。我们学校有许许多多精彩的故事，泊宁高中的故事还在继续，在座的每个人都是书写泊宁故事的人。今天，我先说三个故事：

第一个故事：校园的故事。我们现在的校园，原来是坝固中学（属于初中），由于合并到匀东中学，这里就空出来了，我们就把它租下来创办泊宁高中。

我们的校园是一块钟灵毓秀的风水宝地。你看，对面是高高的苗岭山，前面是长长的清水江，远离市区的喧嚣和浮华，校园周边没有网吧，没有游戏厅和其他娱乐场所。如果你是怀揣梦想、非常想学习的人，那么，你找对了，这里是教书育人最理想的一块净土，是最令人向往的读书学习的好地方。

第二个故事：团队的故事。我们的办学团队是老中青三结合团队，是最佳的团队组合。年龄最大的是我，其次是执行校长王德文先生。王校长担任民办高中校长几十年，有着丰富的普通高中教育教学管理经验。学校办学主体是学校董事范志国、王昭，还有党支部书记吴成冬，他们三人是江苏盐城人，苏州大学的毕业生，引进江苏教育模式。决策层是年富力强的中年人，学校的教师队伍都是朝气蓬勃、充满活力的青年人，来自全国各地的高校毕业生，他们有很强的责任心和使命感，是勇于负责、敢于担当的队伍。总之，我们的团队是充满教育理想情怀、办学实力雄厚的教育团队。

第三个故事：文化的故事。我们学校一开始就有很深的文化底蕴，很丰富的文化内涵，是中国优秀传统文化和现代文明相结合的产物。我们的校名"泊宁"二字，源于诸葛亮《诫子书》中"非淡泊无以明志，非宁静无以致远"的思想。我们把"淡泊明志，宁静致远"作为学校的校训。取其义，命其名，"泊宁高中"就这样命名了。

现在，请全体师生和我一起诵读诸葛亮的《诫子书》：

"夫君子之行，静以修身，俭以养德。非淡泊无以明志，非宁静无以致远。夫学须静也，才须学也，非学无以广才，非志无以成学。淫慢则不能励精，险躁则不能冶性。年与时驰，意与日去，遂成枯落，多不接世，悲守穷庐，将复何及！"

《诫子书》的大意是：那些德才兼备的人，是靠内心的安静来修养身心的，是靠俭朴的作风来培养品德的。不看清世俗的名利就不能明确自己的志向，身心不宁静就不能实现远大的理想。学习必须专心致志，增长才干必须刻苦学习。不努力学习就不能增长才智，不明确志向就不能在学习上获得成就。过度享乐和懒惰散漫就不能奋发向上，轻浮急躁就不能陶冶性情。年华随着光阴流逝，意志随着岁月消磨，最后就像枯枝败叶那样对社会没有任何用处，守在破房子里，悲伤叹息，又怎么来得及呢？

我们要求泊宁高中所有的学生都能背诵《诫子书》，都能解释《诫子书》的大意，因为它是我们学校校名和校训的文化源头。

我们学校的校旗：上方象征蓝色的天空，下方象征绿色的大地，中间象征火红的青年一代，意涵泊宁学子将是顶天立地的杰出青年代表，一大二小三颗金星象征泊宁学子一定要成为大大小小的时代明星，称为"泊宁之星"。

我们学校的校徽：蓝色椭圆形背景象征蓝天，中间为绿色地球图案，大小两只白天鹅在蓝天上翱翔，飞越整个地球，象征泊宁学子就是美丽的白天鹅，跳跃起步，掠过地平线，飞向蓝天，飞向远方，飞向全世界。

现在，请全体起立，用最高昂的激情、最大的音量，高唱《泊宁之歌》：

1. 苗岭山高，清水江长，泊宁高中是我向往的地方。
菁菁校园，钟灵毓秀。莘莘学子，激情飞扬。
我们淡泊明志，我们勇于挑战，我们放飞金色的梦想。
泊宁，出发。泊宁，远航！
2. 梧桐树绿，迎春花香，泊宁高中是我成长的地方。
谆谆教诲，立德树人。琅琅书声，豪情万丈。
我们宁静致远，我们敢于担当，我们要做祖国的栋梁。
泊宁，卓越。泊宁，辉煌！

我们学校的育人宗旨是：先做人，后成才

我们学校的办学思想是：面向全体，全面育人，自主发展，淡泊宁静。

面向全体践行有教无类，全面育人落实因材施教，自主发展达成教学相长，淡泊宁静实现立德树人。

我们学校的办学理念是：文化立校，依法治校，科研兴校，质量强校。

我们学校的办学特色是：校园有学府品味，管理有人文情怀，教师有专家典范，学生有成才风采。

今后，同学们可以大张旗鼓地讲述我们学校的故事，大张旗鼓地宣传我们学校的标识、文化，我们以自己的学校而自豪。

第二句话："带着梦想又出发。"

没有梦想的民族是悲哀的民族，没有梦想的人生是悲哀的人生。我们这个时代，是充满梦想的时代，是把梦想变为现实的时代。习近平总书记说："我们都在努力奔跑，我们都是追梦人。"中华民族的梦想就是实现民族伟大复兴的中国梦，这是由千千万万中华儿女的梦想汇集而成的大梦想。泊宁高中也要有泊宁高中的梦想，泊宁高中的每一个人都要有自己的人生梦想。

泊宁高中的办学定位是：招收中考落榜生，进行精准补差教育，经过严格的过关教学训练，让50%的学生考上本科，其余的学生通过与高校联合办学专本连读，为学生和家长提供全新的选择，做到一个都不少，全部上大学。

泊宁高中的梦想是：一年打基础，两年成体系，三年见成效。把三流的学生培养成一流的学生，办出黔南一流的普通高中，办出贵州真正意义上的综合高中，办出中国西部民族地区的优质特色高中，让所有的泊宁学子都圆大学梦。

梦想对于一个人来说，是提前预设的人生奋斗目标。没有梦想的人生是暗淡的人生，有梦想的人生是多彩的人生。泊宁高中是梦想校园，泊宁高中的学生不能没有梦想，没有梦想你来这里干吗？泊宁学子不仅要有梦想，而且梦想要远、要大，要淡泊宁静而志存高远，勇于挑战。十年以后你们将进入社会，成为社会的建设者和中坚力量，我们希望你们成为国家的栋梁之材，泊宁高中就是培养栋梁人材的地方，是优秀人才成长的摇篮。

在你们当中，有人想当科学家做科研工作，有人想做医生为病人解除痛苦，有人想创业当企业家促进经济增长，有人想做公务员从事社会管理工作等等，每一个人都有自己的想法和打算，都有自己的梦想，但不管什么打算、什么梦想，考上大学是第一梦想，是必过的第一道关，是实现其他梦想的前提条件，所以，考上大学是所有泊宁学子的梦想，到泊宁高中就是来圆大学梦的。

第三句话："带着责任又出发。"

社会上的每个人都有各自的责任，每个人都各负其责才能形成有序的社会、和谐的社会。教师的责任是教书育人，医生的责任是治病救人，公务员的责任是管理社会，工人的责任是生产产品，农民的责任是多产粮食；父母的责任是抚养教育孩子，子女的责任是赡养父母，学生的责任是把书读好。

一个人，首先必须能够为自己负责，不甘平庸，追求卓越，有所作为，才有可能为家庭负责，进而为自己的职业负责，为社会负责。这样的例子是不胜枚举的，优秀的人们都是这样的，不仅为自己负责，做一个优秀的人，同时承担家庭的责任，单位的责任，甚至国家责任，社会责任。比如我们创办的泊宁高中就是为黔南乃至贵州的部分学生提供一种新的选择、一种补差教育服务，就是为了满足社会对优质教育的需求，就是承担一定的国家的责任，社会的责任，就是一种为学生、为家长、为国家、为社会负责的创举。

一个人，不能为自己负责，不学无术，大事做不来，小事不愿做，无所作为，无所事事，就有可能成为家庭的负担、社会的负担。这样的例子也是很多的，那些啃老族难道不是家庭的负担吗？

一个人，对自己负责的根本标志是能自觉管住自己，做到自我教育、自我管理。一个人连自己都管理不好很难做到对自己负责，就很难成为优秀的人才，甚至还会增加社会的管理成本。比如说，在学校就餐的时候大家都有序地排队取食，不浪费食物，还用得着学校派老师去维持秩序吗？我们学校能不能取消就餐时教师的值班制度？什么时候取消？

我要告诉同学们一个事实，你们还在初中的时候是少年，属于未成年人。现在你们将步入青年阶段，到时我们学校要举行成人仪式。从法律上说，你们就是行为能力人。举例子说，未成年人出什么事，一般由监护人负责，也就是说由家长负责。而成年人出什么事，一切由自己负责，自己承担一切法律责任。所以，你们的所作所为、言行举止都要比以前更加小心、更加谨慎，千万不要做出任何违法乱纪的事情，否则后果不堪设想。

一切教育的本质是自我教育，教育的最高境界是自我教育。泊宁高中的学生，一定要为自己负责，进行自我管理。我的行为我做主，我的学习我做主。带着责任出发，从我做起，从现在做起，把人做好，把书读好，勇挑重担，敢于担当，做一个优秀的泊宁学子，能够承担国家和社会的重任，不辜负老师的培养，不辜负父母的期望。不仅不会成为家庭和社会的负担，还要为家庭承担更大的责任，为国家、为社会做出更大的贡献。

第四句话："带着友爱又出发。"

同学们来自咱们贵州的不同县市，黔南的同学要多一点。我们有来自黔东南丹寨、麻江的同学，最远的有来自余庆的同学。我现场做一个调查：来自丹寨的同学请举手（约有50人举手）。哇！这么多人。来自余庆的同学请举手（约有40人举手），也不少。

同学们还来自不同的民族，有汉族、布依族、苗族、水族、土家族、仡佬族、毛南族等。我现场做个调查：是水族的同学请举手（有70多人举手），好多啊。

同学们，不管你来自哪个县市，哪个民族，哪个家庭，你们都是平等的，都是泊宁高中的学生。大家从四面八方来到这里，要在一起度过高中三年。这是一种缘分，一种同学同窗的缘分，一种和兄弟姐妹相处一样的缘分，这是人生最难得的缘分。今后，你们走向社会的各行各业，各行各业都有你的同学，这是人生的一笔宝贵财富。所以，你们要像保护眼睛一样，特别地珍惜这种缘分。

你看看，原来大家几乎都不认识，现在大家都是朋友。原来你的同学基本上是你县市的人，现在你的同学遍布半个贵州。大家走到一起来，就像兄弟姐妹一样，在一个教室读书学习，在一个饭厅吃饭，在一个宿舍睡觉，在一个球场打球，在一个社团活动。你看看，多么亲切，多么亲热，多么温暖，多么幸福。同学同窗之情也是一种亲情，一种友情，情同手足。所以，班级和班级之间要团结，宿舍和宿舍之间要团结。不同民族、不同地区的同学之间要团结，要形成泊宁高中一种团结友爱、互帮互学、活泼向上的生动局面。

既然是兄弟姐妹，我们就应该团结友爱，守望相助。同学之间，有什么困难？有什么问题？不管是学习上的困难，还是生活上的问题，都要互相关爱，互相帮助，大家一起克服困难，一起解决问题。在互相关爱、互相帮助中培养同学感情；在共同克服困难、解决问题中增进同学友爱。

这里有一点我要提醒你们：大家刚到学校，对大部分同学都还没有认识，同学与同学之间也不大了解。同时由于习惯、性格不太一样，大家在一起学习、生活，难免有一些磕磕碰碰，这也是很正常的。要通过多沟通、多交流来加深了解，减少误会，增进友谊。千万不能恶语相加、拳头相向。尤其是绝对不允许搞小圈子、小团体、小山头，破坏团结，搞乱校风，这是必须严肃处理的。

泊宁高中崇尚友谊，提倡文雅，追求友爱，倡导团结互助，树立文明校风。泊宁高中反对粗暴，杜绝仇恨，处罚违纪违规，坚决打击歪风邪气。

第五句话："带着感恩又出发。"

同学们，今天我们能够安全地在这里读书，首先要感恩党的领导。是我们党的领导使人民群众的生活水平逐年提高，我们的日子越来越好，我们的家庭才有能力供我们到这里读书。共产党领导全国人民战胜了疫情，有秩序地复工复产复学。经济得到有效恢复，由负转正。各行各业恢复正常，社会秩序稳定，我们才能安心地在这里学习。所以，我们要感恩共产党，感恩党的好领导。

其次，我们要感恩父母。俗话说："可怜天下父母心。"我们的父母，从小就一把屎一把尿地把我们拉扯大，供我们从小学读到初中。现在，又要一分钱一分钱地找来，给我们读高中。为了我们，父母不知要付出多少辛劳和汗水。我们是父母的心头肉，是父母永远的牵挂。我们必须感恩父母，感恩父母的最好方式就是努力学习，刻苦读书。把学习成绩搞上去，考上心仪的大学，是对父母最好的回报，最好的感恩。

再次，要感恩我们的学校，我们的老师。说老实话，因为有了泊宁高中，你们才有读普通高中的地方。或者说，因为有了泊宁高中，你们才有更适合自己的学校。我们学校门口有两句话："父母是第一任老师，老师是第二任父母。"同学们在初中的时候基础比较薄弱，现在高中学习困难是比较大的，要让你们凭借这样的基础，通过三年学习考上大学，老师们要付出十倍的努力。他们要点对点地辅导，手把手地教，要备好每一节课，上好每一堂课，要批改好每一道作业题。早上要比你们先起床，带你们出操。晚上要你们睡下了，他们才能休息。学校要求他们就是脱掉两层皮，也要把每一个学生教好。所以，你们的每一步成长都有老师们付出的智慧和汗水，我们要感恩学校，感恩老师，感恩为我们服务的每一个人，包括门卫保安叔叔、宿管阿姨、食堂员工等。如果我们不把学习学好，不仅对不起党，对不起父母，也对不起学校和老师。

第六句话："带着干劲又出发。"

没有干劲的出发不能行稳致远，没有干劲的出发等于没有出发。高中三年，说短不短，说长不长，不能复制，不可重来，是真正的黄金时代，要倍加珍惜，不要年华虚度。

同学们来到泊宁，就进入了高中阶段，进入高中生角色，进入紧张的学习状态了，半点不能松懈，半点不能休闲，半点不能懒惰。泊宁校园空气好、风景好、环境好，是读书学习的好地方，但它不是游乐园，不是度假村，不是疗养院。考试成绩是 500 分、600 分的学生都还在抓紧时间地学习，丝毫都不敢放松，你成绩只有 200 分、300 分还在那里优哉游哉地过日子，你能后发赶超吗？你能考上大学吗？这是千万要不得的。

同学们，我们只能心无旁骛、专心致志地学习，没有其他任何杂念，也不容有任何杂念。只有比别人更加努力，付出更大的代价，才能补上短板，迎头赶上，考上心仪的大学。

大家知道，生命是由时间构成的，而时间是由天数、小时和分钟计算的。曾有人说：如果每天落后别人半步，一年后就是一百八十三步，十年后就是十万八千里。同样的道理，如果每天比别人进半步，一年后就是一百八十三步，十年后也可以把别人甩开十万八千里。道理很简单："不积跬步无以至千里，不积小流无以成江海"。我们要只争朝夕，毫不放松，毫不懈怠，珍惜点点滴滴的积累，只要每天进步一点点，一年以后就会有大的变化，三年以后就会有质的飞跃，就一定会考上大学。

这里，我还要告诉同学们一个事实，初中的学习和高中的学习有很大的差别，初中是"要我学"，高中是"我要学"。

高中的所谓"我要学"就是学生自己积极主动、自觉地学习，不能像在初中那样等老师安排才学习，没有安排就不学习。高中的学习容量比初中大得多，一共有 9 门学科，有些学科还有必修课和选修课。要在老师的指导下制订学习计划，掌握一定的学习方法，按计划切实完成学习任务。

每位同学都要认真分析、深刻反思在初中的时候学习没有进步、成绩不理想的真正原因是什么？从不懂的地方学起，从最薄弱的环节抓起，鼓起最大的勇气，使出最大的干劲，一步一个脚印，一点一滴地攻关，把高中的各科学习做好，考出好的成绩，考上大学。

老师们，同学们，泊宁高中已经出发、再出发、又出发。开弓没有回头箭，让我们带着故事、带着梦想、带着责任、带着友爱、带着感恩、带着干劲又出发。所有泊宁人都进入出发行进的状态，向着既定的目标，努力迈进，再迈进。

现在，请全体起立，握紧右拳，举起右臂，高呼口号：试一试我能行，拼一拼我能赢！路在前方，我在路上，只要出发，就能到达！

泊宁又出发

——记黄周立校长做 2020 年新生入学教育专题演讲

9月13日上午，我校在室内体育馆开展了一场题为"泊宁又出发"的新生入学专题教育活动。本次活动由执行校长王德文主持，黄周立校长做专题演讲，全体高一新生及教师聆听了该专题演讲。黄校长从六个方面诠释"泊宁又出发"这一主题：

一、带着故事又出发

黄校长首先从学校的校名"泊宁"的由来讲起，带领在场师生共同诵读《诫子书》，深入地阐释"淡泊明志，宁静致远"的校训，向大家解读学校校旗、校徽的深刻含义，校旗、校徽、校歌展现了学校文化的独特魅力。黄校长其次向同学们介绍了学校创办的由来，学校地处苗岭山区、清水江畔、钟灵毓秀，是同学们安心学习的好地方。

二、带着梦想又出发

黄校长以"中国梦"为话题切入点，他强调："一个国家没有梦想，那是悲哀的；一个民族没有梦想，那是悲哀的；一个人没有梦想，那是悲哀的。"泊宁高中的梦想是：一年打基础，两年成体系，三年见成效。把三流的学生培养成一流的学生，创办黔南一流的普通高中，让所有泊宁学子圆梦大学。他希望广大泊宁学子能够树立远大理想，带着梦想去读书，脚踏实地地带着梦想出发。

三、带着责任又出发

"一个人最低的责任,就是对自己负责。"对自己负责的根本标志是能自觉管住自己,做到自我教育、自我管理。例如,在食堂吃饭的时候有序就餐;在宿舍睡觉的时候按时就寝。学会对自己负责,严格要求自己,一个人只有对自己负责,才能对他人负责、对社会和国家负责。带着责任出发,从我做起,从现在做起,把人做好,把书读好,做一名优秀的泊宁学子。

四、带着友爱又出发

在高中阶段,我们要懂得交朋友,能否团结班上的同学,是一个人综合素质的表现。班集体要团结友爱,朋友之间要和谐相处,珍惜每一段友谊,一起学习,共同进步。

五、带着感恩又出发

"父母是孩子的第一任老师,老师是孩子的第二任父母。"校长希望学生们能够感恩党,感恩我们这个和谐安定的国家,感恩父母,感恩学校,感恩老师。要努力学习,刻苦钻研,以优异的成绩回报父母的恩情,回报学校老师的培养。

六、带着干劲又出发

没有干劲的出发不能行稳致远,没有干劲的出发只能停滞不前。我们现在已经是一名高中生了,要尽快进入紧张的学习状态当中,不能偷懒,不能松懈。认真分析、深刻反思初中学习失败的原因,从不懂的地方学起,从最薄弱的环节抓起,使出最大的干劲,一步一个脚印地走完这三年。带着干劲出发,用今天的努力换取明天的辉煌。

黄校长这场激情澎湃的专题讲座,深深感染了在场的每一位师生。此次新生入学专题讲座使学生们初步认识了高中对于自己人生的意义,同时也为学生们指明了前进的方向。全体新生将带着故事、带着梦想、带着责任、带着友爱、带着感恩、带着干劲出发，积极迎接各种困难和挑战，在泊宁出发，在泊宁远航！

最后，全体起立，在黄校长的带领下大家齐呼口号：试一试我能行，拼一拼我能赢！梦在前方，我在路上。只要出发，就能到达！在这斗志昂扬的口号声中，这场"泊宁又出发"专题演讲圆满结束。

都匀春风暖，泊宁气象新

——在都匀泊宁高中 2020 年终总结会上的讲话

2021 年 1 月 21 日下午

各位领导，各位老师，各位后勤的员工：

刚才，吴成冬书记宣布了《教职工代表选举方案》，主持了选举活动。王昭校长对学校的工作做了全面的总结，我完全同意。

说老实话，我没有在学校上一天班，没有和大家一起工作，对学校情况的了解也不是很全面，应该是没有发言权的。但学校董事会要我说一说，我就只能作为一个任务来完成了。学校的工作按照王昭校长的安排去做，我的讲话仅供参考。

过去一年，在党支部和校董会的领导下，在座的各位都做了大量的工作，付出了艰辛的努力，才使学校的各项工作任务顺利完成。在你们面前，我感到非常的惭愧，我向你们鞠个躬，对你们表示深深的歉意和崇高的敬意！

今天，我和大家交流的题目是"都匀春风暖，泊宁气象新"。

2020 年，我们取得了很好的成绩。

2020 年，注定是人类历史上非常特殊的一年。这一年，是我国"十三五"规划收官之年，是脱贫攻坚决胜之年，是全国上下众志成城抗击新冠疫情之年，全国实现了复工复产复学，经济实现正增长，社会恢复常态化，显现了欣欣向荣的发展局面。

我们学校在疫情严峻的形势下，招生工作还是取得了不错的成绩。防疫工作也做得一丝不苟，有条不紊，确保了全体师生的生命安全和身体健康，得到了上级领导的肯定。教改方面，艺体生的分流，小语种日语的分流都有明显的效果。整个学校的风气总体上是好的，是在向前发展的。这些成绩的取得，大家都是功不可没的，我向你们表示衷心的感谢！

2021年，是创业奋斗的关键之年。

2021年，是我们党建党100周年，是国家"十四五"规划开局之年。2021年，也是我们学校第一届高三毕业之年，是打响高考第一炮之年，所以，是我们学校创业奋斗的关键之年。

为了能够高效、高质量地做好2021年的工作，我给大家提出三点建议，供你们参考。

一、短期目标要实现

目前的短期目标，一句话：必须拿下2021年高考的目标任务。刚才，王校长用数据分析了都匀地区高考的状况。从分析来看，我们还是很有优势的，对实现目标还是充满信心的。也就是说，我们原来定的保40%争50%的本科录取目标是能够实现的。

我们高考的第一炮必须打响，2021年高考的目标必须拿下。这一点是坚定不移的，要统一思想，全校上下要达成共识，齐抓共管。要集中所有能集中的资源，调动一切能够调动的积极因素，举全校之力攻坚克难，确保目标的实现，确保第一炮打响。

同志们，可以毫不夸张地说，泊宁高中的生死存亡，很大程度上就取决于这高考的第一炮。这一炮打响了，意味着什么？意味着我们的招生工作将事半功倍，不像原来那么累。这一炮打响了，也意味着泊宁高中的品牌效应开始显现，我们的办学才有竞争力，才有吸引力，才有底气，才能进一步向前发展。

但是，如果第一炮打不响，意味着什么？意味着招不到学生，意味着学校关门。事实胜于雄辩，数据是最有说服力的。你说泊宁高中好，人家问你录取本科多少人？录取率是多少？你怎么答？所以，今年高考的重要性、关键性我不用多说，大家应该明白。

那么，为了实现这个目标，我们应该怎么办？我们别无选择，没有什么其他办法，只有不折不扣地、高质量地做好学校的每一件工作。每一个人都要履行好自己的岗位职责，完成好自己的工作任务。就是备好每一节课，上好每一堂课，改好每一个作业题，辅导好每一个学生。包括管好每一个宿舍，做好每一餐饭菜，等等。而且每一个工作环节、每一个工作细节都不能出事故。你不要认为后勤工作与教学质量关系不大，错！学校的所有工作都跟教学质量密切相关、关系极大。一个点上出的事，就会影响大局，影响整个学校，这样的例子是不胜枚举的。学校乱了，还有什么教学质量可言？

二、中期目标要布局

在确保短期目标必须实现的同时，中期目标也必须布局。那么，中期目标必须布哪些局呢？需要做的事是很多的，我认为，至少以下三个主要方面是必须布的局。

一是规范管理之局。这是目前我们学校的软肋和短板，是我们学校的当务之急。可以说，过去我们的管理是不规范的。当然，我们是在创业之初，是在探索的路上，有一些不规范也是可以理解的。但是，随着学校的进一步发展，一直这样下去是不行的。就事论事、见子打子、想起什么就临时安排什么，这种事务型的管理是没有出路的。

刚才，我们选出了19名教代会的代表，这是走向规范化管理的第一步。从明天开始，教代会就开始工作，要充分发挥作用。你们是学校真正的主人，要把学校管理的权利交给你们。教代会要充分讨论，制定出学校的议事规则和管理的各项规章制度，包括各部门的工作职责、实施细则、甚至绩效工资方案等。

一般来说，管理有三个层次：人治，法治，自治。

第一层次是人治，就是人管人，就是事务的管理。管理围着事务转，不知道从哪里抓起，有什么事就安排什么工作。没有计划，没有方案，没有章法。如果说有，也只是打印在纸上，没有落实在行动上。一天穷于应付，疲于奔命，晕头转向，人很累，效率很低，而且矛盾很多，问题还不少，一片混乱。这是人治的真实写照。

第二层次是法治，就是制度管人。制度的管理也叫行政管理，就是制定完善的规章制度和实施细则，一切工作都有章可循，依规而行，包括激励和处罚机制，都有制度条文依据。这里我要强调的是常规管理，比如教学常规、备课常规、上课常规、作业常规、辅导常规、一日常规、班级常规、宿管常规、餐饮常规等必须落地、落细、落实，强调向常规管理要质量。

第三层次是自治，就是文化的管理。这是有制度，但不唯制度，自觉遵守制度，超越制度的管理。这是一种价值追求层面上的管理，是理想状态的管理，是管理的最高境界。

我举个例子，"八点钟上班"是一个制度吧，"人治"就是领导亲自监督大家是不是准时上班。"法治"就是用"打卡""刷脸""签到签离"的办法进行监督。"自治"就是不用人监督，也不用"刷卡"，但就是没有人迟到，大家都非常自觉地提前两三分钟到岗准备上班，而且把这种"提前"的细节几十年如一日地坚持，作为教师或者员工爱岗敬业、职业道德的价值追求。这是文化层面上的超越制度的管理，是我们应该追求的理想状态，是最高境界的管理。

我们学校现在必须从"人治"走向"法治"，然后再从"法治"的基础上走向"自治"，这是我们的必由之路。

二是专业成长之局。教育大计，教师为本。教师的专业成长是学校发展的根本大计。清华大学老校长梅贻琦说："大学之大非谓大楼之大，乃大师之大。"我们学校要成为品牌学校必须要有品牌教师，所以，建设一支优秀的、能打硬仗的教师团队是我们学校必须长期坚持的一项重要工作，是学校发展的核心实力和希望所在。

今后，泊宁高中各执行部门的主任、副校长，甚至校长的人选，就从你们中间产生，我就只做荣誉校长或顾问，王昭就只做校董。这样，才说明泊宁高中人才济济,说明我们学校在真正的发展壮大。

从学校层面来说,一要搭建教师专业成长的平台。现在我们学校已经有了《专才计划》,要把它落实好,吸引更多优秀人才加盟泊宁高中。二要打通教师专业成长的渠道。要与上级有关部门对接好,为老师们评优、评职称、搞课题研究做好服务,使我们学校形成人才辈出、名师辈出的大好局面。

从个人层面来说,就是我原来和大家做专题讲座时说过的"教师成长三部曲":读—思—写,就是"阅读""反思""写作"三部曲。

"阅读",老师是读书人,老师读书是天经地义的。不读书怎么教书?不读书的人,能培养出热爱读书的学生吗?一个不读书的老师能够培养出喜欢读书的学生吗?不读书,你的工作就没有理论支撑,你的教学就没有文化内涵。不读书,你就不知道巨人和他的肩膀在哪里,你就不可能做到传承和发展,更谈不上创新。

"反思",是一个人进步的动力,人类正是在不断的反思中得到进步和发展的。反思的老师,每天都在思考我今天有哪些收获?有哪些进步?还存在哪些问题?下一步怎么办?要在哪些方面改进?在哪些方面有所突破?这样反思的老师,每天都有进步。而不反思的老师,每天都在重复同样的方法,永远没有进步。

"写作",是老师的基本功,写作是最好的思考,让我们的思考更加深刻,更加彻底。在工作中有许多经验教训,在反思中有许多感悟,在日常生活中有许多灵感,如果没有写下来,就如同"一江春水向东流",是读书人、教书人的人生遗憾。哪怕是工作计划、工作总结、课题研究、教研论文等,也是必须写作的。

三是文化立校之局。我们学校的办学理念是:文化立校,依法治校,科研兴校,质量强校。学校文化是办学之本,育人之基。一所学校的学校文化,是这所学校的办学者从本校实际出发、以自己特有的方式落实立德树人根本任务的智慧展现,是这所学校全体师生共同的价值取向和做人的理想追求。学校文化是一所学校的灵魂,没有文化就没有灵魂。没有文化就只是办千篇一律、千校一面、没有个性、没有特色的学校。

学校文化包括环境文化（含视听文化）、制度文化、学习文化、活动文化、生活文化、交往文化、自律文化等内容。

泊宁高中建校伊始就有着深厚的文化底蕴和丰富的文化内涵，泊宁高中的学校文化"源自古典的教育思想，根植现代的教育理论，借鉴先进的教育方法，基于学生的教育模式"。时间关系我不一一展开，但希望大家都要熟悉。

比如，王昭校长归纳的"正三观，立四德，塑五行"，是哪三观？哪四德？哪五行？怎样正三观？怎样立四德？怎样塑五行？必须落实在行动上，落实在老师身上，落实在学生身上。要成为可检测、可打分、可比较的行为标准。

学校文化不是花里胡哨的点缀，不能只是说在嘴上，写在纸上，印在横幅上，挂在墙上，刻在石头上，而是必须落实在老师学生的举手投足、言行举止上，必须落实在老师学生点点滴滴的行为细节当中，形成行为文化。文明是最美的风景，校园最美的风景在老师身上，在学生身上，这是一所学校教育文化的真正体现。"让优雅成为习惯，让习惯更加优雅"应该成为泊宁高中学校文化追求的理想境界。

三、远景目标要谋划

我们是办百年学校，办千秋教育，不是急功近利的短平快的短期行为，必须对远景目标进行科学的谋划。

要谋划特色学校，在特色的基础上打造品牌学校。我们的特色就是江苏模式，江苏模式主要做法是结对帮扶、过关教学、面批面改、因材培优（对成绩好的）、精准补差（对学习差的）、分流培养（艺体、小语种等），让所有学生都能圆大学梦。

在谋划特色、打造品牌已经成型的基础上建成黔南一流的民办学校，建成贵州知名的民办学校。这就要求我们从现在起，硬件建设要科学规划，软件建设要精心打磨，不断增强学校的办学实力。

这是完全有可能实现的，对此我充满信心。因为咱们国家2035年的远景目标是建设社会主义现代化国家，而民办教育的大发展是现代化国家的一个重要标志。西方发达国家的顶尖教育主要是民办教育，美国的哈佛就是民办的。所以，我对泊宁高中黔南一流、贵州知名的远景目标充满信心。

同志们，短期实现，中期布局，远景谋划不是三步走，而是要同时起好步，同时开新局。要解放思想，放开手脚，努力开创泊宁高中的新局面，形成泊宁高中的新气象。

为了给大家鼓劲打气，活跃气氛，我朗诵一首我写的散文诗《不负韶华》。

一滴露珠养一棵草，一棵草木一个世界。每一个人都是独一无二的，每一个人都可以不同凡响。童年是诗，少年是画，青年是歌，中年是赋，老年是禅。

奋斗的人生就是一部精彩的史诗，充满了浪漫的诗情画意。君不见，泊宁高中的教职员工在风霜雪雨中辛勤工作的日日夜夜。君不闻，泊宁高中的学子们在严寒酷暑中专心苦读的朝朝暮暮。这一幅幅校园生活的感人画面，像一浪浪清波，时常从我的梦中流过。

青春啊青春，阳光啊阳光。心若年轻，时光不老，岁月依然。生活不只眼前，还有诗和远方。英雄不问出处，自古风流万种。青春是用来奋斗的。功不必自我居，事必定由我成。彩虹总在风雨后，无限风光在险峰。

泊宁儿女，不忘初心，牢记使命；敬终如始，砥砺前行。追求卓越，拒绝平庸。走大道，迈大步，担大任，干大事。用大手笔，写大文章。我们一定要，也一定能把2021年高考的目标拿下！我们一定要，也一定能把泊宁高中办得越来越好！

谢谢你们！

附一：七律·都匀泊宁高中

民办高中知多少？
大家都说泊宁好。
善和忠礼风景异，
淡泊宁静品格高。
因材培优成大器，
精细补差育英豪。
要问我校在哪里？
都匀坝固往前找。

附二：七绝·题吴书记《泊宁晨照》

校园秋高月桂香，
霞光初照点兵场。
泊宁学子凌云志，
大学圆梦在前方。

我以我笔写春秋

——《贵为人师》出版发行座谈会即席讲话

2018年12月18日下午

各位老师、同志们：

我的第二本书《贵为人师》已经出版，现在发给大家阅读分享。不是说这本书有多高的水平一定要大家学习，而是因为我们一起在泊宁高中干事业、干大事业，对于这所学校校长的办学思想、教育思考，你们应该有所了解，互相学习、探讨、参考、借鉴，还请大家批评指正。

利用这个时间，我把自己写书、出书的体会和心得向大家做个汇报，或许对你们有所启发、有所借鉴。

一、文人的追求

文字是文明的重要载体。自古以来，写书一直是文人的追求，唯其如此，光辉灿烂的中华优秀传统文化才得以流传至今。

《左传》曰："太上有立德，其次有立功，其次有立言，虽久不废，此之谓不朽。"古人把立德、立功、立言作为君子最高的人生追求，其中"立言"就是著书立说，就是写书，而且被认为是不朽的功绩。

从春秋战国的诸子百家，到唐宋八大家，到明清的文人墨客，无一不是有着这样的追求。有些文人即使穷愁潦倒，也仍然在写书，比如曹雪芹，他写《红楼梦》并不是要获什么文学奖，也不是要当作协主席。

有些文人写书仅仅是为了换一点酒钱，比如章回小说里写到精彩的地方往往戛然而止,"要知后事如何?且听下回分解",就是吸引读者继续买他写的下一章节的内容,以换取下一次酒钱。

到了现代,为了传播某种新思想、新艺术,传播自己的作品,有些文人也自己凑钱出书,比如鲁迅先生。即使现在,有些科学家、艺术家、教授,甚至院士,由于他们研究的面很窄,读者群不多,比如医学的《神经学》《心血管病理》,比如考古学的《甲骨文研究》等。有些教授写的专著,读者只是他的几个研究生,其他人又看不懂,卖不出去。所以,他们要出书,要么自己出钱,要么别人资助,要么申请政府科研经费,这样才得以出版。当然,名人的书,那是出版社要与作者预约签约,出版之后有稿费分成等。我的这本《贵为人师》是由学校资助,由光明日报出版社出版的。

二、我写书的故事

我从小酷爱读书,也喜欢练笔写文章。长期以来,养成了读书写字的习惯,以至于一天不读不舒服,一天不写不自在。我还有一个习惯,就是每天凌晨3点就会醒来,工作两个小时,5点钟又睡回笼觉,早上7点又醒过来。凌晨3点到5点,是万籁俱寂、最为安静的时候,也是用脑效率最高的时候,那是写文章最好的时间。我的大部分文章就是在这个时候写成的。另外,我平时爱思考和琢磨一些事物,对一些现象——尤其是教育方面的现象抱有探索的好奇心,甚至还在所见所闻的反思中经常出现一些所谓的"灵感",我都随时把它记录下来,以便必要时把它写进我的文章中。所以,我的文章不过是把平时的所思所感串在一起罢了,没有什么了不起的水平。

我从来没有为了写书而刻意地写文章。但是,阅读和写作是我最基本的生活方式,几乎成了我生命的组成部分,而且是更为重要的那一部分。如果不让我看书写字,我都不知道日子怎么过。

我写的书,无非就是把我平时在各个学校做的讲座、我对某个问题的思考、我的读书笔记、教育随笔、教研论文、演讲记录等收集起来,篇幅多了就结集成书。这是水到渠成的事，不是刻意而为。

差不多可以说，我的每一篇文章都是有故事的，都是有具体的时间、地点、对象，针对什么话题，解决什么问题的。比如说，培训的时候我给你们做的"泊宁开篇""泊宁风范""泊宁教学"等讲座，又比如我给全校师生做的"泊宁出发""泊宁远航""泊宁加油"等演讲，我把这些整理一下就是一篇篇具体的文章。时间一长，篇幅就多了起来，自然就成了一本书。

我的文章，是我的工作记录，是我跋涉的足迹，是我的心路历程。正像王圣强主任在为《贵为人师》所写的"序言"中说的那样："可见，他不是为写书而写书，他的书，是他走过的路，蹚过的河，心灵的对话，生命的自然流淌。"

三、用笔写生活

同志们，我在教师培训时多次强调"教师成长三部曲——读、思、写"。写文章是我们当老师的一项基本功，每一位老师都一定要练好这个基本功，泊宁高中的老师就更应该是这样。

写作是热爱生活的表现。其实，我们每一天的生活、每一天的工作，都是丰富多彩的，都应该是值得我们去反思、去书写的。"酸甜苦辣都有营养，成功失败也是收获"，老师们平时也有许多观察、许多思考，甚至也有许多奇思妙想，老师们说的并不比书上写得差。可惜就是没有把它写下来，就是没有变成文字，依然还是"一江春水向东流"，非常可惜。

我们可以每天练一练，写一点，先写给自己看。练多了，觉得差不多了，再拿给别人看，互相切磋。这样坚持下去，一年半载，我们就可以写出漂亮的文章，三年五年，我们同样可以成为小小的专家、小小的作家。

我个人的经验认为，写作是最好的思考，因为在写作的时候要字斟句酌、反复推敲和琢磨，这样有利于训练我们的思维。同时，文如其人，文章是人之为人的另一种形式，也是人生价值的一种体现。

老师们，我们的创业才刚刚开始，泊宁高中展开的每一个画面，都是非常精彩的。"到此已穷千里目,谁知才上一层楼。"今后的工作会更加艰巨,意义也更加重大,也更加需要我们去书写、去描绘、去讴歌。

习近平总书记在纪念改革开放40周年大会上,说了一句意味深长的话——"船到中流浪更急,人到半山路更陡"。形容我国改革开放必须再出发,必须进一步深化,必须取得更大的成绩。我们泊宁高中的情况又何尝不是这样?我们办学已将近一个学期,泊宁教育的探索也进入了深水区,需要我们付出更大的努力。

现在,我给大家布置作业:从现在开始,每一个人都拿起笔来,记录我们的工作,写下我们的反思,描绘我们的生活,书写我们的业绩。两三年后,我们要出泊宁高中的系列丛书,其中,《泊宁方略》由我来写。我不过就是把平时的演讲、笔记、论文等整理一下,就可以结集成书,现在差不多完成一半了。请你们来完成《泊宁苦乐》和《泊宁春秋》两本书的写作,就是写我们的工作,工作中的酸甜苦辣,我们的思考,我们的感悟感想。写泊宁高中的创业历程、成长故事和战斗经历等,这也是我们泊宁高中的办学成果。

泊宁高中需要你们,泊宁高中期待你们。

黔南春已到，泊宁士气高

——在都匀泊宁高中 2021 年会上的讲话

2022 年 1 月 20 日下午

各位领导、各位老师、同志们：

刚才王昭校长对 2021 年学校的主要工作做了一个简要的总结，对 2022 年的工作做了重点规划安排。说实在话，过去的一年，我没有在学校上一天班，没有和大家一起工作，对学校的各方面情况不是很了解，是没有资格在这里讲话的。但是，作为学校的创建者之一，对学校发展的每一步都有关切的情结，校领导要我在年会上讲一讲，我也是很乐意的。无非就是给大家鼓鼓劲、打打气罢了。

2021 年是很不平凡的一年，是中国共产党建党 100 周年，党领导全国人民在抗疫斗争中打赢了脱贫攻坚战，建成了全面小康社会，又带领全国人民迈进了建设社会主义现代化国家的第二个百年奋斗新征程。2021 年，也是都匀泊宁高中打响高考第一炮的一年，我们的高考还是取得了不错的成绩的。在座的各位，都付出了辛勤的劳动，既有苦劳，又有功劳，功不可没。我向你们表示最衷心的感谢和虎年新春的问候！

一年的工作结束了，应该好好总结，我们取得了哪些成绩？还存在哪些问题？下一步应该怎么做？要有一个清晰的思路。

我们泊宁高中，今年是创建的第四个年头了，已经迈出了稳健的步伐，进入了办学的深水区。正所谓"船到中流浪更急，人到半山路更陡"。现在，我们学校已经到了一个"逆水行舟不进则退"的关键时刻，我们需要有一种办学的战略定力和管理的活力，才能行稳致远，继续向前推进，把学校办得越来越好。为了能让大家对学校的办学多一个思考的角度，我想就学校办学动力、办学活力的话题和大家探讨，希望能给你们一些启发。时间关系，我只能提出标题线索，大家可以带着这些话题在寒假里深入思考。我讲话的题目是"黔南春已到，泊宁士气高"。

黔南办学的春天已经到来，季节不等人，泊宁高中需要抓住机遇、鼓舞士气、一鼓作气地把它办好，半点都不能松懈。那么，我们"泊宁士气高"的动力、泊宁高中续航的活力来自哪里呢？我认为主要来自四个方面的力量。

一、精神的力量

我们知道，一个政党、一个国家、一个民族，都要有自己的精神。中华民族有中华民族的民族精神，中国共产党有中国共产党的精神谱系，如建党精神、井冈山精神、长征精神、延安精神、抗战精神以及雷锋精神、焦裕禄精神、铁人精神等。这些精神形成了中国共产党的强大力量，形成了中华民族的强大力量。

同样，一个人、一个团队，也是要有一点精神的，这是支撑我们干事创业的根本力量所在。我们曾经请党的十九大代表邓迎香来学校做报告，讲"麻怀干劲"，我也和全校师生讲了"麻怀干劲和泊宁精神"的专题演讲，目的就是要塑造我们的泊宁精神，就是要形成泊宁高中强大的精神力量，我们最需要这样的创业精神、激情和干劲。

怎样形成这个强大的精神力量呢？这里我只点一下标题式的要点：一是领导班子要有亲和力与向心力，形成团队的凝聚力；二是中层机构要有执行力，形成协调力、监督力；三是基层教职员工要有战斗力，形成工作的生动活力。这三个方面结合起来形成合力，这就是我们的办学实力，最后形成办学的吸引力。

其实，一所学校是否有这种精神，是否有这种精神力量，你只要一进校园就一目了然。我与吴成冬书记多次参加学校评估，就有这些感受。一进校园，先看厕所，再看老师学生的精神面貌，这所学校的办学情况就八九不离十了。学校领导班子、老师和学生的精神状态、精神面貌是体现师德师风、学风校风、办学现状的窗口。

同志们，现在，我们最需要的是进一步增强泊宁高中的团队凝聚力，进一步增强各个部门的执行力，进一步增强每个教职员工的战斗力，这样，才能增强我们学校的办学实力，形成我们办学的吸引力，我们才能无往而不胜，立于不败之地。所以，师德师风建设、学风校风建设永远在路上，只有进行时，没有完成时。

二、科技的力量

我们从事的是教育工作。教育是严肃的科学。从这个意义上说，教师是教育科学工作者，是教育科研工作者。科学是老老实实的学问，教师必须按照教育科学的规律老老实实地进行工作，才能收到成效。来不得半点虚假、敷衍和浮躁。

那么，教育科学的基本规律我们掌握了吗？课堂教学有哪些核心科技呢？教学常规包括哪些关键步骤呢？如果这些教育科学我们没有把握，那我们的工作是真正的教育工作吗？是真正的教学吗？

教育科学的学问很大，需要教育工作者用毕生的精力去探索。我教了四十多年的书，也只是知道一点皮毛。在这里，我愿意把我认为教育教学工作中最重要的科技和大家分享。

首先，沟通是教育的前提，没有沟通就没有教育。教育是沟通的科学，有效沟通就是好的教育，就是教育的艺术。这一点，希望所有从事教育工作的人务必牢记。不重视沟通，不讲究沟通的方法和策略，教育就无从谈起。我在《教海逐浪》中写有《师生沟通三部曲》，有时间大家可以看一看。

其次，在有效沟通的前提下，教学才能有意义地展开。在这个基础上，课堂教学要牢牢把握以下五个科技含量较高的关键环节。

激活学生的学习动机，变"要我学"为"我要学"。教学的关键是如何调动学生学习的积极性,让学生从不想学转变为很想学,从为了满足家长要求而被动地学转变为自己主动地学。这时,学习行为才在学生身上真正地发生,教学活动才能生动有效地展开,课堂才是真正的学习现场,形成学生学习的自觉性、主动性。如果学生的学习动机没有被激发,而是在某种压力之下消极被动地学习,老师讲得再好,水平再高,教学效果和学生实际习得是要大打折扣的。打比方说,某个老师讲得好,但我不想学,不愿学,这个老师能教得好吗?

启发学生的学习兴趣,变"无味"为"有趣"。每个学生与生俱来就有天然的好奇心,但往往不能自动发生,需要有效地诱导和科学地启发,尤其是在学科学习上。兴趣是最好的老师。教学的关键在于如何启发和诱导学生对学科产生浓厚的兴趣,以至于对学科学习形成强烈的爱好,形成学习的热情、激情。学生有了这种学习的兴趣和爱好,才能感受到苦读中的乐趣和成就感。只有在这时,学生的学习潜能才得到挖掘和发挥,学习才真正进入最佳状态,才能取得预期的效果。没有枯燥无味的知识,只有枯燥无味的教学。教师必须在启发学生学习兴趣上下功夫,千方百计让自己所教的学科、自己的课堂教学吸引学生,使学生觉得你教的这门学科很有意思,从而喜欢这门学科,热爱这门学科的学习。兴趣能够转化为志趣,志趣是学生学习的动力、潜力、活力。

指导学生的学习方法,变"学会"为"会学"。俗话说:"授人以鱼不如授人以渔。"教师的"教",主要应该是教方法,就是指导学生学会学习的方法。我原来也给老师们讲过这个话题:三流的老师教知识,二流的老师教方法,一流的老师教思想。教师本身就应该是一个优秀的学习者,教师的本义就是学习师,就是学生学习的设计师,学生学习的指导师。学习方法比学习知识更为重要,学生学会学习比学到什么更加重要。教师要强化对学生的学法指导,教会学生在什么情况下运用什么方法学习,要教会学生使用多种方法进行学习,使学生掌握更多的学习方法,具备较强的学习力。

培养学生的学习习惯,变"厌学"为"好学"。学生读书不只是学习教材上的知识，更重要的是在老师的影响下养成良好的学习习惯。学习习惯的养成，不只是解决当下学习的问题、考试的问题。学习习惯的价值大于学习本身，养成良好的学习习惯比考一个好分数重要得多。要引导学生把读书学习作为一种生命的享受，一种人生价值升华的历练。良好的学习习惯是终身受用的。这一点我本人就深有体会，几十年来养成了阅读和写作的习惯，直到现在，仍然一天不读不舒服，一天不写不自在。我们要为学生的终身学习打好基础，让我们的学生觉得，即使没有考上好的大学，但是在泊宁高中养成的学习习惯让他终身受益，成为人生的某种价值，他会感恩学校的。

形成学生的学习能力，变"低效"为"高效"。学习力的形成是一个极其复杂的过程，有智力因素和非智力因素的影响，有学科不同特点的影响，有教师教学风格的影响，有学生个体差异的影响等。学生的学习能力的形成不是一朝一夕、一蹴而就的，它是有诸多原因影响，要经过长期训练才能逐渐形成的。教师要有极大的耐心，善于发现和激发学生的学习潜能，充分发挥学生的学习主体作用和教师的主导作用，努力帮助和培养学生形成较强的学习能力。学生学习能力一旦形成，就如虎添翼，教学活动就会收到事半功倍的效果。

以上可简化为"激活动机，启发兴趣，指导方法，培养习惯，形成能力"五个方面。关于课堂教学的关键环节，我在给大家做专题演讲"论循循善诱"里有较为详细的论述。

三、创新的力量

创新是事业进步和发展的不竭动力。没有创新就没有特色。没有创新的办学，就是办千篇一律、千校一面、没有个性的学校，这样的办学是没有吸引力的。

所谓创新绝不是刻意地标新立异，不切合实际地显示空洞的与众不同，千万不要做这种伪创新、假创新。

习近平总书记曾经强调"守正创新"的重要性及相互关系，守正是创新的根基，创新是守正的升华，两者相辅相成。所以，我们既不要故步自封而"守正"，也不要舍本求末而"创新"。

同样，在教育教学工作中，我们既不能只是按照常规按部就班地照本宣科，没有一点新探索、新改进、新变革、新创意、新作为，也不能为了追求所谓"创新"而丢掉最基本、最必须、最不可或缺的教学常规。我们必须坚持"常规基础上的创新"这个原则。

泊宁高中的创建本身就是一种创新。这种创新力求从学生实际出发，遵循教育的基本规律，全面落实教学常规，以学生的全面发展为根本目标的创新，这是能够满足学生健康成长的创新。它追求一种独特的办学模式，以形成学校的办学吸引力。我们有几个重要的做法，我已多次反复强调过，原来王德文校长也安排过，但是没有坚持下来，没有形成泊宁高中创新的品牌效应。这里我再强调一次。因为在我看来，在还没有找到更好的办法之前，这是被泊宁高中学生的实际情况逼出来的、没有办法的办法。

第一是结对帮扶。就像脱贫攻坚一个干部包几个贫困户那样，采取一个老师包几个学困生，责任明确，精准到人。就是你所教学科月考或周考倒数第3~5名，作为你的帮扶对象，通过一段时间的帮扶指导，让他"脱困"。成效好的奖励，成效差的整改。虽然倒数第3~5名永远存在，但是通过老师的帮扶让他们不断"脱困"，第3~5名不断地换人，说明我们的学生在不断地进步。用这样的方法来落实"从最后一个学生抓起"的教学策略，落实"有教无类"、面向全体的教育思想。不这样做，我们说的"精准补差"是做不到的。

另外，我们不仅要重视考取本科的学生，同时也要关注考不上本科读高职高专的学生，就算今年实现了100个上本科的目标，也仍然有200多人上不了本科，而且还是大多数。

第二是成长档案。要求每个学生每周都要进行反思，每周填一张表，叫"泊宁高中学生成长轨迹表"或"泊宁高中学生成长状况登记表"，主要栏目有"进步台账"：记录本周有哪些进步，取得哪些成绩。"问题清单"：记录本周存在哪些问题。"原因反思"：分析存在问题的原因。"整改措施"：分析下周如何改进。然后由班主任签字归档。这个制度长期坚持下去，我们的学生每一周都有对自己的全面反思，我不敢说百分之百，但绝大部分学生是会有进步的，因为这是一项硬性要求，是一项硬指标。这也是"全面育人，自主发展"的具体做法。

月假回家也要填类似的表，叫"泊宁高中家校共育联系表"，主要栏目有"汇报内容"：向父母汇报在校情况，包括学校概况、班级管理、学习情况等。"今后打算"：向家长汇报自己的打算。"家务情况"：填写自己在家做家务的情况，请家长签字，由班主任存档备查。

一所学校的办学品质、办学品牌，不一定要等到三年高考之后才出成果，我们要让家长真切地感受到，我们的学生进校一个月后就有了明显的变化，然后逐月有变化，进步越来越大，考上大学才有希望，这就是真正的教育质量，这就是学校的办学品牌。

我们曾经参观过毛坦厂中学，把孩子送到毛坦厂中学的不完全是为了要考取大学，而是因为毛坦厂中学能够改变学生，让学生从不听话变为听话，从不认真学习变为优秀学生，这样的学生最终也考上了大学。所以家长就愿意租房陪读，学校品牌就出来了。

第三是面批面改。对于学困生的作业，特别是帮扶对象的作业，老师不能背对背批改。老师要一对一、一对几、面对面地批改。当面指出作业错在哪里、错的原因，以及正确的做法。差不多要用家教的方式进行点拨，耐心地指导学生，直到他们会做为止。这就是所谓"从每个学生不懂的地方教起"，唯其如此，我们才能让每个学生都有进步。学生学得怎样，客观上说是他的能力和水平问题，但我们千万不能在主观上放弃任何一个学生。

第四是过关教学。像王昭校长说过的那样，要用考驾照的方法进行学习，科目一不过关不学科目二。道理非常简单，知识的结构体系是环环相扣的，有严密的逻辑关系，每个环节都不能掉链子。如果前面的知识点没有过关，那么后面知识点就学不懂，就是所谓"坐飞机"。过关教学是尊重教学客观规律的具体体现,必须落地、落细、落实。

第五是补差教学。把同一学科的学困生集中起来,利用周日休息时间进行补差教学,没有过关不得休息。这一制度也要长期坚持下去,还要不断完善,形成泊宁高中精准补差的教学模式。

以上几个要点各搞一个实施细则,但它们是相互联系的,是一套组合拳,要综合运用,统筹安排,齐抓共管。要用绣花的功夫做好每一个细节,长期坚持下去,才能收到效果,打出办学品牌。

四、文化的力量

学校文化体现办学者的教育智慧,也是全体师生共同的价值追求。一所学校的文化,就是这所学校以自己独特的方式工作、生活、学习、交往、管理、活动等,有校园文化、食堂文化、宿舍文化、教室文化,有制度文化、管理文化、学习文化、仪式文化、活动文化等。它体现在学校的各方面和全过程,最终体现在老师学生的言行举止、举手投足的每个细节,并以这种独有的方式来落实立德树人的根本任务,从而促进学生德智体美劳的全面发展。

教育是人学,对人之为人的终极目标的追求是教育的根本宗旨。一所学校不能只有知识没有文化,没有文化就没有血肉、没有灵魂。没有文化的学校,就是一个办学空架子,充其量就只是一个培训机构,一个学习集中营、考试训练营。冷冷清清,死气沉沉,缺乏应有的生机与活力,更不要说什么办学特色了。

泊宁高中的创建,一开始就是"源自古典的教育思想,根植现代的教育理论,借鉴先进的教育方法,基于学生的教育模式"。泊宁高中的学校文化,是有其深厚的底蕴和丰富的内涵的,形成了一套独特的泊宁文化体系。我们应该把它全面落实,不然就会成为表面的形式。没有落地的所谓"学校文化",时间长了,就会变成自欺欺人的空洞口号,连自己的学生都不知道、不相信,文化就成了笑话。

我们的学校文化不能只是说在嘴上,写在纸上,挂在墙上,而是最终要体现在人的身上、体现在老师身上、学生身上。要有实施细则和执行标准，有些指标要能检测打分，进行评比。例如我们原来做过的评选各类"泊宁之星"，就是很好的做法。要形成泊宁高中独有的教师素质、学生素养，形成泊宁高中的精气神，让家长和老百姓能够感受到泊宁高中的老师和学生与众不同的地方，这就是泊宁高中的教育品质和办学特色。学生身上展现的优雅素养会向家长和社会无声地宣传学校。我们就是要追求这样的泊宁特色、泊宁风格、泊宁气派的教育气象，形成泊宁高中独特的教育品牌。

同志们，春天是播种的季节，黔南教育的春天已经到来。泊宁高中必须凝聚起精神的力量、科技的力量、创新的力量、文化的力量，以鼓舞我们的士气，形成昂扬的斗志和强大的办学实力。以我们独有的方式，办出泊宁高中品牌学校。

今年是农历虎年，老虎象征勇敢、坚毅和力量。祝泊宁高中生龙活虎，越办越好！祝大家虎虎生威、阖家幸福、万事如意！谢谢你们！

后　记

　　本书是继拙作《教海逐浪——农村教育探究》《贵为人师——农村教育实践》之后的第三本教育专著，是我在退休之后与朋友范志国、王昭、吴成冬等一起在贵州黔南创办"都匀泊宁高级中学"的一个小结，也可以算是我教育生涯的第三部曲吧。

　　在本书出版面世的今天，我想表达以下几个方面的意思：

　　首先，我要感谢泊宁高中校董会对我的关爱。他们创办的学校，给我搭建继续学习、继续锻炼的平台，才有这本书所展开的创业故事和教育话题。"盐城三剑客"（范志国、王昭、吴成冬都是江苏盐城人）在贵州艰苦创业的精神深深地感染了我，使我对教育倾注更多的情感，做了更为深入的思考，才有本书对教育的新的理解、新的表达。

　　其次，感谢泊宁高中各位老师的努力探索。正是他们在教学第一线的艰苦奋斗，才有了本书生动、鲜活的素材。

　　最后，感谢光明日报的各位编辑，感谢中联华文的朋友们。

2021 年 11 月 11 日于罗甸笠翁居